北京学研究

主　编　张宝秀
副主编　张勃　陈喜波

2022

中国社会科学出版社

图书在版编目（CIP）数据

北京学研究.2022／张宝秀主编.—北京：中国社会科学出版社，2023.7

ISBN 978-7-5227-2185-9

Ⅰ.①北… Ⅱ.①张… Ⅲ.①城市学—研究报告—北京—2022 Ⅳ.①C912.81

中国国家版本馆 CIP 数据核字（2023）第 123010 号

出 版 人	赵剑英
责任编辑	吴丽平
责任校对	胡安然
责任印制	李寡寡

出　　版	中国社会科学出版社
社　　址	北京鼓楼西大街甲 158 号
邮　　编	100720
网　　址	http://www.csspw.cn
发 行 部	010-84083685
门 市 部	010-84029450
经　　销	新华书店及其他书店
印　　刷	北京明恒达印务有限公司
装　　订	廊坊市广阳区广增装订厂
版　　次	2023 年 7 月第 1 版
印　　次	2023 年 7 月第 1 次印刷
开　　本	710×1000　1/16
印　　张	16.75
字　　数	279 千字
定　　价	98.00 元

凡购买中国社会科学出版社图书，如有质量问题请与本社营销中心联系调换
电话：010-84083683
版权所有　侵权必究

编 委 会

主　　编　张宝秀
副 主 编　张　勃　陈喜波
编　　委　（按姓氏拼音排序）
　　　　　陈喜波　成志芬　龚　卉　李建平
　　　　　刘少华　张宝秀　张　勃　张　艳
　　　　　张妙弟　周小华　朱永杰

目　录

理论探讨

作为地方路径与全球化路径的北京学
　　——重审"北大学派"的北京学研究谱系及其
　　可能性 ………………………………………… 彭雨新（3）
中外城市中轴线空间比较研究 ………………… 胡　燕　韩　懿（12）

历史地理

元中都开宁路与附郭开宁县地名研究
　　——兼论一地地名的演变
　　……………… 韩光辉　张　帅　段蕴歆　朱永杰（33）
北京外城西南的唐代河道与永济渠 ………………… 岳升阳（38）
古都北京形胜表述的渐变轨迹 ……………………… 孙冬虎（72）
《水经注》良乡县故城和后赵平谷县故城位置考略 ………… 陈喜波（87）

历史文化

辽南京僧官再考 ……………………………………… 尤　李（99）
元大都城的蒙汉文化交融特色研究 ………………… 于　洪（115）
历史与记忆：国立北平图书馆新馆的建造与影响 ……… 赵国香（125）
20 世纪初日本人的北京观察初探 …………………… 龚　卉（137）
游记视角下民国时期三山五园的历史形象研究 … 张　超　尹　凌（145）
妙峰山香会视野下的佛教文化研究 ………………… 王思楠（156）

文化遗产

西山永定河文化带的非遗保护与发展思路
　　探析……………………………………李自典　马淑敏（167）
北京红色文化的数字化传播与利用研究 ………………王　萌（177）
基于地理信息系统与舆情数据大运河北京段文旅
　　发展研究………………………崔若辰　边梦月　逯燕玲（188）
北京旅游休闲街区夜间地方营造策略研究 ………朱　玺　刘　敏（201）
北京长城文化带村落明式体验空间设计
　　——以慕田峪村为例 …………………………………明皓程（215）

其他研究

北京市新型实体书店的空间分布与市民评价现状
　　研究 ……朱肖蕾　郑适如　李艾晨　许子豪　刘伟中　张　艳（229）
"双碳"目标下北京社会组织参与环境治理保障
　　机制研究………………………………………………吴　梅（247）

北京学人

学识渊博　文理兼修
　　——北京学研究所李颖伯教授访谈录 ………朱永杰　李　莹（257）

理论探讨

作为地方路径与全球化路径的北京学

——重审"北大学派"的北京学研究谱系及其可能性[*]

彭雨新[**]

摘要： 以北京大学中文系教授陈平原先生为中心的"北大学派"是我国北京学研究领域的重镇之一。陈平原在1994年首次提出"北京学"研究课题时，即着重强调北京作为"地方问题"的可能性与必要性。无独有偶，这一看待北京问题的"地方视角"又与2020年以来四川大学文学与新闻学院教授李怡先生所提出的中国现代文学的"地方路径"问题互为关照，由此可以牵出北京学研究兼及地方路径与全球化路径的方法视角。本文即在这样的理论视野中，重新梳理近三十年来"北大学派"的北京学研究谱系。发现如董玥、王德威、季剑青、袁一丹等学者的北京学研究均提示出，近代北京作为世界知识体系介入中国的重要通道，以及"去中心化"的民国故都，具有复杂多元的特质和更为丰富的阐释空间。据此，本文希望立足于近代北京这一特殊历史时空，探讨侨华外国人与北京的文学文化关系。通过整理既往学术界对于该问题的研究视角，思考"近代外国人与北京文化"何以作为"他山之石"成为进一步深化、拓展北京学研究谱系的新增长点。

关键词： 北京学；北大学派；地方路径；民国北京；在华日侨

---

[*] 本文为北京市社会科学基金青年项目"近代在华日侨文人的北京书写与文化认同研究"（编号21WXC012）的阶段性成果。

[**] 彭雨新，日本大阪大学博士，北京第二外国语学院讲师，硕士生导师，研究方向为北京学、近现代中国文学、近现代中日文学文化关系。

一 "北京学"的提出与北京作为"地方路径"的可能性

1994年，陈平原在《北京日报》上发表文章《"北京学"》，探讨北京作为地域文化、都市文化研究对象的学术价值。陈平原认为"北京"作为一个绝好的研究题目，之所以不大景气，是因为北京人更愿意谈"中国文化"——这种以中国文化代表自居的心态，使得北京学者目光远大，不大屑于"降级"从事区域文化研究。[①] 也就是说，彼时学界还未充分注意到将北京作为"地域问题"，探讨其地方性的必要。北京作为首善之区，代表中国沟通世界固然是一种全球视野，然而也成为一种话语的局限。仿佛在首都话语体系下，能与北京展开对话的只有巴黎、伦敦、东京，而无形中失去了更广阔的讨论的可能性。

2001年，陈平原开始在北大中文系开设"北京文化研究"专题课。2022年10月29日，在北京师范大学主办的"世界文明视野中的北京书写"国际学术研讨会上，陈平原仍在细细探讨"为何以及如何在北大讲北京"[②] 以及这门课程的最新进展。足见"在北大讲北京"，即在北京大学人才培养体系下构建"北京学"研究谱系是陈平原近二十年来持续投入的一项重要事业。事实上，早在2003年，根据这门课的"开场白"整理成的《"五方杂处"说北京》一文中，陈平原就关于北京何以作为"地方问题"有了更为具体的阐述：许多人可能会觉得，只是关心北京，眼界未免有点狭窄。因此，更愿意谈论国家大事乃至世界风云。可在家庭与国族之间，还有一个与日常生活密切相关，深刻地影响着喜怒哀乐的"本地风光"。说"乡邦文献"，更多的是为了迁就过去的思路；说"都市研究"，又有点赶时髦的嫌疑；就其强调"本埠新闻"与"在地经验"，挑战传统的一元化知识观和科学观，以及突出包含权利、义务、情感、趣味的"文化认同"而言，这一观点更接近文化人类学意义上的"地方性知识"。[③]

陈平原对于在地经验、地方性知识与文化认同的关注，实则与2020年以来四川大学教授李怡先生等学者提出的"地方路径"问题形成了对话。

---

① 陈平原：《"北京学"》，《北京日报》1994年9月16日。
② 陈平原：《为何以及如何在北大讲北京》，《北京青年报》2022年10月30日。
③ 参见陈平原《"五方杂处"说北京》，《书城》2022年第3期。

"地方路径"一方面重审民族国家的文化经验"向下"传输而构成"地方"的逻辑链条，思考"地方"本身的历史主体性。另一方面区别于地方文学、区域文学等相对静止的概念，着眼于"路径"，也就是追踪和挖掘现代中国文学如何尝试现代之路的历史经验，探索中国文学介入世界进程的方式。①那么，这其中当然也应该思考和探讨世界文学如何介入中国的路径问题。与此同时，李怡敏锐地指出了"地方性"与"全球化"的关系问题。他认为在一个相当长的时期内，全球化和地方性都将保持着一种纠缠不清的关系，有矛盾冲突，也会彼此生发。②然而我们要警惕的是，在对"地方"缺乏足够理解和认知的前提下奢谈"走向世界"，在缺乏"地方体验"的基础上空论"全球化"。③另外值得注意的是，李怡关于"地方路径"的讨论其实起源于他对于"与京沪主流有异"④的知识分子的关注，似乎天然形成了中国内部的中心与地方的二元对立，将北京、上海排除在"地方"之外。而陈平原对于北京研究作为地方问题的讨论则消解了这一对立，提出"北京"作为"地方路径"同样有其可能性与必要性。这一点在全球化视野下思考世界文学与外国知识分子介入中国的进程中，以及近代北京作为故都时期的"去中心化"语境里尤为凸显，构成了北京学研究作为"地方路径"以及"全球化路径"的不可或缺的方法视角。

二 重审"北大学派"的北京学研究谱系：横向、纵向的两条脉络

陈平原每每谈及其自身的北京学研究成果总是十分谦逊，称自己从随笔《"北京学"》（1994年）到北大课程"北京文化研究"（2000年），再到主持"北京：都市想象与文化记忆"国际学术研讨会（2003年）、主编"都市想象与文化记忆"丛书（2009年），以及指导多篇研究北京历史、文化、文学、教育等领域的博士学位论文，二十年来，一直关注以北京为代表的都市建设、都市生活、都市文化以及都市书写，可除了区区一本

---

① 参见李怡《从地方文学、区域文学到地方路径——对"地方路径"研究若干质疑的回应》，《探索与争鸣》2022年第1期。
② 李怡：《从地方文学、区域文学到地方路径——对"地方路径"研究若干质疑的回应》，《探索与争鸣》2022年第1期。
③ 李怡：《从地方文学、区域文学到地方路径——对"地方路径"研究若干质疑的回应》，《探索与争鸣》2022年第1期。
④ 李怡：《成都与中国现代文学发生的地方路径问题》，《文学评论》2020年第4期。

《北京记忆与记忆北京》，还有几册主编的论文集，没有更多值得夸耀的成绩。[①]

然而，陈平原连续数年坚持不懈地举办系列研讨会，在知识界大力推进以北京为首的城市文化研究，同时作为博士生导师在北京大学中文系培养了一批"北京学"青年学者，本身就建构起了"北大学派"的北京学研究在中国学界横向、纵向发展的两条脉络。从中可窥见近三十年来，"北大学派"作为国内北京学研究的重镇之一，其"北京学"研究实践具体是什么样子，现在走到哪一步，以及日后发展的可能性。

（一）横向脉络：以北京研究为开端的城市文化研讨会

2003 年，陈平原联合哈佛大学王德威教授共同策划了"北京：都市想象与文化记忆"国际学术研讨会，并以此为契机开始了以"北大学派"为中心，在国内、国际学术界横向推进以北京为首的城市文化研究之进程。

此次会议对北京进行了多角度、复合性的探讨，并出版论文集《北京：都市想象与文化记忆》。其中不乏将北京视作"地方"的学术尝试。如毕业于北大中文系、现为华盛顿大学教授的董玥女士，在探讨1910 年代至抗战时期"新知识分子"的北京书写时指出，这些"新知识分子"很多来自南方，只是在北京租房暂住。他们在北京居留，只是因为任职或就读于那些在京新设的教育机构，于是，他们与北京的关系就非常不同于那些帝都土生土长的学者。[②] 在董玥看来，外来新知识分子在与其他地方城市的平行比较中，来看待不再作为国都的北京，其实本就可以理解为一种"地方视角"。而"新知识分子"寓居北京的经验，又与近代外国知识人的侨华经验相通，向外可以延伸出一种作为全球化路径的地方路径。此外，与董玥所关注的"知识分子从外地到北京"的路径相反，王德威在该论文集中探讨了"北京作家的外地离散"。王德威指出，如唐鲁孙、张北海等北京作家在旅居海外多年之后的北京书写中，其着力"记忆"与"想象"的仍然是 1920 年代至 1940 年代的北平，是一种剥脱了作为首都的"当下关键性"之后，北平的日常生活与感官经验。唐鲁孙、张北海等作家的北京书写构成了作为"地方"的北

[①] 陈平原：《"北京研究"的可能性》，《北京社会科学》2015 年第 12 期。
[②] 董玥：《国家视角与本土文化——民国文学中的北京》，载《北京：都市想象与文化记忆》，北京大学出版社 2005 年版，第 239 页。

京在世界华语文学中的呈现方式,而他们所描写的地方性知识与日常生活也成为消解"铺天盖地的大叙事"与"斩钉截铁的现代性"的一种范式。①

此后,延续北京城市研究的方法与议题,该研讨会陆续举办了西安、开封、香港、天津等多场研讨会,均由北京大学出版社出版了相关研究成果,如《西安:都市想象与文化记忆》《开封:都市想象与文化记忆》《香港:都市想象与文化记忆》《三四十年代平津文坛研究》。② 关于这五次会议陈平原如下总结道:第一,由"北京文化"起步,逐渐走向"都市研究",不仅视野有所拓展,更重要的是心态变化——不再独尊帝京,也不限于为自家城市叫好;第二,谈城市而贯通古今、纵横捭阖,这在与北京比较中可以做到;谈其他古都时,可就没那么方便了,如何让古今之间"血脉贯通",也就是说谈西安不限于唐,论开封不限于宋,这是都市研究者必须努力跨越的陷阱;第三,"城市研究"天生就是跨学科的,单说文史兼通还不够,还必须有更为开阔的视野,如谈西安时之借鉴考古学,谈开封兼顾法律制度,谈香港引入建筑与电影等;第四,关于"城市比较",除了平津对话,还应该有更多的"双城记"或"三城记";第五,谈城市的历史与现状,不只需要故事、人物、民俗、建筑、文学、艺术,更包括立场、理论与方法。其中,文化批判与城市史、建筑学、景观设计的对话最值得期待,因那是人文学者走出书斋介入社会的重要途径。③

(二)纵向脉络:"北大学派"的博士学位论文研究成果

截至2015年,陈平原指导的十篇"北京研究"博士学位论文可谓"北大学派"北京学研究谱系的一条纵向传承脉络。如季剑青《大学视野中的新文学——1930年代北平的大学教育与文学生产》关注"制度性安排"对于文坛风气形成的决定性作用。④ 立足于30年代北平"文化古城"与"战争阴影"的双重面貌,阐释其何以既非一味优雅静穆,也不是始终剑拔弩张。又如袁一丹《北平沦陷时期读书人的伦理境遇与修辞策略》谈

---

① 王德威:《北京梦华录——北京人到台湾》,载《北京:都市想象与文化记忆》,北京大学出版社2005年版,第365页。

② 北京大学出版社2009年版、2013年版、2015年版、2013年版。

③ 陈平原:《"北京研究"的可能性》,《北京市科学》2015年第12期。

④ 参见季剑青《大学视野中的新文学——1930年代北平的大学教育与文学生产》,博士学位论文,北京大学,2007年,该论文已出版,见季剑青《北平的大学教育与文学生产:1928—1937》,北京大学出版社2011年版。

论沦陷区北平读书人的精神状态，兼及文学研究、文化研究、城市史以及政治史的论述，作者从不同角度切入，纵横捭阖，抽丝剥茧。同时，又巧妙地处理了沦陷时期民族的、政治的、文化的各种矛盾纠结，把握着至关重要的"分寸感"。其中，袁一丹对于为何选取"沦陷北平"这一特殊时空时，也阐述了其独特的地方性。由帝都转变为国都，继而降格为地方，东北失陷后又沦为边陲，甚至弃地，北平的命运转变及其历史负债造成它与同质化的"现代"之间不完全兼容。① 在如此身份骤变、高度压缩的时空中知识人所面临的伦理困境与同时代外国知识人的北京往来也自然形成了对照与对话。再如林峥《北京公园：现代性的空间投射（1860—1937）》② 在全球化的背景下，考察"公园"作为新兴的西方文明装置，如何进入晚清以及民国北京。同样兼及政治史、社会史、文化史、文学史等多重维度，在空间与时间、政治与文学、古代与现代间转化。以上博士学位论文均为北京学研究界扩展了研究视野，带来了极大启发，同时"北大学派"近年在北京学研究领域的进发与转向同样值得持续关注、对话与省思。

三　民国北京的"地方性"与"世界性"：近代外国人与北京议题何以成为新增长点

（一）北京学谱系的外延：与海外汉学、国际中国学的交叉

基于陈平原、李怡的思维理路，可以看到北京学研究作为"地方路径"的可能性与必要性，以及其背后包含的"全球化"问题。同时，如董玥、王德威、季剑青、袁一丹等学者所关注的，北京的"地方性"与"世界性"在民国时期呈现出尤为复杂多元又极具特色的面相。因此，民国北京理应成为探讨北京同时作为"地方路径"与"全球化路径"的新的增长点。

在这一视角上，周阅《近代外国人与北京文化》是近年的一项重要研究成果。周阅以 20 世纪 30 年代作为国际汉学中心的北京为对象，探讨了

---

① 参见袁一丹《北平沦陷时期读书人的伦理境遇与修辞策略》，博士学位论文，北京大学，2013 年。
② 参见林峥《北京公园：现代性的空间投射（1860—1937）》，博士学位论文，北京大学，2015 年，该论文已出版，见林峥《公园北京：文化生产与文学想象（1860—1937）》，北京大学出版社 2022 年版。

英、美、法、日等外国文化人在近代北京的侨居生活、学术研究、文化活动与北京文化场域的关系。其中，在日本文化人方面，具体论及了青木正儿、竹内好、辻听花、中薗英助等人侨居北京的文化经验。承接周阅的问题意识，笔者在此想进一步以近代在华日侨文人的北京书写与北京文化认同为例，重新思考北京学研究谱系向外延伸，与海外汉学、国际中国学研究相互交叉的可能性。

与短期访华的外国人不同，长居于海外的侨民对于本国文化与定居地文化的多重认同，呈现出介于"域内"与"域外"之间的"第三视角"。以近代以来寓居于华北地区的日本侨民为例，其对于定居地北京的文学书写、图像史料保存丰富，其中不乏对于北京文化的显著身份认同。因此，在"中国文化走出去"的背景下，近代外国人与北京文化的交互关系，特别是作为侨民长期生活在北京的外国人群体，可以成为深入挖掘北京文化传统、现代性与包容性的"他山之石"，也可以成为阐释北京作为国际交往中心的历史传统以及研究北京文化世界影响力的重要路径。事实上，国内学术界对于在华侨民的相关问题早有关注，然而却始终未能充分纳入北京学研究的谱系当中。

（二）近代外国人与北京议题的视角与可能性：以近代华北日侨研究为例

以近代北京的日本侨民群体为例，在研究对象层面，站在海外汉学、日本中国学研究框架下，以日本汉学家、著名作家的中国纪行为对象的研究成果颇丰，而对日侨文人关注度不足。严绍璗《日本中国学史》[①]《日本中国学史稿》[②] 等系列专著中，以日本中国学的当代文化研究为切入点，探讨了竹内好、清水安三、青木正儿等日侨文化人。董炳月《国民作家的立场——中日现代文学关系研究》[③] 考察了民国时期太宰治、武者小路实笃、佐藤春夫等日本"国民作家"的中国体验与书写。李炜《都市镜像：近代日本文学的天津书写》[④]、陈童君《在华日侨文人史料研究——堀田善

---

① 参见严绍璗《日本中国学史》，江西人民出版社1991年版。
② 参见严绍璗《日本中国学史稿》，学苑出版社2009年版。
③ 参见董炳月《国民作家的立场——中日现代文学关系研究》，生活·读书·新知三联书店2006年版。
④ 参见李炜《都市镜像：近代日本文学的天津书写》，天津古籍出版社2016年版。

卫的上海时代》①将"在华日侨文人"研究作为显学拉入公众视野,凸显出侨民作家与侨居都市之间不可忽视的文学文化关系。然而以上讨论并未聚焦"北京"问题,不免有所遗憾。

其次,在学科领域层面,近代华北日侨的相关研究起步较早,以社会经济史、人口学等领域见长,文学、文化学、城市研究方面论著相对较少。沈殿忠《日本侨民在中国》②、米卫娜《近代华北日侨问题研究》③以及徐志民、米卫娜、关亚新的《战后在华日本侨俘遣返研究》④从社会史、抗战史方面聚焦近代华北日侨,然而对城市史、城市文化关注不足。文学方面,张泉《沦陷时期北京文学八年》⑤首次关注到北京日侨文学团体"燕京文学社"。张泉指出日侨同人作家中有参加过左翼运动的分子,也有反对国家主义的"艺术至上派",他们与日本当局的文化宣传活动鲜有联系,没有在华实施文化、语言殖民的意图。此后,钱理群主编《中国沦陷区文学大系》史料卷⑥中也曾论及该文学社的在京活动,为进一步讨论近代在华日侨文人的北京体验与北京文化认同问题打下了基础。

此外,在理论视角层面,既往对于近代外国人的北京体验的探讨多站在文化殖民、东方主义、战争文学的视角上,缺乏从城市文化的全球化视角进行阐释。如陈言《忽值山河改:战时下的文化触变与异质文化中间人的见证叙事(1931—1945)》⑦从翻译、民族志等角度探讨沦陷区的"见证叙事",并涉及战时北京文坛的日本文化人及中日文学关系。王升远《文化殖民与都市空间——侵华战争时期日本文化人的"北京体验"》⑧在日本文学与文化视域中探讨近代北京,梳理近代化话语中日本文化人的北京书写。其中对战时来京的日本作家多有涉及。然而,以全球化路径、文

---

① 参见陈童君《在华日侨文人史料研究——堀田善卫的上海时代》,上海人民出版社2020年版。
② 参见沈殿忠《日本侨民在中国》,辽宁人民出版社1993年版。
③ 参见米卫娜《近代华北日侨问题研究》,人民出版社2012年版。
④ 参见徐志民、米卫娜、关亚新《战后在华日本侨俘遣返研究》,江苏人民出版社2021年版。
⑤ 参见张泉《沦陷时期北京文学八年》,中国和平出版社1994年版。
⑥ 参见钱理群编《中国沦陷区文学大系》,广西教育出版社1998年版。
⑦ 参见陈言《忽值山河改:战时下的文化触变与异质文化中间人的见证叙事(1931—1945)》,中央编译出版社2016年版。
⑧ 参见王升远《文化殖民与都市空间——侵华战争时期日本文化人的"北京体验"》,生活·读书·新知三联书店2017年版。

化越境、文学离散为切入点探讨侨民、移民对定居地的文化身份认同问题，则多见于海外华文文学、民族文学领域，如王宁《流散文学与文化身份认同》①、黄英哲《漂泊与越境：两岸文化人的移动》② 等。这种文学、文化越境背后所呈现的地方性与世界性问题，以及其形构的多重文化认同问题，也同样深刻存在于近代外国人与北京的文化交涉之中。

因此，在华侨居的外国人基于其丰富的在地生活经验，以及对北京文化场的深度体验，形成了超脱于母国文化语境、东方主义及文化殖民视角的，对于近代北京文化的理解与认同。近代外国人与北京的文学文化关系问题，可以进一步深化拓展北京学研究谱系，为北京学研究提供兼具"地方性"与"世界性"的复合型视角。

四 结语

1994 年，陈平原在首次提出"北京学"的研究课题时，就着重强调了其作为"地方问题"的重要性。这一北京研究的地方视角实则可以与李怡于 2020 年提出的"地方路径"问题形成对话。北京学研究确有作为地方问题的必要性，然而不应止步于相对静止的地方问题，更应形成动态的"地方路径"意识。借重北京这一地方路径，中国得以介入世界进程，世界也同样由此介入中国。在这一意义上，"地方路径"亦成为"全球化路径"。

以陈平原个人的北京学研究历程为切入点，可以整理出近三十年来"北大学派"的北京学研究谱系。以五次学术研讨会、十篇博士学位论文为横纵两轴，可以进一步分析得出"北大学派"的北京学研究中凸显了一种对于民国北京特殊性的敏锐关注。以董玥、王德威、季剑青、袁一丹等学者的研究成果为代表，民国北京兼具"地方性"与"世界性"的特质为我们提示出广阔的挖掘与阐释空间。因此，笔者认为近代外国人与民国北京的文学文化关系问题可以成为体现北京学研究作为"地方路径"与"全球化路径"的新的增长点，也是进一步深化、拓展北京学研究谱系的重要方向。

---

① 参见王宁《流散文学与文化身份认同》，《社会科学》2006 年第 11 期。
② 参见黄英哲《漂泊与越境：两岸文化人的移动》，台湾大学出版中心 2016 年版。

中外城市中轴线空间比较研究

胡 燕 韩 懿[*]

摘要：本文通过梳理北京、罗马、巴黎、华盛顿四座城市的中轴线空间，从历史发展、空间节点及文化内涵等几个方面进行多维度比较，探讨国内外城市发展的不同文化背景与特色，拟为北京中轴线申遗提供借鉴经验。

关键词：中轴线；空间节点；比较

北京中轴线是北京老城的"灵魂与脊梁"。从元大都开始，历经明、清、民国、中华人民共和国等不同时期，这条中轴线一直在发展演变，至今已延续了750余年。北京老城与中轴线是按照中国传统礼制观念及城市规划理论建设的，反映了中国传统礼制思想和文化理念，体现了尊卑有序的等级制度。北京中轴线是中华文明和文化传统的独特见证。罗马、巴黎、华盛顿这三座城市也有中轴线，本文试图通过空间节点的变化，探讨不同城市中轴线形成发展的文化背景。

一 中外城市中轴线的空间结构

（一）北京

北京中轴线最初形成于元大都。1267年，忽必烈命令刘秉忠修建新的都城，经过周密的勘察，最后确定以金中都离宫——大宁宫为核心，修建元大都。刘秉忠以《周礼·考工记》为理想模型，吸纳《周易》等其他思

---

[*] 胡燕，北方工业大学建筑与艺术学院，研究方向为文化遗产保护与利用；韩懿，北方工业大学建筑与艺术学院。

想，规划和建设了元大都。中轴线初具规模，在明清时期不断完善。1949年后，中轴线进一步演变，形成了天安门广场等新的空间。北京中轴线历经750余年，从永定门到正阳门、天安门、午门、太和殿、中和殿、保和殿、乾清宫、交泰殿、坤宁宫、御花园、景山、鼓楼、钟楼，形成一条绵延7.8公里的城市龙脉。这是一条凝聚历史与文化的轴线，是北京老城的灵魂。（见图1）

图1　北京中轴线空间布局

（作者自绘，底图来源：谷歌地图）

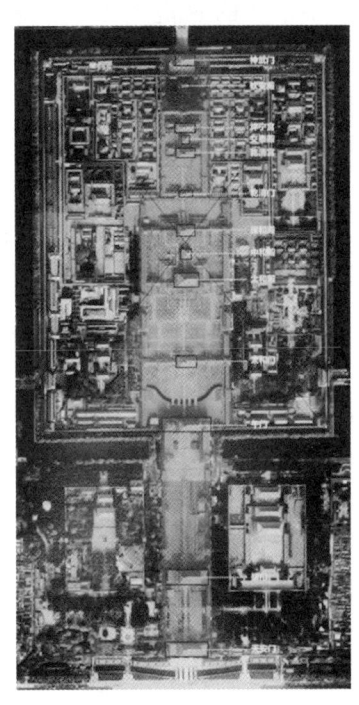

图2　紫禁城在中轴线上的建筑分布

（作者自绘，底图来源：谷歌地图）

《周礼·考工记》记载："匠人营国，方九里，旁三门，国中九经九纬，经涂九轨，左祖右社，面朝后市，市朝一夫。"[①] 也就是说，建造都城时，九里见方，每边开三门。城中设置九条纵向道路、九条横向道路，路面可容九辆马车同时并行。王宫东面是祖宗祠堂，西面是社稷坛，前面是朝廷、宫室，后面为市场，市场和朝廷行政区规模均为一百亩。

[①]《周礼》卷6《考工记》，岳麓书社1989年标点本，第129页。

蒙古人是游牧民族，喜欢逐水而居，水是他们生活的中心。元大都在选址时，特别注重水面的位置，因而积水潭成为首选之地。刘秉忠在这片水面的东北岸建设中心阁作为城市几何中心点，从此向南，紧傍积水潭东岸，垂直南下，形成设计上的中轴线；① 以水面最西端为边界，建设大都西城墙，然后以中心阁——万宁桥沿线为轴，在东侧拟对称建设大都东城墙。然而施工时，原定东城墙位置发现分布了许多大小不一的水泡池沼，地基承载力不足，不得不将东城墙西移。城市几何中心也随之向西移动，遂在中心阁以西，建设中心台成为新的城市中心。中心阁向南延伸，形成南侧中轴线，中心台向北延伸，形成北侧中轴线。

明初的北京城是在元大都基础上修建的。元大都北部人烟稀少，地带荒凉，因而明代将北城墙向南移五里，南城墙向南扩展二里。嘉靖年间又修建了外城，形成了北京老城的凸字形格局。老城的中轴线则一直延续下来。清代，中轴线保持了原有格局，仅将宫殿名称作了修改。民国期间，皇家宫殿苑囿开放，成为百姓可以进入的公园、博物馆。中华人民共和国成立后，北京中轴线空间发生了重大变化，同时也注入了新的文化内涵。② 20世纪50年代，天安门广场及其周边建筑将原来较为封闭的中轴线空间改成开放的广场，中轴线由封建君权向人民大众转型。人民英雄纪念碑、天安门广场、毛泽东纪念馆等空间仍然延续了中轴线的庄严。天安门广场两侧的国家博物馆和人民大会堂，不仅形成广场的边界，而且成为人民大众参观游览的场所。太庙、社稷坛则变为劳动人民文化宫和中山公园，既保存了古代传统建筑的格局，又为现代人的生活开辟了新空间。

北京中轴线从南到北依次排列着永定门（见图2）、天桥、正阳门（见图3）、天安门、端门、紫禁城、景山、钟鼓楼（见图4）等重要空间。紫禁城建筑群是核心空间，主要有午门、太和门、太和殿、中和殿、保和殿、乾清门、乾清宫、交泰殿、坤宁宫、钦安殿、神武门等。

---

① 侯仁之：《试论元大都城的规划设计》，《城市规划》1997年第3期。
② 北京市规划委员会主编：《北京中轴线城市设计》，机械工业出版社2005年版。

中外城市中轴线空间比较研究　15

图 3　永定门（自拍）

图 4　正阳门（自拍）

图 5　钟楼（自拍）

表1　　　　　　　　　紫禁城主要建筑的屋顶形式及建筑功能

三朝	中轴线建筑	屋顶形制	建筑功能	照片
外朝皇城	大清门	单檐歇山	皇城正南门，大清国门，已拆除	
外朝皇城	天安门	重檐歇山	颁发诏令，重大事件、节日时开启	
外朝皇城	端门	重檐歇山	存放仪仗用品	
治朝紫禁城前朝	午门	重檐庑殿	紫禁城正南门，颁发历书	
治朝紫禁城前朝	太和门	重檐歇山	外朝宫殿正门，御门听政（早朝）	
治朝紫禁城前朝	太和殿	重檐庑殿	重大朝会，如皇帝登基、大婚封后、皇帝诞辰、元旦、冬至	
治朝紫禁城前朝	中和殿	四角攒尖	皇帝典礼前休息，接受朝拜之所	
治朝紫禁城前朝	保和殿	重檐歇山	赐宴外藩，殿试	

续表

三朝	中轴线建筑	屋顶形制	建筑功能	照片
燕朝紫禁城内廷	乾清门	单檐歇山	内廷正门，康熙后早朝处	
	乾清宫	重檐庑殿	皇帝寝宫，日常处理政务	
	交泰殿	四角攒尖	皇后接受朝贺处	
	坤宁宫	重檐庑殿	皇后寝宫，大婚洞房，萨满教祭祀神堂	
	坤宁门	单檐歇山	内廷北门	
	神武门	重檐庑殿	紫禁城北门	

从表1和表2可以看出，中轴线上主要建筑的屋顶形式有：重檐庑殿、重檐歇山、单檐歇山及四角攒尖顶。最重要的宫殿及大门用重檐庑殿顶，如太和殿、乾清宫、坤宁宫、午门、神武门；稍微低一级的宫殿及大门用重檐歇山顶，如保和殿、天安门、端门、太和门；中轴线上最主要建筑中没有使用单檐庑殿顶的；使用单檐歇山顶的有大清门、乾清门、坤宁门；中和殿和交泰殿使用的是四角攒尖顶。

表 2　　　　　　　　　　紫禁城建筑群各建筑平面尺度

	外朝皇城		治朝紫禁城前朝					燕朝紫禁城内廷					
	天安门	端门	午门	太和门	太和殿	中和殿	保和殿	乾清门	乾清宫	交泰殿	坤宁宫	钦安殿	神武门
建筑高度/米	34.7	33.0	37.95	23.8	35.0	27.0	29.5	16.2	19.5	14.8	22.0	14.7	31.0
面阔	9间	9间	9间	9间	11间	3间	9间	5间	9间	3间	9间	5间	5间
进深	5间	5间	5间	4间	5间	3间	5间	3间	5间	3间	3间	3间	1间

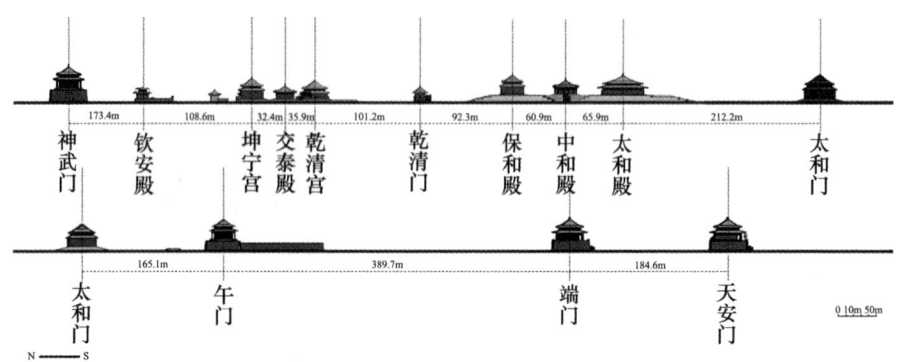

图 6　中轴线上的建筑空间（作者自绘）

（二）罗马

罗马城中的梵蒂冈城是教皇的驻地，圣彼得教堂及其广场有一条明确的中轴线，延伸到城市之中。中轴线从圣彼得大教堂（St. Peter's Basilica Church）开始，向东经过圣彼得广场（Saint Peter's Square）、协和大道（Via della Conciliazione），到达圣天使城堡（Castel Sant'Angelo），全长约 1.1 公里（见图 7）。

宗教传播这一目的决定了罗马中轴线是宗教及政治权力的象征。主轴线中所存在的重要宗教纪念物——圣彼得大教堂，强调了教皇权威的政治意识形态。这一中轴线由在节点上的方尖碑来进行控制，表明了与上帝的形而上学的联系。由此，彼时将罗马确立为世界中心的圣城，同时反映了教徒认为万事万物均可由上帝拯救的精神信仰。现将中轴线上的标志性建筑简述如下。

①圣彼得大教堂　　②圣彼得广场　　③圣天使城堡

图 7　罗马中轴线空间布局（作者自绘，底图来源：谷歌地图）

圣彼得大教堂现位于梵蒂冈城，东与圣彼得广场相连，建于 1506 年至 1626 年，后由伯拉孟特、米开朗基罗等人设计并改进。其平面为拉丁十字式，教堂高 45.4 米，长约 211 米，中央为直径 42 米的穹顶，顶部高约 137.8 米，现为世界上最大的天主教堂。

圣彼得教堂前有两个广场，一个是与教堂相连的梯形广场，另一个是椭圆形广场。广场是罗马教廷举行大型宗教活动的地方，总长 340 米。梯形广场一端与教堂主入口直接相连，另一端连接具有巴洛克风格的椭圆形广场。椭圆形广场建于 1656 年至 1667 年间，由建筑师贝尔尼尼负责建造。其长轴为 240 米，地面铺以黑色小方石，中心则放置一座方尖碑，象征着教皇的神圣地位。在广场的南北两侧，各有一条长 148 米，高 18 米的柱状走廊，由 284 根圆形柱子和 88 根方形柱子构成，柱廊分为 4 排，形成 3 个回廊。[①]

圣天使堡位于意大利罗马台伯河畔，圣彼得教堂与广场的轴线一直延伸到城堡门前。原为古罗马地区的最西端，建于公元 139 年，由古罗马皇帝哈德良设计并指挥建造，曾作为家族墓园，后改建为教皇宫殿，现作为博物馆对外开放。[②]

[①]　参见刘松茯《外国建筑历史图说》，中国建筑工业出版社 2008 年版。
[②]　邹晓周：《探寻建筑生命的长寿基因——以罗马古建筑圣天使堡为例》，《华中建筑》2014 年第 32 期。

20　理论探讨

图8　圣彼得大教堂（自拍）

图9　圣彼得广场（自拍）

图10　圣天使堡（自拍）

罗马圣彼得广场建筑群，主要由圣彼得大教堂和其前面的圣彼得广场组成，以圣彼得教堂的穹顶为起点与椭圆形广场中心的方尖碑相连，可视作这条轴线的主轴（见图11），椭圆形广场长轴方向上以方尖碑为焦点的两侧各有相互对称的喷泉，是两侧半圆形回廊的中心点。教堂到达圣彼得广场的核心空间——椭圆形广场是由梯形前厅作为过渡空间进行连接。圣彼得大教堂的穹顶作为该轴的最高点，高度为137.8米，控制着整个区域，而高度为25.5米的方尖碑，控制着整个广场空间（见图12）。

图11　罗马中轴线上分布的建筑和构筑物（作者自绘，底图来源：谷歌地图）

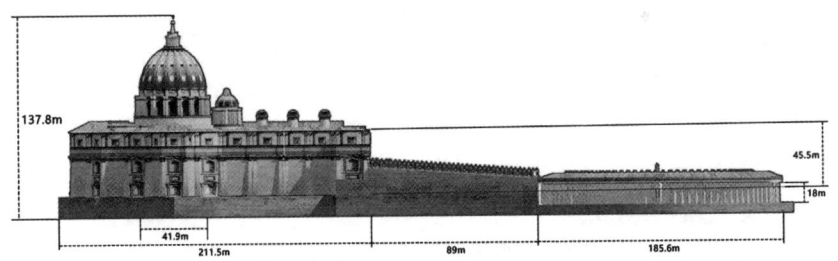

图12　罗马中轴线上立面相关尺度（作者自绘）

（三）巴黎

巴黎中轴线开始规划于1724年，该轴线规划模式要归功于科尔伯特（Colbert），他在路易十四统治时期开始在城市的东侧进行轴向扩建，这一设计思想后由拿破仑时期的奥斯曼（Haussmann）在对城市形态的设计上进行了进一步扩展，即从卢浮宫（Louvre）的君主象征中的轴线延伸出来，逐渐形成了主次相间、层次分明的轴线群，并构成东起卢浮宫，向西经过杜乐丽花园（Jardin des Tuileries）、协和广场（Place de la Concorde）、香榭丽舍大道（Champs Elysees）、东至凯旋门（L'Arc de Triomphe）的中轴线，全长约4.7公里。[①] 20世纪60年代，将原有的城市空间轴线从星形广场凯旋门进一步向西扩展经过大军团大街（Avenue de la Grand Armee）直到拉德芳斯中心（Grande Arche de la Défense），形成了新老共存的新巴黎城市空间轴，最终形成了长约8.5公里的中轴线（见图13）。人们普遍认为象征君主权力的卢浮宫是巴黎中轴线的起点，事实上，其起点是在卢浮宫外的一座罗马式教堂——卢浮宫教堂（Saint-Germain-l'Auxerrois），同样和罗马一样代表着与上帝形而上学的关系，然而这座教堂被卢浮宫的气势所掩盖。这条历史中轴线上包括了三座凯旋门，分别是拉德芳斯凯旋门（Arche de la Défense）、星形广场凯旋门和卢浮宫的卡鲁索凯旋门（Arc Carrousel）（见图13）。

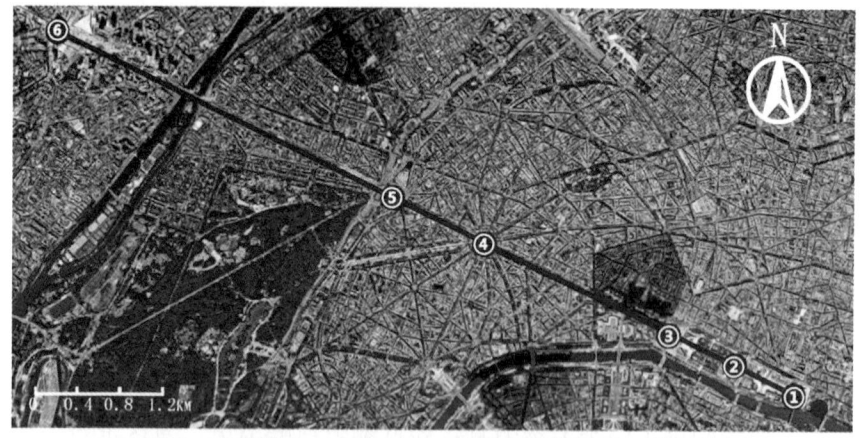

①卢浮宫　②杜乐丽花园　③协和广场　④凯旋门　⑤马洛特广场　⑥德方斯城中心

图13　巴黎中轴线空间布局（作者自绘，底图来源：谷歌地图）

巴黎中轴线是君主制权力表达权威的象征，为了加强行军部队的威慑力，设计了由起点向外延伸的开放性的轴线网络，仿佛要征服世界。主轴

---

① 李建盛：《北京中轴线与国外重要城市中轴线文化空间和功能比较研究》，《北京联合大学学报》（人文社会科学版）2021年第19期。

线的设计主要遵循勒·诺特尔的花园设计原则，轴线虽保留了中心位置，但重点强调水平维度的延伸，代表了自然主义的文化内涵，即所有的问题均可从自然中找寻到方案，而不是像罗马中轴线那样与上帝进行的超然联系。现将中轴线上的标志性建筑简述如下。

卢浮宫位于巴黎中心的塞纳河北岸，是法国历史上最悠久的王宫，现作为博物馆对外开放，始建于1204年，当时只是菲利普·奥古斯特二世的皇宫，后历经八百多年扩建、重修达到如今规模。卢浮宫平面由一个方形四合院和一个"U"形庭院组成，建筑占地面积为4.8公顷，其中于1674年建成的卢浮宫东立面是法国古典主义时期建筑的代表作品，后于1981年扩建的新馆成为巴黎地标性建筑之一（见图14、图17）。

协和广场位于巴黎香榭丽舍大道中段，塞纳河北岸，东临杜伊勒里公园，是法国最著名的广场之一，始建于1755年，1775年完工。该广场由建筑师雅克·昂日·卡布里耶设计建造，是一个四周对外开放式的广场。作为"革命广场"的法国大革命时期，法国人民把它作为展示王权毁灭的舞台。1795年改称"协和广场"，后于1840年重新整修，形成如今空间格局。其中位于该广场中心的方尖碑是巴黎中轴线的重要节点，相较于圣彼得广场中心的方尖碑，其更多是作为空间组织的功能，强调与东西向街道的水平联系。

凯旋门位于巴黎戴高乐星形广场中央，始建于1806年，完成于1836年，曾是为迎接外出征战的军队凯旋设计的纪念性建筑，现为巴黎的地标性建筑之一。该建筑高49.54米，宽44.82米，厚22.21米，中心拱门高36.6米，宽14.6米，香榭丽舍大道连同其一同成为个人荣誉和民族力量的标志（见图15）。

德方斯中心位于巴黎上塞纳省，邻近塞纳河畔纳伊，为这条新中轴线的终点。德方斯门建于1984年，1989年建成，是一正方形建筑，长宽各为105米，由奥都·冯斯波莱克尔森负责设计。其规划目的为路易十四时期建成的中轴线末端再树立起新的历史标杆（见图16）。

24　理论探讨

图 14　卢浮宫（自拍）

图 15　凯旋门（自拍）

图 16　德方斯门（自拍）

中外城市中轴线空间比较研究　25

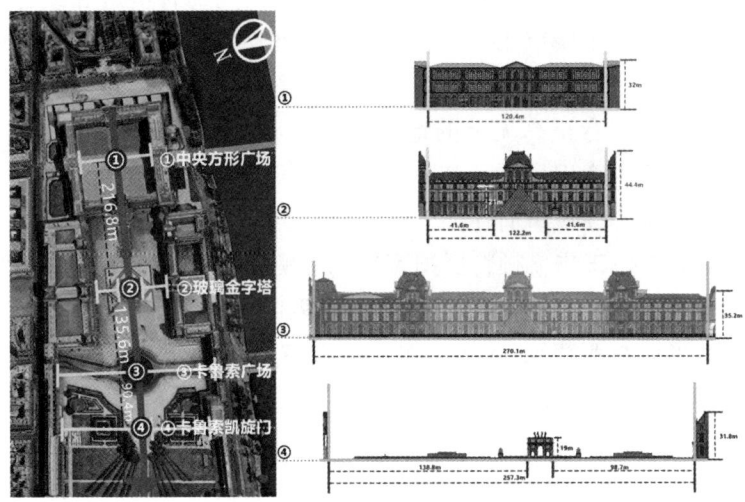

图 17　巴黎卢浮宫空间节点尺度（作者自绘）

（四）华盛顿

华盛顿中轴线于 1791 年开始进行规划，由皮埃尔·郎方（Pierre L'Enfant）进行测绘并设计，并于 20 世纪初期将建成的国会大厦（United States Capitol）、白宫（The White House），以及华盛顿纪念碑（Washington Monument）构成了一个直角三角形空间格局。20 世纪之后，华盛顿中轴线主要以国会大厦为中心向西侧、东侧扩展，并以华盛顿纪念碑为中心的南侧延伸，变成了国会大厦—华盛顿纪念碑—林肯纪念堂、白宫—华盛顿纪念碑—杰弗逊纪念堂（Thomas Jefferson Memorial）垂直交叉的拉丁十字空间布局结构，[①] 东西轴（主轴）全长约为 3.6 公里，南北轴约 1.8 公里（图 18）。围绕在东西轴两侧，分别以对称的形式建造了各种政府职能部门、纪念碑及博物馆建筑，例如国家历史博物馆（Smithsonian National Museum of American History）、联邦政府机关（U. S. Department of Agriculture Patio）、国家美术馆（National Gallery of Art）和国家航空航天博物馆（Smithsonian National Air and Space Museum）等（见图 18）。

在华盛顿的中轴线设计中，与法国花园设计原则相似，即控制大面

---

① 袁琳溪：《20 世纪以来北京与华盛顿城市中轴线空间发展比较研究》，硕士学位论文，北京建筑大学，2014 年。

积，强调宏伟，在边界问题上，却没有涉及像罗马的神圣边界或巴黎的自然边界，与其他两个城市相比，它更加开放和广阔。在郎方的方案中，选择并确定了在整个区域的地势最高的地方布置国会大厦，以体现在人权至上的国家中，它拥有至高无上的地位。华盛顿中轴线是民主权力的象征，代表了自由和民主意识形态，其隐含的规划设计与新大陆的发现有关。现将中轴线上的标志性建筑简述如下。

林肯纪念堂位于华盛顿特区国家广场西侧，是纪念美国总统林肯而设立的纪念堂，始建于1914年，于1922年竣工，由亨利·培根设计。整座建筑呈长方形，东西宽约36米，南北长约57米，36根白色的大理石圆形廊柱环绕着纪念堂，柱高13.4米。

华盛顿纪念碑位于华盛顿特区中心，在东西、南北两条轴线的交点上，建于1876年至1885年，由罗伯特·米尔斯设计建造。该纪念碑是一座方尖碑，呈方形，底部宽约22.4米，高约169米，也为整条轴线的制高点，象征着旧时权威神圣性的丧失以及民主的建立。

国会大厦位于主轴线的最东面，与林肯纪念堂遥遥相望，建于1793—1800年，最初由威廉·桑顿设计。该建筑占地面积约为16270平方米，平面以中央圆形大厅为中心，左右对称式布局，长为229米，宽约107米，高约87.8米。因战争损毁，后经多次修缮扩建，形成如今规模，象征作为管理整个国家和城市的角色。

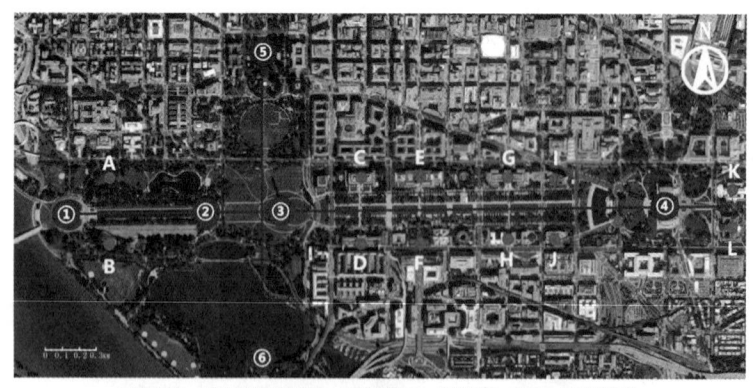

图18　华盛顿中轴线空间布局（作者自绘，底图来源：谷歌地图）

二 各城市中轴线比较

(一) 政治内涵

北京中轴线体现了中国传统文化中对于秩序的维护。自周以来，无论宫室、宅院，从总体规划到单体建筑，无不清晰地反映出等级严格、尊卑有序的意识形态。紫禁城是古代帝王居住的地方，既是北京城和中轴线的核心，也是帝王权威的象征。其中心轴线上分布最与皇权密切相关的建筑，由商议政治事务的三大殿到帝王生活的寝宫，以向心布置的形式表现出严谨的阶级等级制度。内朝的乾清宫、交泰殿、坤宁宫和其他殿庭处于附属地位，布局排列紧凑，进一步凸显外朝的威严。除此之外，从开间数目、台阶层数、屋顶形式到室内装修的繁简程度等类似的等级差异在紫禁城中无处不在，使其成为政治等级的载体。

西方城市轴线更多体现的是在现代制度下对平等权利和自由的追求。以华盛顿中轴线为例，其一从布局设计上率先确定了国会大厦与总统府的位置，是将国家基本权力具体化到城市建筑空间的方式之一；其二与北京中轴线不同的是，整条中轴线的最中心位置是为公众提供开阔公共活动空间的国家广场。以巴黎中轴线为例，卡鲁索广场、协和广场、星形广场曾经作为重要历史意义的舞台，现如今为群众聚集的开放场所，及以凯旋门为中心呈现的多条放射状的道路，凸显西方社会中提倡的自由。

(二) 文化特征

中国古代都城在城市布局上贯彻了西周时期的礼制思想。以紫禁城为例，南北朝向的中轴线以对称式的布局，其实体现了"中正无邪，礼之质也"[1]的礼制文化。按照中国人的传统观念，帝王建都必须"择中"。北京中轴线由北向南纵贯宫城、皇城、内城，构成的"中"字形，更是天下之中的典型象征。在这条中轴线上，分布着象征阴、阳的坤宁宫和乾清宫，象征阴阳交会之地的交泰殿，以及象征"阴阳和于此"的太和、中和、保和三大殿，以确证这里就是名副其实的天下之中。

在建筑布局在很大程度上反映了"天人合一"的思想观念。中国古人

---

[1] 《礼记》卷5《乐记》，商务印书馆1947年标点本，第90页。

仰观天象，把天上的星宿划分为"三垣"①"四象"七大星区。北京中轴线上的三大殿所在的前朝被视为太微垣，而后寝则对应紫微垣，至于天市垣则对应在皇城北边的地安门外设置内、外市。其中，太微垣中有三组星宿，与建在故宫太和、中和、保和三大殿的三座高台相对应。这种将建筑构图与天象以及人间秩序一一对应的构思和布局手法，象征着封建帝王拥有统治国家的合法性和至高无上的地位，以及对德治的期待。②

西方城市轴线相对于北京中轴线的文化意义，更多的在于宗教传播这一目的，如罗马中轴线上的圣彼得大教堂作为天主教会的象征之一，由圣彼得大教堂前的梯形前庭和周围柱廊界定的椭圆形组成的圣彼得广场是为了容纳聚集接受教皇祝福的民众们，椭圆形广场所形成的包围感代表了教皇权威的神圣性和绝对性，以及圣彼得大教堂作为拥抱整个世界的象征意义。而华盛顿中轴线虽然将民主、人权作为国家意识形态的首位，也把国会大厦放在极其重要的位置上，但是垂直于主轴上的杰斐逊纪念堂与白宫的连线所组成的拉丁十字架，暗喻的仍旧是西方的宗教文化信仰。

（三）地域特点

北京中轴线上的建筑是以建筑群的形式出现的，这也是中国传统建筑的特点。建筑群以院落为中心，由正房、厢房、大门等建筑围合出中心院落。南北轴线居中，布局对称，主要建筑位于轴线上，次要建筑分布于两侧。为了扩大规模，采用纵向串联的院落，轴线形式更为明确，如太和殿前的院落就是最大的四合院，太和门是入口，东西两侧是偏殿弘义阁和体仁阁，正殿为太和殿，其中，太和殿最为高大，开间最多。

西方城市中轴线上的建筑多为单体，如圣彼得大教堂，就是只有一座建筑。建筑前有广场，一般由柱廊环绕，形成立面协调、连续统一的空间。卢浮宫看起来也像是四合院格局，但实际上还是一座大的建筑，没有形成像紫禁城一样的在中轴线上层层院落相套的格局。

从轴线方向上看，北京中轴线的方向为南北走向，以最南端的永定门为起点，向北经由正阳门、天安门广场、紫禁城、景山等建筑延伸至最北

---

① "三垣"是指上垣的太微垣、中垣的紫微垣和下垣的天市垣。
② "为政以德，譬如北辰居其所而众星共之。"《论语》卷2《为政》，辽宁民族出版社1996年整理本，第10页。

端的钟鼓楼。中国传统文化中非常重视南北朝向，主要建筑都是坐北朝南的。方位与地位相符合。南向是朝向最好的方向，能最大限度地享受阳光，因而主要建筑均朝南。只有地形受限时，才会选择东西向。

而所选取的西方城市中轴线的方向大致以东西走向为主，起点却不一致，罗马中轴线以西侧圣彼得大教堂为起点，向东延展至圣天使城堡；巴黎中轴线以东南侧的卢浮宫教堂为起点，经卢浮宫向西北延伸至星形广场的凯旋门作为旧中轴线的终点，后继续沿同方向继续规划直至拉德方斯大门作为新中轴线终点；华盛顿中轴线以西岸的林肯纪念堂为起点，向东经过倒影池、方尖碑、华盛顿纪念碑，到达作为终点的国会大厦。西方以东西向为主，可能是源于对宗教圣地的崇拜，也可能是对于太阳东升西落的尊敬。

（四）轴线节点

北京中轴线上，每个空间节点都是建筑，以城门、大殿为主。永定门是外城的城门，正阳门是内城的城门，天安门是皇城的城门，午门是宫城的城门，每一座城门都是巍峨高大，富丽堂皇。空间节点上，更重要的是主体建筑，庄严雄伟的三大殿，还有生活起居的后三宫，主体建筑都体现出皇家至高无上的权力和等级。千步廊、太和广场是为衬托建筑而形成的空间，有私密的，也有开放的。

其他城市的中轴线上，空间节点上有建筑、有花园、有喷泉等，建筑和其他小品一样，是空间节点上的一个元素，并不一定是最重要的。一定意义上，园林才是最重要的部分，如巴黎中轴线上的杜乐丽花园采用西方古典园林的对称布局，凯旋大道贯穿其中，并且伫立众多法国古典风格的雕塑，并且作为协和广场与卡鲁索广场的重要连接点。另外，三个城市中轴线上的方尖碑作为轴线空间组织的重要节点，强调与周围街道、广场的水平联系（见表3）。

表3　　　　　　　　　　四个城市轴线的指标对比

	北京	罗马	巴黎	华盛顿
轴线长度	7.8千米	1.1千米	8.5千米	3.6千米
始建时间	1267年	1590年	1724年	1791年

续表

	北京	罗马	巴黎	华盛顿
轴线方向	自南向北	自西向东	自东南向西北	自东向西
主要元素	建筑及院落	建筑及广场	街道和广场	建筑和景观
空间节点	永定门—正阳门—紫禁城—景山—鼓楼—钟楼	圣彼得大教堂—圣彼得广场—圣天使城堡	卢浮宫教堂—卢浮宫—杜伊勒里公园—协和广场—凯旋门—拉德方斯大门	林肯纪念堂—第二次世界大战纪念碑—华盛顿纪念碑—国会大厦
文化内涵	尊卑有序、等级森严的制度体系	教皇权威的神圣性和绝对性	追求自然主义的文化内涵	追求民主、自由、平等的精神意义

历史地理

元中都开宁路与附郭开宁县地名研究

——兼论一地地名的演变

韩光辉 张 帅 段蕴歆 朱永杰[*]

摘要：元武宗在上都大安阁登基十天，就决定在旺兀察都（今张北县西北15千米）"立宫阙为中都"，与大都、上都形成了三都鼎立的格局。在这个过程中，自然建置了中都留守司兼行开宁路都总管府，附郭开宁县及相关的行政区划，也就产生了与中都有关的地名，但清代以来的大小地名词典均没有记载。本文主要对相关地名加以考证。

关键词：元中都；开宁路；附郭开宁县；地名

中都，元武宗所建。其位于坝上，距今河北省张北县城西北15千米，俗称白城子，其实是元代中都遗址。《元史·武宗纪》记载的中都资料多达20余处，包括中都建设过程、行政区划、建筑设施等。在《中国历史地图集》第七册元·中书省一幅上以小字标出"中都"。中都之下，先后新置了开宁路和附郭开宁县、源州和蔚昌府。因开宁路和开宁县存在的历史不长，所以没有引起学术界的注意，仍有必要做以探讨。

据《元史·武宗纪》，大德十一年（1307年）六月甲午（7月3日），武宗"建行宫于旺兀察都之地，立宫阙为中都"[①]。旺兀察都是建中都之前的当地蒙古语地名的汉语音译地名。元武宗所建宫阙就是宫城，为元代第三座都城。至大元年（1308年）七月壬戌（7月23日）："旺兀察都行宫

---

[*] 韩光辉，北京大学城市与环境学院历史地理研究所教授，研究方向为历史地理学、地名学；张帅，北京大学城市与环境学院历史地理专业2022级博士研究生；段蕴歆，北京大学城市与环境学院历史地理专业2021级博士研究生；通讯作者：朱永杰，北京联合大学北京学研究所教授，研究方向为北京学、地名学、历史地理学。

① 《元史》卷22《武宗记》，中华书局1974年版，第480页。

成。以中都留守司兼开宁路都总管府。"① 经过一年的规划建设，在旺兀察都建成了宫城，并命定中都所属开宁路，这是有史以来当地新创置的路级行政区划地名。第二年年底，"中都立开宁县，降隆兴为源州，升蔚州为蔚昌府"，并"以大同路隶中都留守司"。② 中都创置了赤县开宁县，调整行政区划建置了源州和蔚昌府，并将大同路归属中都留守司，因此出现了三个新区划地名（开宁县、源州、蔚昌府）至大二年（1309年）四月壬午，"诏中都创皇城角楼"，当时遇到了臣下的不同意见："今农事正殷，蝗虫遍野，百姓艰食，乞依前旨罢其役"，武宗以"皇城若无角楼，何以壮观！"③ 他坚持自己的意见，完成皇城的建设。皇城角楼是建筑物，也是地名，与中都联系在一起。中都留守司辖属政区包括开宁路都总管府、源州、蔚昌府和大同路。开宁路都总管府下属新置附郭开宁及划归的威兴县、应昌州，开宁路与开宁县均属新置，源州、蔚昌府也系新置的行政区划名地名；大同路是行政区划地名，划归了开宁路都总管府。至此，在旺兀察都地区，先后出现了行宫、中都宫城、皇城和还没有建成的外城等都城地名，以及开宁路和附郭开宁县、源州、蔚昌府等政区地名（见图1）。在一年多的时间里，从诏建"宫阙为中都"，立中都留守司兼开宁路都总管府并置附郭开宁县，完成了一个都城所必备的行政区划制度，也命定中都属下的路与县区划专名开宁，还出现了当时中都属下的路级与县级区划地名，并保障了建设中都所需要的土地、人力和物力，在短时间内规划与建设了宫城、皇城（创皇城角楼）及外城等建筑设施。到至大三年（1310年）十一月戊子（12月6日）武宗"敕城中都，以牛车运土，令各部卫士助之，限以来岁四月十五日（5月3日）毕集"。④ 事实上，至大三年（1310年）年底外城建设尚未完成。"敕城中都"，就是建中都外城，是武宗下令第二年夏天四月十五日建成。由此可知，中都是按宫城、皇城、外城的顺序建设的，名字分别是中都宫城、中都皇城、中都外城，中都外城虽没建成，但名称已经命定。

---

① 《元史》卷22《武宗记》，中华书局1974年版，第500页。
② 《元史》卷23《武宗记》，中华书局1974年版，第506页。
③ 《元史》卷23《武宗记》，中华书局1974年版，第511页。
④ 《元史》卷23，中华书局1974年版，第511页。

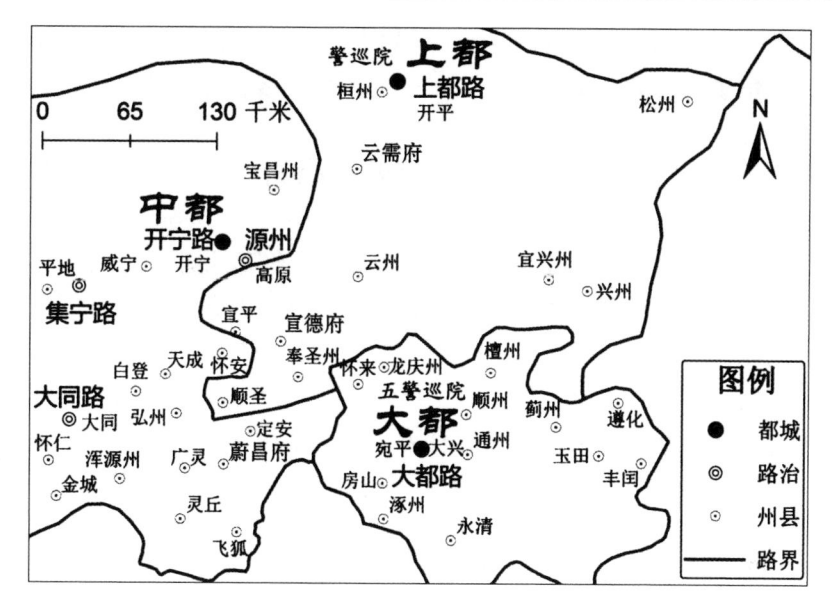

图 1　元大都、上都、中都鼎立示意图

辽金元三代，都城除名号、宫殿建筑和中央机构之外，在行政管理制度上，还置有留守司、都总管府、警巡院和附郭县等机构。以元代为例，上都，从中统元年（1260 年），置开平府治开平县，五年（1264 年）加号上都，到至元十八年（1281 年）升为上都留守司兼行本路都总管府事，全过程用了 22 年。大都，从世祖至元元年（1264 年）改燕京为中都，大兴府仍旧；四年（1267 年）规划建设新城并迁都，至元六年（1269 年）建置左、右二警巡院；九年（1272 年）改名大都；至元十二年（1275 年），迁都新城过程中又置警巡院，"分领坊市民事"[①]；十九年（1282 年）始置留守司；二十一年（1284 年）置大都路都总管府，完成都城行政管理制度的配置和建设过程，也达 21 年。元代中后期又设置了二警巡院，至此，因大都城市规模宏大，共设置了五个警巡院，并设置了五留守，可能是一留守对应一个城市警巡院，管制城内坊市民事。有大都路都总管府附郭大兴、宛平，分治郭下，郭下即城郭地区。因此，元代都城除宫殿与中央政府之外，还设置留守司、都总管府、警巡院、附郭县、京畿州县，成为都城的重要标志。总之，中都城的规划建设在原有的旺兀察都

---

① 《元史》卷 58《地理志》，第 1347 页。

地区新命定一系列城市地名和行政区划名。前者行宫、宫城、皇城、外城、皇城角楼、中都是城市相关地名；后者开宁路、开宁县、源州、蔚昌府，这是行政区划名。

留守司兼行本路都总管府事，秩二品，设留守、同知以下诸官员，形成京城地方官署，掌守卫宫阙都城、营缮宫事、尚方车服、殿庑宫帐等事，为宫室服务，并兼理京师民政。① 都总管府管理京师地方司法、民政事务、兼管劝农，与留守司兼理京师民政相一致，因此二者往往兼行。大都诸警巡院和上都警巡院均是"分领坊市民事"的都城行政管理机构，不是警察机构。中都则没有文献记录，或者当时还没有来得及设立中都警巡院机构，元武宗就病逝了。附郭县自古以来就附设在古代州、郡、路、府等上一级行政治所，在都城，附郭县其实就是赤县，在大都则赤县大兴、宛平也属于附郭县；在上都则由开平县附郭。大都、上都诸警巡院主要管理城内与关厢地面，附郭县则管理城外乡村地面。在中都则是开宁县附郭，管理中都城内外地面，但管理中都城市的警巡院还未提到设置的日程上来。

到至大四年（1311年）正月庚辰（1月27日），武宗驾崩，正月壬辰（2月8日）仁宗尚未登基即下诏"罢城中都"，② 尚未最后完成中都城的建设，也未完善中都行政管理制度，中都警巡院也没有建置起来。"罢城中都"同时"罢中都留守司……凡创置司存悉罢之"，③ 即留守司兼开宁路都总管府及附郭开宁县，一应建置和建筑均废弃了。"罢城中都"，中都存在了三年半，开宁府存在了三年，开宁县及源州、蔚昌府存在了二年七个月。到元末，中都"栋宇今多颓圮，盖大驾多不临"，④ 再到明永乐八年（1410年），朱棣北征，金幼孜扈从，君臣均目睹了当时的元中都废墟景象，故称其为"沙城"。"沙城"已是元中都城的代名词。再到近代，元中都城在民间根据当地景观特色更名为"白城子"，取代了历史短暂的帝王之都中都。残破之后的中都城俗名"沙城"或"白城子"。这就是位于农牧交错带上的短期都城地名的演变史。中都名气较大，而作为行政区划地名的开宁路和开宁县存在时间短暂，社会影响相对弱小，所以清代以来

---

① 《元史》卷90《百官志》，第2277页。
② 《元史》卷24《仁宗纪》，第537页。
③ 《元史》卷24《仁宗纪》，第541页。
④ 周伯琦：《近光集·扈从诗·后记》卷4，台北商务印书馆1969年版。

所有的大小地名辞典均未记载，也因此笔者写此短文探讨之。

梳理与中都有关的地名资料时发现，中都地名分为古地名（旧地名、消失的地名）和仍使用的历史地名。旺兀察都及王忽察都、汪火察秃、晃忽叉、忽察都都是蒙古语地名汉语音译出现的不同写法，开宁路、开宁县及源州、蔚昌府同是元代行政区划地名，元代短期形成，但长期废弃不用，均属古地名或称消失地名。中都、新城（相对于上都城的都城名，指中都）、沙城、白城子（俗名），均属历史上不同时期形成的都城名，但分三种情形：

第一种，中都和白城子还在使用中，是传承下来的历史地名，"白城子"地名和中都遗址地名长期并存使用；第二种，新城，指中都，相对当时的上都旧城称中都为新城；沙城，明清之际被扬沙掩埋，属废弃的聚落景观地名，属于古地名，已消失；第三种，中都城宫城、皇城、外城同是元代命名的都城名，随着都城的废弃，也成为古地名，已消失。

元代与中都紧密联系的开宁地名，在大小地名词典上均未见到过，更没有谁提到过它的重要性。从字面上解释，开宁即地方社会开始安宁的意思，属于意愿地名。据《元史》记载，至大初，中书省言"近百姓艰食，盗贼充斥，苟不严治，将至滋蔓。……随处官吏共议弭盗方略"，武宗下诏："弭盗安民，事为至重，宜即议行之"。因此文献记载了"因盗多，徙上都、中都、大都旧盗于水达达、亦剌思"的事件。[①] 当时政府为了地方安宁，曾迁徙三都包括中都旧盗于混同江下游，即水达达地区耕种。开宁是中都所属开宁路和开宁县行政区划地名专名，开宁又是这一社会背景下形成的古地名，可惜开宁地名存在的历史太短，未能形成大的影响。

通过考古遗址发掘，提高了元中都这一组地名的知名度，尤其是元中都遗址地名，建议当地政府认真保护并合理应用它。

[①] 《元史》卷23《武宗记》，第517页。

北京外城西南的唐代河道与永济渠

岳升阳[*]

摘要： 2006 年在北京老城南部白纸坊桥南发现隋唐时期的古河道，河道宽阔，应是唐桑干河干流河道之一，有唐代石筑驳岸和木船遗骸等遗物。河道位于唐幽州城南门外，隋唐大运河北端河道当利用了此河道。同时发现的还有唐以前的早期河流沉积地层，说明该河道的存在源远流长。

关键词： 北京；白纸坊；永济渠；幽州城；唐代木船

一 白纸坊西路南侧的古河道遗迹

1990 年，北京市修建广安门外的南二环路，此项工程位于广安门外，被称为"西厢工程"。北京市文物研究所对工程涉及的金中都宫殿区遗址进行考古发掘，为配合考古工作，北京大学城市与环境学系的老师与北京市文物研究所合作，对当地进行了古环境调查。调查发现，位于青年湖的金中都渔藻池遗址，在辽代北部是陆地，南部是河道。这条河道是何时形成的，规模有多大，当时尚不清楚。

1998 年 1 月，笔者和当年从事过西厢工程环境调查的北京大学徐海鹏老师一起，对白纸坊路南侧的建功东里危改项目商住楼工地进行了调查，我也又对附近的建功大厦工地进行了调查，在这两处工地都发现有汉唐时期的古河道遗迹。两处古河道遗迹东西相距 300 多米，与青年湖发现的古河道属于同一条河（见图 1）。

---

[*] 岳升阳，北京大学城市与环境学院副教授，研究方向为北京历史地理和城市考古。

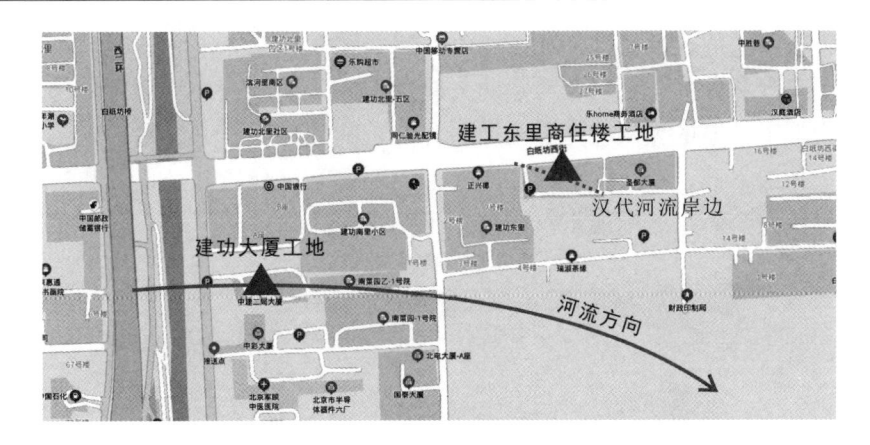

图1　白纸坊两处剖面位置示意图（依据百度地图）

（一）建功东里危改商住楼工地古河道剖面

建功东里危改商住楼工地位于白纸坊路南侧，南菜园路东面，其工程基坑为东西长形，挖掘深度约8米，调查剖面位于基坑的西南部。

从出土的河道砂层看，古河道在此约呈西北至东南走向，显示出古河道由西向东经过白纸坊桥附近的西护城河后，在南菜园路附近转向东南。只是我们当时还不知道河道的规模有多大，因为此前的研究都未提及此处在汉唐时期有一条大河。

图2　建功东里危改商住楼工地剖面

建功东里危改商住楼工地剖面由下到上可分为多层（见图2），第一层是地下8米深处的砾石层，与建功大厦地下8米的砾石层为同一地层。第二层为1.1米厚的黑灰色亚黏土层，含有植物残体。第三层是1米多厚的砂层，砂层下部含有战国、汉代陶片，上部含有汉代陶片、兽骨和货泉铜钱，年代约为两汉之际或东汉早期（见图3、图4）。

图3 建功东里危改商住楼工地砂层中的瓦片和动物上颌骨

图4 建功东里危改商住楼工地砂层中的大量陶片

第四层为亚黏土和粉砂互层，是河边的漫滩沉积地层。第五层是金元时期的城市堆积层。第六层厚约1米，属于现代地层。

白纸坊历来是造纸之地，在这处工地的局部地层中，可以看到早年造纸厂留下的鲜艳的柠檬黄色，一直浸染到地下数米深处。

在工地的中东部有一口绳纹砖砌筑的水井遗迹，应是东汉、魏晋时期的古井，说明在那时工地的东北部已是河岸，河流主要在工地的西南部。

（二）建功大厦古河道剖面

建功大厦临近白纸坊桥南的西护城河，古河道约呈东西走向，剖面底层为砾石层，距地表8—10米，应是古㶟水的沉积地层（见图5）。

图5 建工大厦工地河流剖面

图6 建工大厦砂砾石层中的文化遗物

42　历史地理

由下向上的第二层为1.7米厚的含砾砂层和砂层，它们也应该主要是古灢水故道的沉积层（见图6）。

第三层为含有黏土块的砂层，里面含有战国至汉代的绳纹陶片，应是东汉时期灢水的沉积地层。黏土块和陶片的出现可能是洪水所为，洪水将岸边的文化遗迹卷入河中。

第四层是1米余厚的砂层，里面夹杂着大量瓦砾、瓷片和木头、骨头等城市垃圾，遗物的年代在北朝至唐、五代之间。从后来的调查看，应主要是唐代至五代时期的河道沉积层。

第五层是黑灰色的亚黏土层，含有瓦砾和木头等，年代应在辽代和辽代以后，此时河道已经结束。

第六层临近地表，厚约4米，应是金元时期直至现代的地层，已在施工中挖掉了。此处剖面给人的印象是，它曾是一条大河，而不是城边的护城河或小溪。整体剖面见图7。

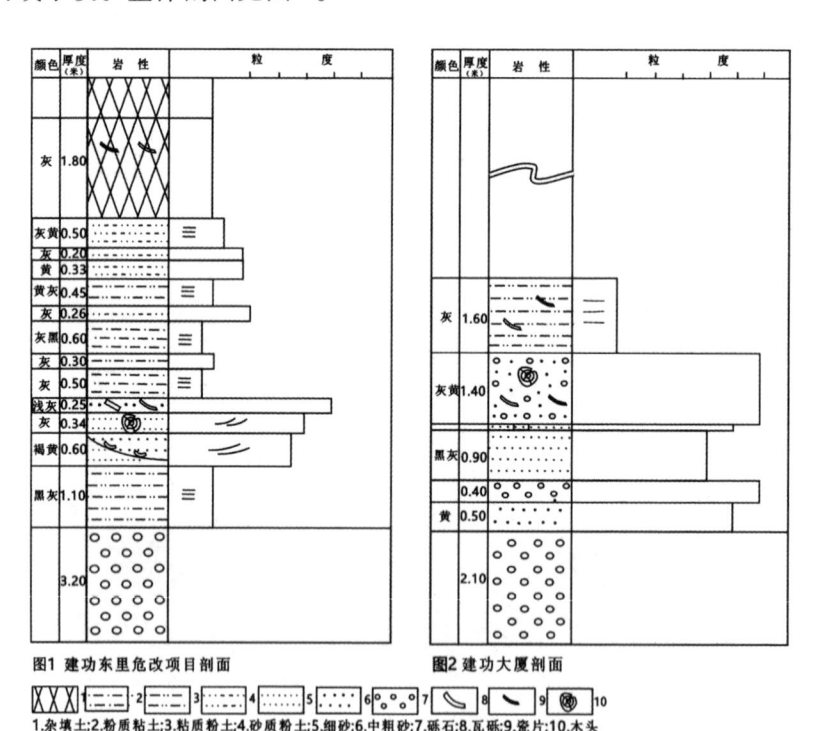

图1 建功东里危改项目剖面　　图2 建功大厦剖面

1.杂填土；2.粉质黏土；3.黏质粉土；4.砂质粉土；5.细砂；6.中粗砂；7.砾石；8.瓦砾；9.砂；10.木头

图7　白纸坊建功大厦和建功东里危改项目剖面图

这里的古河道包括了从数千年前至唐代的不同时期，应是蓟城选址兴建时就已经存在的河道，到了北魏时期，它应该就是《水经注》所记载的蓟城南面的古河道。

据《水经注》记载，[①] 北魏时期蓟城南面有发源于西湖即今天莲花池的洗马沟，洗马沟在蓟城南面注入瀤水，还有一条清泉河，《水经注》推测它就是瀤水。也就是说，蓟城南面有两条河，一条是洗马沟，一条是瀤水，瀤水也称清泉河。

白纸坊附近古河道究竟是瀤水还是洗马沟，或者两者都有遗存？洗马沟发源于莲花池，水量较小。而瀤水则是永定河的干流，流量较大。在建功大厦工地，我们可以看到，由大河形成的沉积地层，应是永定河的干流或干流之一，而不是洗马沟那样的小河。

汉代有洪水流经此地，所以这一时期的砂层中含有泥土块和大量瓦砾和生活垃圾，湍急的洪水将它们卷入河中，沉积于砂层之内（见图8）。

在建功东里危改商住楼工地西北方的枣林前街1、2号楼工地，曾在汉代地层中发现洪水遗迹，在洪水形成的泥砂中同样含有货泉钱币，可能为同一时期，甚至是同一次洪水。这可以解释，在白纸坊河流砂层中为什么有那么多汉代遗物。洪水很可能冲进了蓟城，蓟城地势较低的西南部为洪水所毁，大量遗物卷入河道之中。

图8　建功东里危改商住楼工地砂层中的陶片和牲畜骨头

---

① 参见（北魏）郦道元《水经注》，陈桥驿校点本，上海古籍出版社1990年版。

蓟城西南部虽然受到洪水破坏，城址并未因此而迁徙。枣林前街的洪水遗迹之上仍然是汉代及其以后不同时期的文化堆积层。

从地层剖面看，建功大厦和商住楼工地在数千年前的古瀠水时期都是古瀠水河道，其后，建功大厦所在地一直保持着河流形态，直到唐末五代时期。商住楼工地则处于河道边缘，在古瀠水离开此地后，成为河漫滩中发育的湖沼。汉代洪水频发，再次成为河道，接纳了来自蓟城的洪水，之后演变为河流旁边的漫滩地。金代建立中都城时，这两处地点已没有河流，成为城市区域。

北京的文物工作者曾提出汉代蓟城因受洪水影响而由东向西迁移的设想，即蓟城受古高粱河洪水的影响，由今天的琉璃厂一带迁移至广安门内外地区。其实，从已发现的蓟城遗址分布区看，战国西汉蓟城应是一座东西长、南北窄，近似长方形的城池，它后期变小，向西收缩，主要是由于战争等人为原因造成的，不大可能因洪水而位移。它的西南部曾遭受洪水的破坏，城址并没有因此而改变。

建功东里工程中见到的古河道沉积地层还只能算作是管中窥豹，我们对于整个河道仍不了解。2006年，北京市在外城南护城河底埋设中水管道，为我们提供了又一次考察白纸坊南面古河道的机会，我们跟随工程进行调查，大致了解到2000多年来蓟城南面古河道的变动过程。

二 白纸坊桥附近护城河底出土的唐代古河道

（一）中水管道工程剖面

2006年，北京市修建高碑店污水处理厂中水引水工程，沿南护城河河底铺设了一条中水引水管道（见图9）。管道分为两期施工，一期由东向西铺设到永定门前，二期由永定门前铺设到西便门。施工中在护城河底开挖了一条3米深的管道沟，形成数千米长、3米深的大型地层剖面，为我们研究北京城南部的古河道提供了难得的机遇。

我们的调查没有能赶上一期工程，但赶上了二期工程，即从永定门到西便门的工程。那时我因课题研究的需要，时而去宣武区办事，正好路过西护城河边，于是看到了二期工程的施工。

南护城河中水管道工程有数公里长，又在护城河底，工程管理不是很严，我于是利用施工间隙，对工程剖面进行调查。调查范围东起永定门桥下，沿

图 9　白纸坊桥南外城护城河底的中水管道工程

护城河向西，至护城河西南拐角转而向北，结束于护城河西便门桥下。

当地护城河河底距地面深度约为 5—6 米，管道沟深约 3 米，局部地段深度超过 4 米，管道沟底部距地面的深度约为 8—9 米。这条管道沟形成了一条大型剖面，为调查北京旧城西南部的古河道变迁提供了难得的机会。我们调查的重点是白纸坊桥至开阳桥的工程段（见图 10），全长 3000 米，在这一区域发现了春秋至唐代不同时期的古河道沉积地层。

图 10　2006 年南护城河与主要调查地点（依据百度地图）

调查结束后，我们在《北京社会科学》2008年第3期上发表了《北京城南的唐代河道》一文，对研究成果做了介绍。遗憾的是，该刊物没有能刊登文章中的图和照片。在此，以该文为基础，做一些补充并配上插图。

（二）白纸坊桥北侧剖面

调查是从白纸坊桥下开始的，这里恰好位于建功大厦和建功东里危改工程的西面，也就是它们的上游，先前的工作为此次调查提供了参照，使我们比较容易把握当地古河道的时代特性。

白纸坊桥是古河道调查的重要节点，在这里可以看到古河道北界的沉积地层。它表现出多个时期的变化，从先秦开始，河道北界不断向南移动，从白纸坊桥北移动到桥南，年代则终止于唐代或五代时期。

古河道的北界在白纸坊桥北面94米处，管道沟剖面上，可以看到一个含砾石砂层的北部边缘（见图11）。含砾砂层向北翘起、尖灭，颜色微偏灰，与其北面略微偏黄且砾石含量较高的砂砾石层形成明显差异。该砂层的底部埋深为地表下8—9米，顶部埋深为4—5米，年代早于汉代，或为较早的古㶟水或㶟水河道北缘。而它北面的砂砾石层分布广泛，向北一直到工程尽头的西便门桥一带，属于古㶟水或古㶟水之前的河流沉积地层。

图11　白纸坊桥北面㶟水河道北缘（管道沟东壁）

（三）白纸坊桥南侧古河道北岸

在白纸坊桥南侧 5 米处，可以看到汉唐时期的河流沉积，呈现为灰黑色的粉砂质河泥，这一沉积地层向南延伸到距桥约 100 多米处。在这 100 多米长的剖面中，有不同时期河流的护岸木桩和护岸石块，呈现出河岸向南移动的轨迹。

第一处明显的人工护岸在白纸坊桥南 84 米处，护岸遗迹下部为木桩，上部为石块，木桩直径最大为 28 厘米，其南面的河岸坡脚处铺有一些碎石块（见图 12）。

图 12　白纸坊桥南 84 米处由木桩和石块构成的河岸（管道沟东壁）

在这处河岸南面 27 米处，是第二道河岸。在南北大约 3 米宽的范围内，分布有木桩、木板和汉白玉石块等遗物（见图 13）。在第一道河岸与第二道河岸之间的砂层中，有石块、瓦砾和木船残骸等遗物。

图 13　第二道河岸附近砂层中的木板（管道沟东壁）

在此遗迹南面 10 米处，有第三道护岸遗迹。这是一座汉白玉石块砌筑的驳岸，保存较为完整（见图 14、图 15）。它的下部钉有木桩，木桩最大直径为 34 厘米。之上是由略呈方形的汉白玉石块砌筑的驳岸，供存留 4 层石块，石块缝隙中的泥土里发现有白瓷片。在管道沟旁边挖出的堆土中，散落有驳岸石块，测量可知，石块厚 30—32 厘米，宽 50—60 厘米。从木桩的外壁处取木头样本所做的碳十四测年显示，其年代为距今 1215±45 年，树轮校正为公元 680—900 年（BA06235），结合瓷片时代推测，石岸年代或属于唐代中后期。

照片中可以看到在遗址东南方的建工大厦，结合河流走向和埋藏深度可以说明，这里的唐代河道遗迹与建工大厦的唐代河道遗迹属于同一条河。

图 14　白纸坊桥南的第三道汉白玉石河岸（管道沟东壁）

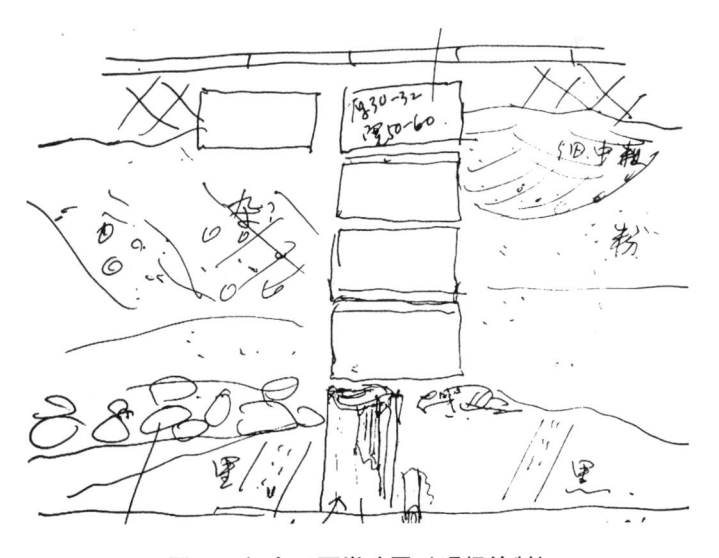

图 15　汉白玉石岸略图（现场绘制）

今房山大石窝地区的汉白玉在唐代已经开采，并用于幽州城的建筑，此前就曾在北京外城"两广路"施工时，在唐代建筑遗址中，出土过汉白玉石构件（见图16）。本处河道位于唐幽州城衙署南面，河岸用汉白玉石块构筑，说明其重要性，它有可能修筑于安史之乱和藩镇割据时期。

图16 挖出的汉白玉河岸石块

（四）白纸坊桥南的木船残骸

在白纸坊桥南面第一道河岸和第二道河岸遗迹之间的砂层中，出土了一只木船残骸，残骸位于白纸坊桥南约94米处，即第一处护岸木桩遗迹向南约9米处。船体仅露出底板部分，出露长度超过3.5米，船板北段有一个向上的折弯，应是向上翘起的船头部位。船身位于砂层底部，略呈西北东南向（见图17），当年可能是一条弃置岸边的破船。船底板由宽约30厘米，厚8厘米的多块木板拼接而成（见图18）。船板两侧衔接处相互咬合，缝隙处施以白色腻子，并以铁钉加固。

在船板残骸处的管道沟旁边，有一块施工中挖出来的弧形木板（见图19），它由一整块原木挖成，形状有如独木舟的船帮。弧形板厚度约10厘米，薄的地方约5厘米，残长1.7米，上面有铁钉。它可能与木船残骸有关，或许是船头部位使用的木板。由于没有考古发掘，无法知道木船残骸的全貌。

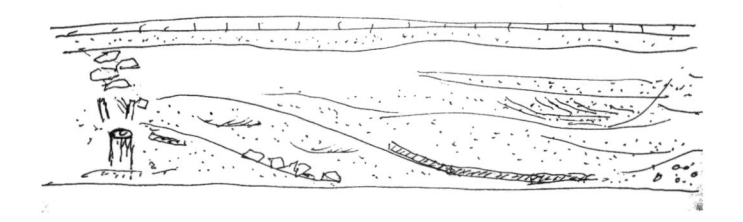

图 17　船板与河岸关系示意图

图 18　白纸坊桥南出土的木船残骸（管道沟东壁）

图 19　弧形船木板构件

此船残骸早于南面的汉白玉河岸，有可能是隋代或唐初的木船，船的底板比随后在开阳桥附近发现的唐代木船厚近一倍，应是较大船舶，有可能是运河上使用的漕船，废弃后弃置岸边，受到洪水冲刷，仅存残部。

（五）白纸坊桥南侧古河道砂层南缘

白纸坊桥南的遗迹显示出河流北岸的变化，那么河道的南缘又在哪里呢，也就是说，当时的水道水流有多宽呢？管道沟由白纸坊桥向南直到西护城河拐弯处，长约960米，沟中出土的几乎全是河流沉积地层，主要为砂砾石层和砂层，但唐代河流不可能有这样宽，这就需要对地层做一些分辨，找出某一时期河道水流的边缘。通过仔细寻找，在白纸坊桥南约290米处，发现一个砂层向南的尖灭点（见图20），它应是某一次水流过程的南部边缘。

在古河道的砂层中，会有大大小小的宛如透镜体的砂体，人们根据透镜体估算水流的规模。河流沉积层的边缘也有如同透镜体的尖灭点，这里由于处在河流边缘，水动力减弱，在砂层或砂砾石层尖灭处，往往会沉积下许多杂物。当河流经过城市等区域时，还会夹杂有一些瓦砾、兽骨、陶瓷片等文化遗物。调查古河道时，寻找出河流边缘沉积层的尖灭点，是十分必要的，它不但能显示出河流的规模，也有助于人们判别河流沉积层的形成年代。

图20　白纸坊桥南约290米处砂层向南的尖灭处（管道沟东壁）

此尖灭处的砂层中夹杂着陶片、树枝等植物残体和土块。陶片中有绳纹瓦，也有素面瓦，其中有一块素面灰瓦残片，瓦檐处有一排手按纹，即用手指在瓦檐上按出坑来，以作为装饰。此种装饰花纹盛行于北朝时期，北京地区多有发现。此前我在北京昌平区和门头沟区寻找北朝长城时，就是依据手按纹瓦判定出城堡年代的。在北京广安门内的地层中也发现过此种手按纹瓦，说明它在古代蓟城曾有分布。

在古代蓟城南面的河道中发现手按纹瓦，没有发现唐代以来的遗物，说明砂层的年代不会早于北朝，也不晚于唐代，或在北朝至唐初的时期。如以白纸坊桥南84米处的木桩河岸计算，此时河道砂层的宽度不小于200米。

在白纸坊桥南196米处，又找到另一个砂层的尖灭点（见图21），砂层透镜体向南尖灭。尖灭处的砂层中有大量唐代陶片、土块和植物残体。植物的碳十四测年为距今 1360 ± 45 年前，树轮矫正为公元600—780年（BA06236），属于唐代早中期。如以白纸坊桥南第二道木桩河岸计算，此砂层的宽度不到100米，时间晚于前一砂层的年代。

图21 白纸坊桥南196米处唐代砂砾石层南缘（管道沟东壁）

这条河道正处在蓟城南门外，它使我们联想到隋唐时期大运河北段的永济渠。隋炀帝在统一中原后，为完成统一大业，决心解决辽东问题，于是开凿永济渠，将中原的运河系统向北扩展至涿郡城南，即北京前身蓟城的南门外。他在蓟城设临朔宫，又在城南桑乾河畔修建了社、稷二坛，白纸坊桥南的唐代河道从规模上看，应该是桑干河的干流或干流之一，而不是泉水形成的洗马沟。由于河道中有较大的船舶残骸，说明它是通航的。由此可以推测，永济渠利用了这条河道，永济渠的终点码头就在涿郡城南门外不远处。

隋唐蓟城的南城墙在枣林前街与白纸坊西街之间偏南的位置，城与河岸之间最多只有200多米的距离，由此可知，永济渠应该修到了蓟城大门口，坛庙等设施就建在城门外的大河边上。

三 南护城河底的唐代古河道

白纸坊桥以南的西护城河地下，展现出的主要是东西向河流故道，而南护城河地下展现的则主要是西北至东南向河道遗迹。不同走向的护城河两次穿越同一条古河道，展现出古河道的不同走向，给我们了解古河道提供了更多的机会。

（一）河道变迁

此次考察的南护城河古河道砂层东西分布长度约2600米，由护城河西南角向东至陶然亭南（见图22），在此范围内分布着从2000多年前到1000年前的河流沉积地层，这样宽阔的区域同样不是某一时期的河流过程所能形成的，而是河流长期演变的结果。

图22 南护城河管道沟剖面考察范围（依据百度地图）

对南护城河剖面的考察，是从护城河西南角开始的。在护城河西南拐角处，剖面显示为含砾砂层，护城河底以下 2.1 米处的含砾砂层下面，出土了两株古树（见图 23、图 24）。两树东西相距 5 米，仅存树根和一小段树干，从树干上的新断面看，可能有一部分残存树干已在施工中挖掉。两棵树干直径皆为 55 厘米，向东偏北方向倾斜。树木残骸的这一姿态是洪水形成的，还是挖掘机挖掘时形成的？从剖面看，树干旁边的地层未被扰动，古树残骸的倾角应是原有的自然状态，它显示出古树倾倒时水流的大致方向。

图 23　护城河西南拐角处出土的古树之一

古树的碳十四测年为距今 2620 ± 45 年前，树轮校正为公元前 900—公元前 770 年（BA06234），即公元前 900—公元前 770 年，相当于西周晚期至春秋早期，比考古发现的蓟城遗址年代稍早，应是一次河流洪水的遗迹。

由此向东，在右安门桥西约 400—100 米处，有一个东西宽约 300 米，含有砾石的砂层，砂层为西北至东南走向，管道沟与之斜相交，所以砂层的实际宽度小于 300 米。在砂层的中段，右安门桥西约 243 米处，护城河底之下 2.9 米的砂砾层中，出土一株古树残段（见图 25），古树直径 27 厘米，树轮较宽，残留有树皮，周围有许多树木枝

图 24　护城河西南拐角处出土的古树之二

权残段和灰色粘土块。树干的碳十四测年为距今 2490 ± 40 年前，树轮矫正为公元前 780—公元前 480 年（BA06254），为春秋时期。古树的年代或许代表了砂层的年代，即在春秋时期，有一股洪水由此经过，将树木卷入水流之中，沉淀于此。

图 25　右安门桥西约 243 米处出土的古树残体

又东,在右安门桥西约100米处,有砾石层叠压于含有古树残段的砂砾层之上(见图26),并打破了该砂层。砾石层中含砂量少,呈现为斜层理,层理向西北翘起,显示水流由西北面来,向东南流去,水动力相对较大。

一般来说,此种砾石层中植物残体较少,为了能确定砾石层的时代,对它做了仔细观察,终于在砾石层中,发现战国或西汉时期的绳纹灰陶片多片。这些陶片说明,砾石层的形成时间不早于西汉时期,由于没有发现晚于汉代的陶片,可以推断砾石层有可能是汉代形成的。

图26 在右安门桥西约100米处出土绳纹陶片的砾石层

又东,在右安门东桥西侧,距桥30—100米的地方,砂砾石层变成黑色泥层,黑色泥层叠压在砾石层之上,说明它的形成晚于砾石层。黑泥层的东缘受到东面另一个砂层的侵蚀,一些黑泥层的泥块崩落于砂层之中,可以推想,它是另一次洪水冲刷的结果。

这一砂层从右安门东桥西30米处,向东一直延伸到开阳西桥东,分布宽度为500多米。砂层为西北至东南走向,与管道沟约呈30度夹角,以此算来,砂层的实际宽度应在300米左右。砂层中含有大量砾石,并夹杂有许多隋唐时期的陶片和瓷片,瓷片包括:唐代白釉瓷罐残片、平底灰胎青釉碗底足等,还有唐代细条纹砖、铜钱和木船等,属于隋唐时期的河道遗迹(见图27、图28)。

58　历史地理

图 27　右安门东桥附近砂层中的唐代瓷片

图 28　砂层中出土的唐代细条纹砖

在右安门东桥以东约 139 米处的砂层中，出土了一株古树残体（见图 29）。古树仅余根部和 70 厘米高的树干，树干直径 26 厘米，竖立在砂层中。古树残骸的上面覆盖着将近 2 米厚的含砾砂层，古树的下面是一块灰色粉土层，树根即固着在粉土层中。

树根下粉土层的平均厚度约为 30 多厘米，树根处厚约 60 厘米，泥层的下面是早期的砂砾石层。这块灰色粉土层已被水流严重侵蚀，东西只有数米宽。在西侧迎水面，砂层已侵蚀到树根边缘，在背水的东侧，泥层也只是延伸出数米。显然这块泥层因受到树根的保护才得以保存下来。

图 29　右安门东桥以东约 139 米处出的古树

古树的碳十四测年为距今 1165 ± 35 年前，树轮校正为公元 770—980 年（BA06237），属于中晚唐时期。

这一小块长有古树的灰色粉土地层，有可能曾是河床中的一片漫滩地。河滩上的这棵古树直径 26 厘米，应该有 20 多年的树龄，它表明这是一次二十多年未遇的大洪水，古树遭遇没顶之灾，树干和树冠都不知去向，只有树根部分和树根旁的一小块河滩地保留下来，被厚厚的河砂所掩埋。

唐代砂层的东缘在开阳桥与开阳西桥之间，再往东是唐代以前的河道沉积层。此处早于唐代的砂层在开阳桥以东逐渐变薄，呈向上尖灭之势，到陶然亭公园南门附近完全转变为黄褐色黏性土层，它是古河道的东北岸。

剖面显示，陶然亭一带曾是古河道的东北岸，可能是自然堤或河旁阶地所在地。于是我们知道，陶然亭的湖泊不可能是古河道的遗迹，它是人工的产物。陶然亭位于古河道的岸边，由于土质好，土层厚，在元明时期成为皇家窑厂的选址地，在此烧制灰砖灰瓦，人称黑窑厂。历经数百年的采土，形成窑坑，窑坑又变成水塘，为清代的宣南文人提供了一处郊游雅集的场所。

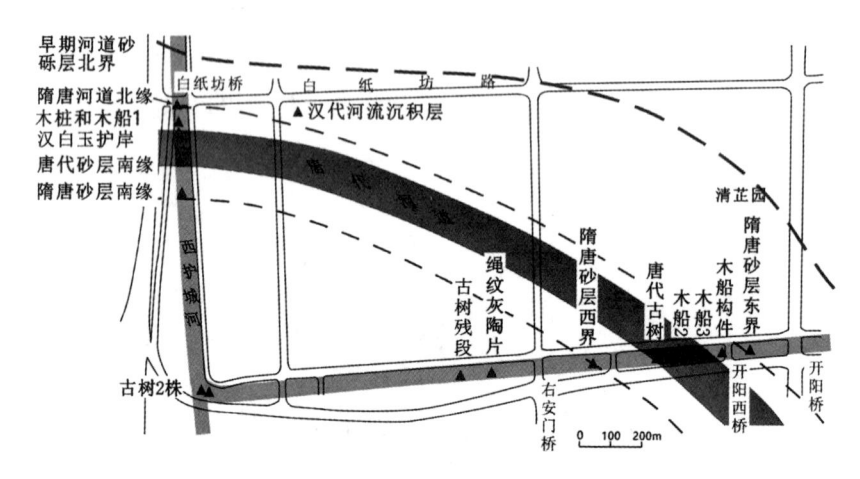

图30　白纸坊桥南古河道变迁示意图

这条唐代河道的结束时间，大致在晚唐五代之际，因为在唐代河道砂层的上部，可以看到晚唐五代之际的白瓷罐残片。唐五代以后，当地再没有大型河流，只在右安门附近的唐代砂层上面发育有小型的河沟，以灰色粉砂层为主，它有可能是金中都时期通向城南水关的河道（见图30）。

从南护城河下古河道沉积地层的上述特征可以看出，西边的砂层年代早，东边的砂层年代晚，在西周晚期到晚唐时期的一千多年间，河道呈现出由西向东摆动的趋势。唐代的河床虽有300米宽，但平时的水流要小得多，河床中形成星洲、滩地，长有小树，只是大洪水来时，水流才充满整个河谷，并带来大量砂石。

古河道的变迁反映了环境因素的作用。此次出土的隋唐时期古河道正好处于历史上大洪水的多发时期，如唐贞观二十一年（647年）、开元十四年（726年）、十五年（727年）、建中元年（780年）、贞元八年（792年）、元和元年（806年）等，都发生过大洪水。尤其是贞元八年（792年）七月的特大洪水，使幽州地区"平地水深二丈"，这样的大洪水很容易造成河道变迁。

前面说到的那株河滩上的古树，测年为距今 1165±35 年前，以 1950 年为基准计算，到 2006 年为 1221 年前。贞元八年（792 年）洪水距 2006 年相差 1214 年，二者年代仅差 7 年。做这样的年代比较虽然过于绝对，但它提示我们，河道遗迹显示的大洪水有可能就是文献记载的特大洪水。

图 31　唐代河道中的洪水砂层，风干后宛若山水画卷

从白纸坊桥到南护城河，曾是宽阔的古河床，三千年前至一千年前，不断有河流在此流淌。有时河床内只有小型河流，如《水经注》中记载的洗马沟，有时又可能被永定河干流中的一支所夺袭，成为大河。唐代的河道有 200—300 米宽，可能是桑干河的干流之一（见图 31）。

（二）唐代木船残骸

在南护城河底的唐代河道砂层中，发现两处唐代木船残骸，如果白纸坊桥南的古船为船 1，此处出土的古船即是船 2 和船 3，另有一只疑似独木舟的残骸可称为船 4，还有一处木船构件的遗迹。

船 2 残骸位于开阳西桥以西 145 米左右的地方（见图 32），木船只剩船底和少量船舷侧板。残骸呈顺水流方向斜躺在河砂之中，方向为西北至东南向。残体宽约 2.4 米，船板宽 31—47 厘米，厚 5 厘米，木板之间的接口形制与白纸坊桥南的木船遗骸相同，即船板边缘呈阶梯形，相互咬合。

图 32　开阳西桥以西 145 米处的唐代木船残骸（船 2）

船板上有横木，横木高 6 厘米，宽 9—10 厘米。横木底部有两个走水的孔（见图 33），孔高 3 厘米，宽 9 厘米，两孔相距 30 厘米。

图 33　横木下部的水孔（船 2）

在掩埋木船残骸的砂层中，有唐开元通宝钱币一枚，说明该船的沉没时间不早于唐开元年间。

船 3 残骸位于船 2 残骸东面，东距开阳西桥近 100 米，管道沟底部。木船略呈东北至西南向，船头向西南方向，船尾朝东北。管道沟从船的中部纵向穿过，在沟的南北两边沟壁上，都可以看到木船遗骸。木船出露长度约 9 米，船底宽度约 2.6 米，上部宽度在 2.85 米以上。船板厚 4.5—5 厘米，船底木板之间的接口与前两只船相同，呈阶梯状，相互咬合，缝隙处施以白色腻子（见图 34）。船木的碳十四测年为距今 1240 ± 40 年，树轮校正为公元 670— 890 年（BA06253），属于唐代中后期。

图 34　开阳西桥西面的唐代木船残骸（船 3）

左船舷的船板有部分保留下来，没有被挖掘机挖掉，船帮的垂直高度约 80 厘米（见图 35）。出土时，有两块船板之间呈错位状态，即上面木板位于下面木板的外侧，不知是船体毁坏后的错位，还是制造时的有意错位（见图 36）。船舷檐口处木板有向内的转折。

图 35　左侧船舷处的船板（船 3）

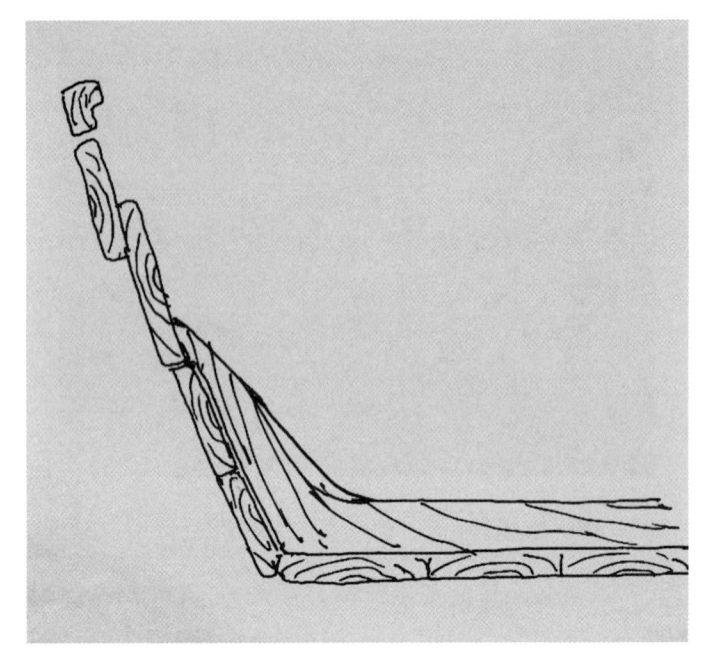

图36　左侧船舷残骸示意图（船3）

船头部位底板有个向上翘起的转折，转折部位仅残存15厘米，船头消失，不知其形制（见图37）。

图37　船头部位的船板向上翘起（船3）

后船帮残高60厘米，厚9厘米，比其他部位的船板要厚一些（见图38）。

图 38　船尾后船帮（船 3）

船底有横木，用以连接和加固船板（见图 39）。管道沟北壁木船残骸上可以看到 8 根横木，南壁的残骸上可以看到 2 根横木。横木之间的间距为 46—80 厘米不等，南壁残骸上的横木间距达到 1.2 米。横木的横截面呈方形，边宽 9—11 厘米。横木至船舷处，随船帮向上弯起 40 多厘米，并逐

图 39　船底板和横木（船 3）

渐变薄，侧面看顶端呈尖状。靠近顶端部位有一个小的回钩状卡槽，卡在船帮木板的边缘上，横木与船板之间用钉子固定。

在古船出土地点上方的护城河底，可以看到许多挖出的船板、横木和其他构件（见图40、图41）。由于没有考古，我们无法看到古船残骸的全貌，只能在工程剖面上做些简单观察。

图40　工地上散落的船板构件（船3）

图41　工地上散落的船横木（船3）

比较而言，船2与船3的规格形制相仿，船板厚4.5—5厘米。船1即白纸坊桥南出土的木船，船板厚8厘米，比船2和船3的船板厚得多，有可能是一条体型更大，可以长距离运输的船只，时间在隋唐之际。船2与船3则可能是本地河中的小型船只，仅能装载数吨货物，时间在唐朝后期。

北京地区出土的唐代木船较少，发现这条相对完整的木船后，我告知了当地文管所，约其工作人员一同前去考察，同时约了北京电视台的记者。最后，只有电视台的记者如约前来摄影（见图42）。

图42　北京电视台记者在记录古船遗迹

这条船的残骸虽然不大，但相对完整，如果能及时进行考古发掘，将其整体挖出，也算是一件隋唐大运河的遗物，值得在区博物馆展示。

在木船残骸的东面，开阳西桥西侧数米至十几米的范围内，散布着一些船用木板和船的其他木构件。这些构件位于管道沟的底部，其中有一块木板，厚6厘米，宽30多厘米，出露长度1米多。

图43　开阳西桥的船用构件

在木板附近，还有一个疑似独木舟的构件（见图43、图44），它用一个圆木掏挖成弧形，犹如独木舟的船身，一端翘起似船首。如果它是独木舟，也是很小的独木舟。

图44　开阳西桥西侧疑似独木舟的构件（船4）

在一条只有3米宽横穿古河道的管道沟中，竟然出土了3条木船残骸，一条疑似独木舟残骸，一处船用构件遗迹，说明当地河道中的古船残骸分布密度较高，今后在该古河道所经区域施工时，应加以注意。上述古船和河岸遗迹都还有部分残留于地下，将来如有机会可以进行考古。

（三）唐代河道与幽州城

唐幽州城是唐以前蓟城的延续，但今人对其城垣四至的位置，却难以确定，关键是缺乏考古证据。要知道，北京虽号称是三千年的古城，真正能够确定城垣四至位置的，却只是距今800多年前的金中都城，早于金中都的城垣位置还只是推测。唐代幽州城南古河道和石岸的发现，为我们推测幽州城南垣位置提供了间接的参照物（见图45）。

以往的研究者多认为，在北京城南的隋唐桑干河，位于今天的凉水河。此次发现的古河道似乎表明，桑干河的干流，或干流之一曾流经北京外城西南角，已经到达蓟城南门外不远处。隋炀帝在蓟城设临朔宫和社、稷二坛，临朔宫或许在城内，社稷二坛则明确记载在桑干河上，推测其位置应在蓟城与桑干河之间，所以城与河之间应有一定距离。

从白纸坊桥附近古河道的变动可以看出，当地的古河道北岸有向南推移的过程。早期的河道砂砾层北界在白纸坊桥北近100米处，汉代在白纸坊桥一线，隋唐之际的河岸移至桥南数十米处，唐代中后期在桥南100多米处。由此推测，唐幽州城的南垣不会在白纸坊路以南，而应在白纸坊东西街以北，距白纸坊西街还有一定距离的地方。

图45　唐代河道与幽州城示意图

唐代幽州城是在早期蓟城基础上演变发展而来的，这条古河道的出土，不但对我们分析唐代幽州城的南垣提供了参照物，也为唐代以前蓟城的南垣，乃至早期蓟城的选址，提供了重要的参照物。

4. 唐代河道与永济渠

该河道在隋唐时期可以行船，由于地处幽州城外的码头区域，船只众多，以至于我们在一条管道沟中，就能看到多处沉船遗迹。

既然可以行船，又与凉水河相接，我们于是设想，隋唐大运河北段的永济渠应该利用了这条河道，白纸坊桥南面的古河岸，应该是隋唐大运河的北端终点，那里的木船残骸或许是运河上的船只遗迹。

这条唐代河道沿今天的凉水河流向东南，穿过北京中轴线向南的延长线。2004 年 11 月，我在北京中轴线南延线附近凉水河整治工程的调查中，在河的南北两侧剖面上，都看到唐代河流的沉积层，砂砾石层中有唐代细条纹砖（见图46），说明那里也曾是唐代河道。

图 46　凉水河砂砾石层中的唐代条纹砖

今人研究永济渠，多认为其至涿郡的一段河道利用了桑干河，[①] 北京城南的桑干河是今天的凉水河。白纸坊桥南唐代古河道的发现表明，唐代桑干

---

① 尹钧科、吴文涛：《历史上的永定河与北京》，北京燕山出版社 2005 年版，第 180—190 页。

河或桑干河的一条干流曾到达白纸坊桥南不远处，由那里转向东南，至北京外城南面，与凉水河河道相接。不过，我们还无法确定，其下游的永济渠走向，是走通州西南部，还是走大兴东部，这仍有待于今后的调查。

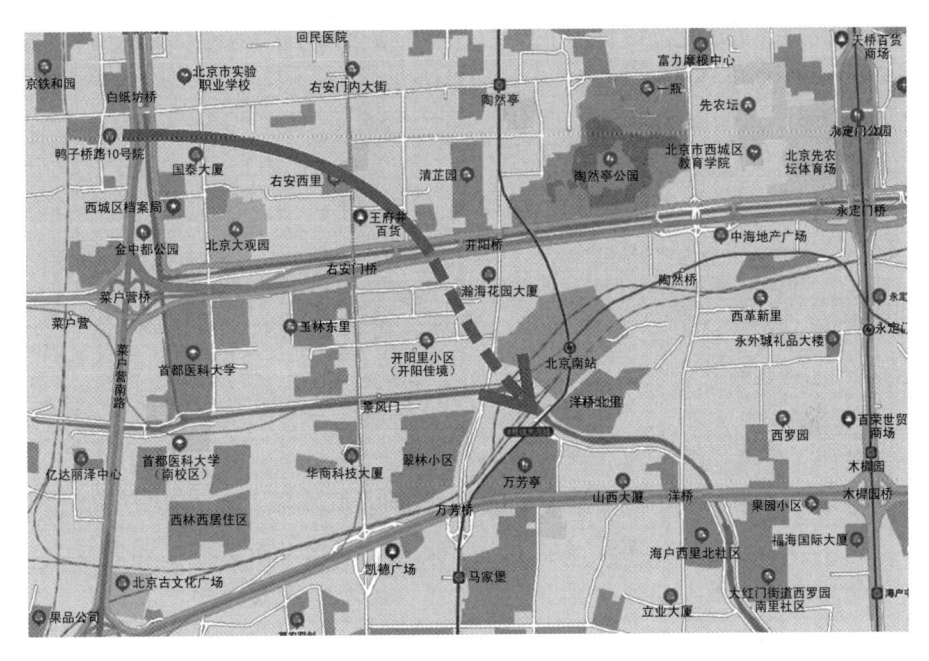

图 47　唐代河道与凉水河的关系（依据百度地图）

　　白纸坊桥南的唐代河流故道不但为我们研究北京城的历史提供了素材，也为研究隋唐大运河的北端终点提供了依据。大运河北段的永济渠曾为隋唐的一统大业做出贡献，今天北京在宣传大运河文化带时，不要忘记凉水河沿线的永济渠遗迹。当我们将北京中轴线向南北延伸时，可以看到，这条延长线穿过多条与大运河有关的历史河流，它的南面是凉水河，即隋唐大运河的永济渠，向北有金口新河、金口河、通惠河、北护城河、清河、温榆河，体现出北京城与大运河的密切关系。

　　为了进一步确定永济渠在北京城南的位置，将来可以对古河道遗迹做个考古发掘，明确其文化性质，设立文化标识，把永济渠北京段的历史宣传展示出来。

古都北京形胜表述的渐变轨迹

孙冬虎[*]

摘要：历史追溯与文献考证表明，关于古都北京地理形胜的表述，沿着一条以自然地理为基础，同时深受政治、军事、经济、文化等因素共同影响的轨迹逐渐发生变化。早期的"燕京"时代从春秋战国持续到辽宋并峙，城市被隐于区域之中，地理形胜的军事意义重于政治地位；后期的"京师"时代从金代延续到元明清三朝，表述者旨在以区域形胜烘托其独一无二的存在，将政治与风水范畴的解读放在首位，大多致力于显示本朝定都北京的地理适宜性与历史必然性。《大明一统志》提供的形胜表述范本被后来者广泛模仿，导致同类文字高度趋同，只有顾祖禹等认为燕京形胜优劣并存而且绝不可仗恃。由此积淀的传统文化，对认识古今人地关系等问题具有启示意义。

关键词：古都北京；形胜表述；渐变轨迹

如何看待一座城市或一个区域的山川分布大势，原本应是一个单纯的自然地理问题，但当表述者试图借此体现某种政治、军事、文化的取向时，就往往涉及对于人地关系及其影响下的国家运势的综合判断。表述者将自然地理条件与社会人文环境结合起来，共同构成了推测未来能否国祚长远的影响因素之一。在崇尚"天人合一"、信奉风水学说的古代，尤其重视对山川形胜及其社会意义的表述。这些认识经过长期的逐代积淀，凝聚为瑕瑜互见的传统文化。历史上的北京从先秦时期的诸侯国蓟燕之都到汉唐时期的中国北方军事重镇幽州，再到辽代陪都南京以及作为国家首都

---

[*] 孙冬虎，北京市社会科学院历史所二级研究员，研究方向为历史地理、地名学、区域史。

的金中都、元大都、明清北京、民国北京（北平）直至当代北京，关于这座古都的山川形胜及其政治、军事、文化意义的解说，也在伴随着城市发展的历程、结合所处时代的形势而不断变化。梳理古都北京形胜表述的渐变轨迹，有助于透视区域人地关系的历史状况，从宏观上考察北京文脉的演进过程。

一 城市隐于区域、军事重于政治的"燕京"形胜表述

北京城的源头要从至少存在于商代后期的蓟国之都蓟城算起，但在传世文献中留下更多记录的是大约西周晚期"以蓟为国"的燕国，这座城邑因此也以"燕"相称。在春秋时期的诸侯兼并战争过后，燕国成为参与大国争霸的"战国七雄"之一，因此也是纵横家积极游说的对象。在这样的背景下，开始出现对燕都或燕国山川形胜的表述。由此至辽宋时期为止，城市本身的地理形胜被隐含在关于区域形胜的解说之中，重在强调以城市为中心的区域形胜的军事意义，附带的经济地理优势则是保障其军事价值得以实现的条件之一。主张山东六国合纵抗秦的纵横家苏秦，北上游说燕文侯时说：

> 燕东有朝鲜、辽东，北有林胡、楼烦，西有云中、九原，南有呼沱、易水，地方二千余里，带甲数十万，车七百乘，骑六千匹，粟支十年。南有碣石、雁门之饶，北有枣栗之利，民虽不由田作，枣栗之实，足实于民矣。此所谓天府也！[①]

苏秦强调了燕国的地理形势以及经济和军事实力，称燕国是"天府"。那么，燕都蓟城自然就是这个"天府"的中心。策士的用语当然不免夸张，但还没有到达过度吹捧的程度。此后的西汉司马迁也在《史记》中对蓟城与整个燕国的地理形势做了简洁的归纳：

> 夫燕亦勃、碣之间一都会也。南通齐、赵，东北边胡。上谷至辽东，地踔远，人民希，数被寇，大与赵、代俗相类，而民雕捍少虑，

[①] 《战国策》卷29《燕一·苏秦将为从》，岳麓书社1988年版，第282页。

有鱼盐枣栗之饶。北邻乌桓、夫馀，东绾秽貉、朝鲜、真番之利。①

上文首句的"燕"指燕国之都蓟城，唯其如此，才能说它是渤海至碣石之间的都会，即人员往来、财货流通的聚集之地。随后叙述燕国相邻的诸侯国与北方部族，分析境内外的地理形势，这些也就是蓟城之所以能够成为燕国都城的自然条件与人文环境。历史学家的笔调平实客观，没有纵横家惯用的那些形容与鼓动的辞藻。

春秋战国时期的燕都蓟城，到汉唐成为北方的区域政治中心和军事中心幽州。汉代以此作为封国的治所，十六国时期的前燕短期在这里建都。但是，对于国土广袤的中原王朝而言，这座军事重镇毕竟只是偏处东北一隅，在国家政治版图中的地位远远不及它后来作为国家首都的年代。因此，虽然关于幽州形胜的表述也把中心城市誉为"名都"或"都会"，侧重点却依然是以城市为中心的整个区域的军事意义和经济条件。西汉昭帝时期，桓宽记录朝臣政见之争的《盐铁论》称："燕之涿蓟，赵之邯郸……富冠海内，皆为天下名都。"②东汉班固在《汉书·地理志》中基本照抄司马迁的说法："蓟，南通齐、赵，勃、碣之间一都会也。"③汉代流行的谶纬之学以"天人感应"为理论基础，通过解析地理形势去预测未来吉凶。《河图括地象》写道："燕却背沙漠，进临易水，西至君（军）都，东至于辽，长蛇带塞，险陆相乘也。"④书中指出了燕国北面靠近沙漠、连接长城边塞的地理特征，认为其山水格局与境内崎岖的地形交织在一起，预测未来命运并非易事。《唐六典》以广阔的视野考察地理形胜，河北道"东并于海，南迫于河，西距太行、恒山、北通榆关、蓟门"。⑤蓟门在幽州北部，也就是今北京一带。著名诗人杜牧，尤其推重黄河以北地区在自然环境、民风习尚等影响下形成的军事地理优势，他在《战论》中写道：

河北视天下，犹珠玑也；天下视河北，犹四支也。珠玑苟无，岂

---

① 司马迁：《史记》卷129《货殖列传》，中华书局1997年版，第3165页。
② 桓宽：《盐铁论》卷3《通有》，中华书局影印1954年《诸子集成》本，第4页。
③ 班固：《汉书》卷28下《地理志下》，中华书局1997年版，第1657页。
④ 张华：《博物志》卷1引《河图括地象》，明弘治年间刻本。
⑤ 李林甫等：《唐六典》卷3《尚书户部》，中华书局1992年版，第67页。

不活身？四支苟去，吾不知其为人。何以言之？夫河北者，俗俭风浑，淫巧不生。朴毅坚强，果于战耕。名城坚垒，峇崿相贯。高山大河，盘互交锁。加以土息健马，便于驰敌。是以出则胜，处则饶。不窥天下之产，自可封殖。亦犹大农之家，不待珠玑，然后以为富也。天下无河北则不可，河北既虏，则精甲、锐卒、利刀、良弓、健马无有也。卒然夷狄惊四边，摩封疆，出表里，吾何以御之？是天下一支兵去矣。[1]

上文的"四支"即"四肢"，"峇崿"指山势峻拔。杜牧认为，河北之于天下，就是四肢之于人体，天下失去河北则不能活。这里的自然条件与人文环境，养成了淳朴厚重、勤于耕作、勇于作战的民风。如果河北被敌人占据，大唐就无从得到安定天下所需的精壮士兵、锐利武器、矫健战马。倘若有外敌入寇、迫近边疆，则将更加束手无策。这片战略要地进可攻、退可守，其政治、经济、军事的核心就是幽州城。

后晋石敬瑭把幽蓟等十六州献给契丹后，中原王朝的军事地理优势荡然无存。北宋与契丹南北并峙之初，数次进兵试图收复失地未果。原来可以作为天然防御屏障的燕山一线已经被敌所据，从北方山地迅速过渡到南方平原的地势，给汴京开封以居高临下的威压。契丹得到幽州后立即将其提升为陪都南京，自然是因为看重它的政治作用和军事优势。北宋一方，必须也只能强调幽州的军事价值，既以此激发出兵北伐的动力，又要顺应本朝早已定都汴京开封的现实。即使在两国签订"澶渊之盟"以后的和平年代，北宋对于幽州的渴望一直未减。北宋后期的李清臣（字邦直）作《议戎策》，回顾了燕国与周朝八百年相始终、唐朝以范阳镇阻挡北方部族南犯的历史，继而痛陈失去燕山一线屏障之后的被动局面：

今以天下之力而不胜其劳敝，昔以一镇之力而不惮奚、契丹；今以天下之地而懔懔常为忧，其故何也？燕国有朝鲜、辽东、云中、九原、陉山、楼烦、易水以为之塞，范阳有卢龙、古北、松亭、狐门之要以为守。用力少而塞之易，此其能以一国一镇截然中立而不惮匈奴、奚、契丹也。自石晋割幽、蓟、檀、顺、妫、儒、武、应、寰、

---

[1] 杜牧：《战论》，《全唐文》卷754，中华书局1958年版，第7813页。

朔、涿、蔚赂戎以市天下，而营、平、易亦陷于虏。阻固厄束，我皆失之，而划沧、霸、瓦桥、信安、安肃、广信、保定、常山、忻、岢岚、火山、宁化千里平广之地以为界。戎军胡马驰突，去来如股掌之上耳，此天下之所以不胜劳敝而懔懔常为忧也。虏侵之益易，我守之益难，故时平而屯戍之费不得息；虏之觇中国也近，中国备虏之处也多，故力劳而势益分。间有忧国之将，不过广塘水而已。①

历史上的中原王朝对北方部族惯以胡虏、夷狄相称，宋辽和平年代的外交文件与往来使者互称南朝与北朝，但本朝内部对契丹的称呼则大多延续旧习。宋人军事形势的被动，正说明占据幽州能够取得何等重要的地理优势。燕山一线已归契丹，幽州以南的平原区只有白沟—拒马河可以作为两国之间的天然分界。如果此线不守而再向南退，下一道可以充当天然分界的地物只有黄河。但是，如此一来则使汴京开封兵临城下，这也是北宋断难接受的结果。因此，驻守雄州边界的沧州节度副使何承矩等人，提出并实施了修建塘泺以阻滞契丹骑兵南下的策略。这是虽然无可奈何却在实际上唯一可行的选择，李邦直对这项政策的问难不免有些求全责备之嫌。

由于清代于敏中等纂《日下旧闻考》标点排印本的流行，书中征引的《博物策会》中关于幽州形胜的一段文字被今人广泛引用。② 但是，多数引用者既不知晓古文的义例，更没有领会编纂者已明确提示的史源信息，因此在作者、文献、时代、语义等方面都出现了匪夷所思的谬误。兹录今本《日下旧闻考》相应段落如下，几处被于敏中等改动的《博物策会》原文括注于后：

> 范镇之赋幽州也，曰：绳直砥平，博大［形胜］爽垲。巴图鲁［木华黎］之传幽燕也，曰：虎踞龙盘［蟠］，形势雄伟。以今考之，是邦之地，左环沧海，右拥太行，北枕居庸，南襟河济，形胜甲于天下，诚天府之国也。究其沿革，唐虞则［皆］为幽都，夏殷皆入冀地，周［周则］封尧后于蓟，封召公于燕，正此地也。厥后汉曰广阳，晋曰范阳，宋曰燕山，元曰大兴，国［我］朝初谓之北平，而为

---

① 李邦直：《议戎策上》，《圣宋文选全集》卷20《李邦直文》，清抄本。
② 戴璟：《新编博物策会》卷1《北直隶上·顺天府人物》，明嘉靖十七年刻本，第7页。

燕府龙潜之地，寻建为北京，而谓之顺天焉。博物策会。按：巴图鲁，满洲语勇也。旧作霸突鲁，今译改。①

出于对上述文字的误解，当代非只一种出版物言之凿凿地宣称有所谓"范镇之"撰写的"《幽州赋》"，并且把第一个"曰"字后面的内容都算在这篇赋之下。事实上，上文最后的小字附注已经指出，它们都引自《博物策会》。该书是明代正德十六年（1521）戴璟撰，《日下旧闻考》征引时把"形胜爽垲"改作"博大爽垲"，"木华黎"改作"巴图鲁"，另外还有几处不伤及文义的微小改动。紧接上段文字的"臣等谨按"，即于敏中等所作的解释称："宋范镇幽都赋作博大爽垲，绳直砥平。原书误作形胜爽垲，文义俚率，盖引博物策会之误也。谨依范镇原赋改正。"② 换言之：有宋朝人"范镇"作"《幽都赋》"，而不是"范镇之"作"《幽州赋》"；《幽都赋》原文是"博大爽垲，绳直砥平"，但清初朱彝尊《日下旧闻》（即上文之原书）误作"形胜爽垲"。这是因为，他没有直接采择范镇的原文，而是从戴璟《博物策会》对《幽都赋》稍显随意的征引中二次转引，遂致文辞俚俗、语义不确。范镇，字景仁，成都华阳人，《宋史》有传。他是活跃于北宋仁宗至哲宗时期的名臣，与司马光、苏轼为平生挚友。③ 明嘉靖刻本《宋文鉴》卷四有范镇《大报天赋》、卷十一有《长啸却胡骑赋》，但与迄今可见的多种宋代文集以及今人辑录的《全宋文》都没有《幽都赋》。幸运的是，初刊于元大德十一年（1307）的《大元混一方舆胜览》征引了范镇《幽都赋》，而且恰巧是《日下旧闻考》据以纠正《博物策会》与《日下旧闻》错漏的两句："过幽都以垂览兮，禹迹之经营；地博大以爽垲兮，亘绳直而砥平"。④ 据此可知，于敏中等"谨依范镇原赋改正"，实际上也依然是取其大意而已。完整的《幽都赋》散佚的时间，无疑应在《日下旧闻考》修成之后的某个时期。

《日下旧闻考》根据《元史》，把《博物策会》的"木华黎"改为"霸突鲁"，进而又以清朝重新确定的译音用字改作"巴图鲁"。所谓"巴

---

① 于敏中等：《日下旧闻考》卷5《形胜》，北京古籍出版社1985年版，第77页。
② 《日下旧闻考》卷5《形胜》，第77页。
③ 脱脱等：《宋史》卷337《范镇传》，中华书局1997年版，第10790页。
④ 刘应李原编，詹友谅改编，郭声波整理：《大元混一方舆胜览》卷上《腹里》，四川大学出版社2003年版，第23页。

图鲁之传幽燕"，并非说巴图鲁有所谓《幽燕传》。这里的"传"，是解释、注解之意，也就是对幽燕地理形胜的描述。以宽泛的尺度对照，《日下旧闻考》征引《博物策会》的上段文字，只有开头的"绳直砥平，博大爽垲"源于范镇《幽都赋》，"虎踞龙盘，形势雄伟"是巴图鲁之言，前后两个分句具有骈偶色彩。紧随其后的"以今考之"之"今"，则是戴璟撰写《博物策会》的明代正德年间。由此至"而谓之顺天焉"，都是《博物策会》的叙述，与范镇《幽都赋》毫无关系。至于其中朗朗上口的"左环沧海，右拥太行，北枕居庸，南襟河济，形胜甲于天下，诚天府之国也"，则是《博物策会》抄自前人文献的成句，笔者将在下文加以讨论。

辽代的陪都南京本是后晋奉送的幽州治所，传世文献对它的评价不多。南宋时人称其"户口三十万，大内壮丽"，在唐幽州基础上"既筑城后，远望数十里间，宛然如带，回环缭绕，形势雄杰，真用武之国也"。[①]这样的表述依然侧重于经济与军事，用语也较少夸饰。

二　区域烘托城市、政治居于首位的"京师"形胜表述

从金中都作为北半个中国的首都开始，到元大都、明清北京持续作为大一统国家的首都，属于以区域烘托城市、将政治意义放在首位的"京师"形胜表述阶段。"京师"是天子所居之地，金代海陵王迁都燕京后，"以燕乃列国之名，不当为京师号，遂改为中都"。[②]首都最突出的特征是作为国家的政治中心，相应时代的人们绝大多数会论证本朝在此建都的天然合理性与历史必然性。这样，城市从整个区域里脱颖而出，成为论述地理形胜的焦点。随着对国都自身政治意义的强调，地理形胜的表述与人地关系甚至风水学说之间的联系被不断强化，直至变为对已经定都之城大同小异、连篇累牍、日趋夸张的极度揄扬。

海陵王准备迁都之前，兵部侍郎何卜年揣摩上意："燕京地广土坚，人物蕃息，乃礼义之所，狼主可迁都。"群臣上书亦称："惟燕京乃天地之中，宜徙都燕以应之。"[③]在古代北京的历史上，这是把地理形胜作为建都

---

① 叶隆礼：《契丹国志》卷22《四京本末·南京》，上海古籍出版社1985年版，第217页。
② 脱脱等：《金史》卷24《地理志上》，中华书局1997年版，第572页。
③ 宇文懋昭：《大金国志》卷13《海陵炀王纪年上》，中华书局1986年版《大金国志校证》本，第186—187页。

论据之一的开端。金代最兴盛的世宗大定年间，梁襄上疏劝谏皇帝放弃巡行金莲川（今河北沽源西南七十里莲花滩），认为在燕都（中都）周围不仅同样能够纳凉习武，而且可以避免劳师动众等多种弊端。疏中写道：

> 燕都地处雄要，北倚山崄，南压区夏，若坐堂隍，俯视庭宇。本地所生，人马勇劲。亡辽虽小，止以得燕故能控制南北，坐致宋币。燕盖京都之选首也，况今又有宫阙井邑之繁丽，仓府武库之充实，百官家属皆处其内，非同曩日之陪京也。居庸、古北、松亭、榆林等关，东西千里，山峻相连，近在都畿，易于据守。皇天本以限中外，开大金万世之基而设也。①

梁襄从地理形胜与人文风物的优越性出发，辅以辽代因为占据燕京而从北宋获得军事和经济利益的实例，证明燕京是建都的首选之地。燕山一线的高山峻岭与大小关隘，原本是中原王朝用以限制北方诸族南下的屏障，此即北宋苏辙所谓"燕山如长蛇，千里限夷汉"。② 但当金朝占据燕京以后，主客随之易位，转而被女真人视为"皇天本以限中外、开大金万世之基而设"的天然阻隔，身份与时势的变更决定了看待山川形胜的不同立场。梁襄的表述用语已经比较凝练齐整，嗣后的元明清三朝继续追求骈俪华美，逐渐形成了比较固定的语词体系和行文套路。

蒙古宪宗时期忽必烈率军伐金，天下稍定之后意欲返回西北，但被先锋元帅霸突鲁劝阻："幽燕之地，龙蟠虎踞，形势雄伟，南控江淮，北连朔漠。且天子必居中以受四方朝觐，大王果欲经营天下，驻跸之所，非燕不可"。③ 嗣后忽必烈即位，即以燕京（中都）为都，继而又建新城大都。《元史》是明初宋濂等人纂修，霸图鲁是否使用汉语或汉文也未可知。不过，元末陶宗仪在《南村辍耕录》中对大都的地理形胜已有高度概括且相当规整的表述。此书是摘录前人文献分类缀辑而成，至少可以代表元代中前期的认识：

---

① 《金史》卷96《梁襄传》，第2134页。
② 苏辙：《栾城集》卷16《奉使契丹二十八首·燕山》，上海古籍出版社1987年版，第296页。
③ 宋濂等：《元史》卷119《霸图鲁传》，中华书局1997年版，第2942页。

> 至元四年正月，城京师，以为天下本。右拥太行，左注沧海。抚中原，正南面，枕居庸，蓂朔方。峙万岁山，浚太液池。派玉泉，通金水。萦畿带甸，负山引河。壮哉帝都，择此天府。①

《南村辍耕录》有元末至正二十六年（1366）刻本与多种明代刻本，传播范围应当比较广阔。此说既出，明清诸家纷纷加以效仿，形成了多种文献大同小异的一套"表述系统"。到明代天顺年间纂修《大明一统志》，完成了关于"京师"地理形胜表述的"最后定型"：

> 京师，古幽蓟之地。左环沧海，右拥太行，北枕居庸，南襟河济，形胜甲于天下，诚所谓天府之国也。辽金元虽尝于此建都，然皆以夷狄入中国，不足以当形势之胜。至我太宗文皇帝，乃龙潜于此。及缵承大统，遂建为北京而迁都焉，于以统万邦而抚四夷，真足以当形势之胜，而为万世不拔之鸿基。自唐虞三代以来，都会之盛，未有过焉者也。②

在明代的历史条件下，视辽金元三代为夷狄无可厚非，对本朝的赞誉也是题中应有之义。《大明一统志》的编纂者吸收了前代著作的精华，加上显示明代立场的概括提炼，再经过饱学之士的润色，形成了一套文辞简洁优美、节奏分明的"京师形胜颂"的范本。在此之后，就进入了对照范本"抄作业"的阶段。这里略举几例：

明嘉靖三十九年（1560）张爵《京师五城坊巷衚衕集》：

> 京师古幽蓟之地，左环沧海，右拥太行，北枕居庸，南襟河济，诚所谓天府之国也。我成祖文皇帝迁都于此，以统万邦而抚四夷，为万世不拔之鸿基。③

明嘉靖四十一年（1562）黄训《读书一得》：

---

① 陶宗仪：《南村辍耕录》卷21"宫阙制度"条，中华书局1959年版，第250页。
② 李贤等：《大明一统志》卷1《京师》，明天顺五年刻本。
③ 张爵：《京师五城坊巷衚衕集》，北京古籍出版社1982年版，第3页。

幽州之地，左环沧海，右拥太行，北枕居庸，南襟河济，诚所谓天府之国者。而太行之山自平阳之绛西来，北为居庸，东入于海，龙飞凤舞，绵亘千里。重关峻口，一可当万。独开南面，以朝万国，非天为我华造此形胜也哉！①

明末清初孙承泽《春明梦余录》与《天府广记》有相同的表述：

幽燕自昔称雄。左环沧海，右拥太行，南襟河济，北枕居庸。苏秦所谓天府百二之国，杜牧所谓王不得不可为王之地。②

诸如此类的表述几近"千篇一律"，都是以元代初步提出、《大明一统志》最后定型的"范本"为源头。古人著述往往取其大意，笔记之类惯于掇拾前代成文，地方志尤其不免直接抄录而导致陈陈相因，关于京师地理形胜的表述同样延续着这样的传统。

三 泛滥的极度颂扬与少量的冷静分析

元明清相继定都北京（大都）以后出现的关于京师地理形胜的表述，绝大多数把基调转到了为既定之都寻找历史必然性与地理优越性方面。除了前面所列《大明一统志》及其典型的一脉相承者张爵、黄训、孙承泽等人的著述之外，这种极度颂扬已呈泛滥之势。举凡政论、笔记、辞赋、方志等大率如此，兹略举几例以见其一斑。

元代李洧孙《大都赋》，赞扬大都千古未有、最称兴隆。他根据《周髀算经》中天圆地方的天文观念，强调燕地与幽都处在天下之中，是最适合建都以统治四方的胜地：

幸哉！我生之逢吉丁辰也。千纪以来，是不一姓，惟今皇元为最盛；四极之内，是不一都，惟今大都为独隆。……昔《周髀》之言，天如盖倚而笠欹，帝车运乎中央。北辰居而不移，临制四方。下直幽

---

① 黄训：《读书一得》卷3"读五代史"条，明刻本，第23页。
② 孙承泽：《春明梦余录》卷2《形胜》，北京古籍出版社1992年版，第14页。

都，仰观天文，则北乃天之中也。维昆仑之结根，并河流而东驰；历上谷而龙蟠，向离明而正基。厥土既重，厥水惟甘。俯察地理，则燕乃地之胜也。①

明清时人所作的《北京赋》或《燕京篇》之类，仅《日下旧闻考》辑录的就有二十篇左右。明代金幼孜、杨荣等人都作有《皇都大一统赋》，颂扬永乐帝迁都北京的地理优势和政治意义。这些作品的主旨大同小异，兹节录金幼孜之文如下：

> 于是效古制肇建两京，以为北京，实当天下之中。阴阳所和，寒暑弗爽。四方贡赋，道里适均。且沃壤千里，水有九河、沧溟之雄，山有太行、居庸之固。玉泉之流，经纬乎禁御之中；碣石之壮，盘踞乎畿甸之内。故其山川之壮观，风气之清淑，真有以卓冠四方，为万国之都会，诚帝王子孙万万世太平悠久之基。②

明成化年间丘濬《大学衍义补》，以《周易》八卦解释北京地理形胜的独一无二，论证建都北京是自古以来的最佳选择。作为明朝的大臣，也只能如此颂扬而不宜再有其他表示：

> 今日京师居乎艮位，成始成终之地。介乎震坎之间，出乎震而劳乎坎，以受万物之所归。体乎北极之尊，向乎离明之光，使夫万方之广、亿兆之多，莫不面焉以相见。则凡舟车所至、人力所通者，无不在于照临之中。自古建都之地，上得天时，下得地势，中得人心，未有如今日者也。③

笔记类文献同样不吝褒扬之词，兹举两例。永乐年间，梁本之担任鲁王府记善之职。他代替鲁王拟定《贺建北京表》，称颂皇帝建都北京是"天人协赞"的盛举：

---

① 李洧孙：《大都赋》，《日下旧闻考》卷6《形胜》引，第89页。
② 金幼孜：《金文靖公集》卷6《皇都大一统赋》，明弘治六年刻本。
③ 丘濬：《大学衍义补》卷85《备规制·都邑之建》，明正德元年刻本。

伏以两京肇建，创万年磐石之基；九译来王，恢一统太平之治。天人协赞，夷夏腾欢……于是定鼎于兴王之地，建都效卜洛之规。瞻恒岳而控西山，跻居庸而挟滦蓟。壮九重于南面，运启文明；峙双阙于中天，高连营室。①

明末天启年间的朱国祯《涌幢小品》，根据山水形势尤其是水系的分布状况，以龙脉风水之说，解释永乐帝营建北京之后的地理形胜：

此得地脉尽处，前抱九河，后拱万山。正中表宅，水随龙下。自辛而庚，环注皇城。绕巽而出，又五十里合于潞河。余过西华门，马足恰恰有声。俯视，见石骨黑，南北可数十丈，此真龙过脉处。出西直门，高梁桥一带望之，隐隐隆隆可七十里，天造地设。至我明始开天寿山，又足以配。帝王万万世之传，宁有极哉！②

吟咏京师地理形胜的诗歌不胜枚举，而且经常归结到赞颂此地"乃王气所钟"的主题上来。例如，明代弘治至嘉靖年间的王廷相《帝京篇》云：

帝京南面俯中原，王气千秋涌蓟门。渤澥东波连肃慎，太行西脊引昆仑。九皇天运坤维奠，万国星罗北极尊。尧舜升平见今日，按图形胜不须论。③

再如，嘉靖至万历年间的吴国伦《燕京篇》写道：

拟赋燕京胜，三都未足夸。霸图雄雁塞，古戍扼龙沙。北谷回阳令，西山拥帝家。天平恒岳逈，地险蓟门赊。秦楚惭鸡口，侯王属犬牙。重城开御气，双阙倚明霞。芳树华阳馆，高台易水涯。谈天曾碣石，望海即琅琊。带甲环三辅，梯航走八遐。④

---

① 梁本之：《坦庵先生文集》卷1《贺建北京表》，明正统年间刻本。
② 朱国祯：《涌幢小品》卷4"宫殿"条，中华书局1959年版，第74—75页。
③ 王廷相：《王氏家藏集》卷17《帝京篇》，明嘉靖年间刻本。
④ 吴国伦：《甔甀洞稿》卷18《燕京篇》，清光绪年间刻本。

地方志类文献对北京形胜的夸饰，以清代康熙《大兴县志》最为典型。编纂者放眼全国，把北京形胜与长城以北的盛京相联系，表现出具有清代特点的考察视角。迄今可见的清代抄本脱漏严重，兹以《日下旧闻考》节略征引之文转述如下：

> 东枕辽海，沃野数千里，关山以外，直抵盛京。气势庞厚，文武之丰镐不是过也。天津襟带河海，运道咽喉，转东南之粟以实天庾，通州屹为畿辅要地。北则居庸耸峙，为天下九塞之一。悬崖峭壁，保障都城，雄关叠嶂，直接宣府，尤重镇也。西山秀色甲天下，寺则香山、碧云，水则玉泉、海淀。而卢沟桥关门截立，即古之桑乾河，京邑之瀍涧也。畿南皆平野沃壤，桑麻榆柳，百昌繁殖。渐远则瀛海，为古河济交汇处，水聚溪回。若夫万里河山而都城位北，南向以收其朝拱之势。梯航车马，络绎奔赴，皆自南而北以奉神京，岂非古今第一形胜哉！①

与此同时也必须看到，即使明清时期的此类表述已经近乎众口一词，但仍有学者对京师地理形胜做出了优劣并存的客观评价，最典型的当推明万历年间谢肇淛《五杂组》与清初顾祖禹《读史方舆纪要》。谢肇淛一方面从历代帝王定都的根本宗旨、历史规律和现实要求出发，认为"以我国家之势论之，不得不都燕"，而北京的地理形势"真所谓扼天下之吭而拊其背者也"；另一方面又指出了国家政治中心与南方经济发达区域相隔遥远的重大缺陷，对转输南方漕粟的运河是否能够保持畅通深感担忧。在他所处的年代，以北京为"京师"早已成为定局，能有这样的客观分析已属不易：

> 今国家燕都可谓百二山河，天府之国，但其间有少不便者，漕粟仰给东南耳。运河自江而淮，自淮而黄，自黄而汶，自汶而卫，盈盈一带，不绝如线。河流一洇，则西北之腹尽枵矣。元时亦输粟以供上都，其后兼之海运。然当群雄奸命之时，烽烟四起，运道梗绝，惟有

---

① 《日下旧闻考》卷5《形胜》引康熙《大兴县志》，第87页。

束手就困耳。此京师之第一当虑者也。①

尤其难能可贵的是，清初顾祖禹《读史方舆纪要》旗帜鲜明地指出了北京形胜的重大缺陷。无论他主张效法汉唐建都关中的观点是否合乎时宜，仅就其借鉴历史经验纵论燕都形胜"不足恃"的反潮流勇气而言，就已经令人敬佩：

> 形胜未可全恃，而燕都之形胜，又不足恃也……呜呼！以燕都僻处一隅，关塞之防，日不暇给，卒旅奔命，挽输悬远。脱外滋肩背之忧，内启门庭之寇，左支右吾，仓皇四顾。下尺一之符，征兵于四方，恐救未至，而国先亡也。撤关门之戍，以为内援之师，又恐军未离，而险先失也。甚且藉虎以驱狼，不知虎之且纵其搏噬；以鸟喙攻毒，而不知鸟喙之即足以杀身也。不亦悲哉！②

数千年积淀而成的历史文化惯性，在帝制时代结束之后仍然保持着它的冲击力。从民国初年究竟建都北京还是南京，1928年应否迁都南京，延续到抗战胜利后的北平怎样确定城市性质和地位。在多种学术观点争鸣、多个政治团体争利的论战中，燕都形胜究竟"可恃"还是"不可恃"，早已超越了自然地理或历史文化的范畴，直接变成了时人如何对北京自然地理和历史文化予以重新解说的现实政治问题。

四 结论

南宋郑樵有言："州县之设有时而更，山川之形千古不易。"③ 如果仿照此语形容关于北京形胜的评价，大致也可以说：地理形胜千古不易，历代表述有时而更。这个表述变迁过程贯穿古今，从早期对"燕京"自然地理的军事解读和经济解读，发展到后期对"京师"自然地理的政治解读和文化解读，在《周易》等古代典籍以及多种风水学说用于推测王朝命运的

---

① 谢肇淛：《五杂组》卷3《地部一》，辽宁教育出版社2001年版，第42、43、45页。
② 顾祖禹：《读史方舆纪要》之《直隶方舆纪要序》，中华书局1955年版，第433、434页。
③ 郑樵：《通志》卷40《地里略序》，明刻本。

背景下，古老的"天人合一"思想越来越朝着"天人感应"的方向靠拢。从春秋战国到辽宋时期，是城市隐于区域之中、军事价值重于政治地位的早期"燕京"形胜表述阶段。即使是文化发达的北宋，也只能从军事地理角度评价已属辽国所有的幽州，而绝不会就其是否适宜建都发出只言片语，从而触及本朝以汴京开封为都的政治立场。从金代到元明清三朝，历史上的北京确立了作为"京师"的地位，由此进入了以区域烘托城市、将政治居于首位的后期"京师"形胜表述阶段。此前关于区域地理形胜是否适宜建都的议论，转变为如何阐释本朝定都在此的地理适宜性与历史必然性。本朝之人解说本朝的"京师"形胜，从"合乎时宜"与"自身安全"乃至"希图仕进"方面出发，势必尽力体现对朝廷的政治认同和文化认同，从而不可避免地增加了极力颂扬、空洞拔高的成分，最终得出定都于此必能使国祚绵长之类的结论。自元代初具雏形、《大明一统志》提供"范本"之后，表述者的立意基本相同，文辞高度类似乃至辗转相抄，也就成为著述者必然的选择。在不绝于耳的赞美声中，明代谢肇淛、清初顾祖禹等关于燕京形胜优劣并存的评价，已是极为难得的空谷足音。民国年间继其余绪，出现了几番更加激烈的争论。历代关于古都北京形胜的表述，就是沿着这样一条以自然地理为基础，同时深受政治、经济、军事、文化等因素共同影响的轨迹逐渐发生变化，进而给当代留下了值得珍视的历史文化遗产。

《水经注》良乡县故城和后赵平谷县故城位置考略

陈喜波[*]

摘要：《水经注·圣水篇》记载了良乡县故城，关于其具体位置少有研究，现有研究也未有定论。另十六国后赵时期，曾设平谷县，其具体位置也存在争议。本文利用地名的记时性特点，从地名文字拟音的角度总结归纳古城地名的来源规律，从而分析《水经注》良乡县故城和后赵平谷县故城的位置。

关键词：《水经注》；良乡县故城；回城；平谷县故城；固现

《水经注·圣水篇》记载有良乡县故城和北魏良乡县城，特别是对两座古城的位置关系做了详细的描述。虽然有部分学者曾论及两城的位置，但仍存在争议，尚未形成定论。另在通州的志书中记载有"平谷故城"，为十六国后赵时设置平谷县城，关于其位置仍未有定论。地名学家储亚平、尹钧科、孙冬虎认为，任何一个地名的命名，必有所据，或因地物，或据名人，或据形状，或据方位等等，一个地名的诞生，必是对当地某一情况的真实记录，这就是地名的记时性。[①] 本文将利用地名记时性规律，基于地名文字依据地名发音记录的特点，揭示地名的本质含义，进一步分析《水经注·圣水篇》有关良乡县故城和后赵平谷县城的位置。

---

[*] 陈喜波，北京联合大学北京学研究所教授，研究方向为北京历史地理、北京地名。
[①] 储亚平、尹钧科、孙冬虎：《地名学教程》，测绘出版社1994年版，第54页。

一 《水经注》良乡县故城位置考

良乡县故城在《水经注》中首次出现，根据《水经注·圣水篇》记载：

> 圣水出上谷。
> ……圣水又东径玉石山，谓之玉石口，山多珉玉、燕石，故以玉石名之。其水伏流里余，潜源东出，又东。颓波泻涧，一丈有余，屈而南流也。
> 东过良乡县南。
> 圣水南流，历县西转，又南径良乡县故城西，王莽之广阳也。有防水注之，水出县西北大防山南，而东南流径羊头阜下，俗谓之羊头溪。其水又东南流，至县东入圣水。圣水又南与乐水合，水出县西北大防山南，东南流，历县西而东南流注圣水。圣水又东径其县故城南，又东径圣聚南，盖藉水而怀称也。又东与侠河合，水出良乡县西甘泉原东谷，东径西乡县故城北，王莽之移风也，世谓之都乡城。案《地理志》，涿郡有西乡县而无都乡城，盖世传之非也。又东径良乡城南，又东北注圣水，世谓之侠活河，又名之曰非理之沟也。

《水经注》中的这段文字详细描述了良乡县城、良乡县故城和圣水的关系。不过，在这段文字中，说到防水"至县东入圣水"这句话，会出现歧义，此处是说"至县，东入圣水"，还是"至县东，入圣水"？从上下文来看，《水经注》"东过良乡县南"，则表明圣水东流，经过良乡县南。由此判断，若防水流至县东，再入圣水，说明良乡县城在圣水之西，那么再转而南流，则不会出现"东过"良乡县城南的现象了，这与经文相悖。因此，这里应该是"至县，东入圣水"，说明圣水流经良乡县城西，再入圣水，也符合经文中"圣水南流，历县西转"这句话的含义。

根据这段描述，可知圣水经过三个主要的地理实体：良乡县城、良乡县故城、圣聚。"圣水南流，历县西转，又南径良乡县故城西"，说明北魏良乡县城在良乡县故城偏北的地方。圣水"又南径良乡县故城西""又东径其县故城南"，说明圣水先是南流经过良乡县故城西侧，又转而东流，经过良乡县故城南侧，由此可知圣水在良乡县故城西南拐了一个大弯。圣水南流过良乡县故城南后,又南经圣聚。由此可知良乡县城、良乡县故城、圣聚三者的关系是:良乡县城在北,往南是良乡县故城,良乡县故城东有圣聚。

现代考古证实,窦店村西有一座古城遗址,考古工作者确定窦店古城是西汉至唐代的良乡县城。窦店村以南的董家林村,有琉璃河西周燕国古城遗址。[1] 对比当今北京房山区域的河流水系和窦店古城遗址,大石河为古代的圣水,丁家洼河相当于防水,周口店河相当于乐水。大石河流经窦店古城西,然后南流至回城村西,而后拐了一个大弯向东流,流经回城村南,又东流经过琉璃河古城南,与《水经注》记载的圣水的流向完全相符,而且窦店古城遗址、回城村、西周燕国古城遗址与《水经注》中记载的良乡县城、良乡县故城、圣聚也完全对应。由此可知,《水经注》中的"圣聚",应是琉璃河西周燕国古城遗址,回城村应为良乡县故城遗址。

回城村为《水经注》良乡县故城遗址,这有地名学上的充分证明。"回城"是民间对古城遗址的称谓,有时也写作"灰城",这是用不同汉字记录地名发音的结果。在永定河流域,一些古城受洪水影响而迁址他处,在原城址往往被称为回城或灰城,附近形成的村落也因此称回城村或灰城村,如北京市大兴区的回城村,河北省廊坊市安次区的灰城村等。

北京市大兴区大回城村,位于大兴区东南,村北有东汉回城故城遗址,据《资治通鉴》记载,此城初建于东汉初平四年(193)公孙瓒所筑,史书中多称"蓟东南小城",曾出土过铜马具、马骨、陶罐,发现过汉代陶井、尸骨坑等。《旧唐书》地理志中有"沃州,本寄治营州城内,州陷契丹,乃迁蓟县东南迴城为治所"的记载,回城之名却延续至今。[2]

廊坊市安次区的"灰城"村曾是历史上安次县城遗址。安次至少在西汉初就已经设县,最初的安次县城在今廊坊市西的古县村。唐武德四年(621),受永定河洪水影响,安次县治南迁至石梁城,但因此处地势低洼,易遭受水患。贞观八年(634)县治又不得不向西北迁至常道城(今九州镇北常道村)。安次县自石梁城迁走后,遗址废弃,后形成村落,称作灰城,[3] 该村已于1954年被永定河大水夷平淤没。

---

[1] 北京市文物局编:《北京文物地图集》,文物出版社2009年版,第301—302页。
[2] 北京市文物局编:《北京文物考古地图集》,科学出版社2009年版,第375页。
[3] 《光绪顺天府志二十九·地理志九·村镇一》,北京古籍出版社1987年版,第916—917页。

今山东邹城市有灰城子村，位于沙河之畔，因有一古城遗址而得名，灰城子遗址位于灰城子村东部约150米处，为高山周围8—10米的台地，面积约5000平方米。《邹县金石隘编》记载又记作虺城。据《邹县金石隘编》记载：清道光年间"县东北数十里有地名虺城，里民掘得鼎六、鬲二、彝二……唯一鬲有模糊文字，仅'永宝用'3字可辨"。灰城子遗址于1978年被公布为邹城市重点文物保护单位。

以上几例可证，回城（灰城）是古城遗址的民间称呼。由此可知，房山回城村是因古城遗址而得名，并且根据《水经注》所描述的圣水走向、良乡县故城、良乡县城以及圣聚三者之间的关系，结合今天的考古遗址和大石河走向，可以确定回城村就是《水经注》良乡县故城所在之处。

那么这个良乡县故城是什么时代的呢？据《北京文物地图集》记载，窦店古城于1957年调查，1986年、1990年两次试掘。城址分为大城和小城两部分。大城平面近方形，东西长1230米，南北宽1040米；城西北角被大石河冲毁，残存城墙宽约15米，残高5米；西、南、东三面各有一门。小城在大城西北部，平面近方形长、宽约40米，城墙残宽7—14米。出土遗物有陶器、铁器，陶器为夹云母灰陶，器型有釜、罐、豆、钵、甑、瓦，铁器有、铁锭，铜器有铜镞等，内墙起筑于战国早期，战国晚期又经全面整修，西汉时期加护坡，并在此设置良乡县，至唐一直沿袭汉制。1976年在城内出土唐武德四年（621）贤劫千佛碑。碑现存云居寺内。[①] 后晓荣据窦店古城遗址的大城城垣时间，将其年代上限可推至战国末年，认为良乡在秦时为县，属广阳郡。[②] 回城村因位于古圣水畔，推测回城古城遗址很可能毁于洪水，《水经注》记载其为良乡县故城，时间上必然早于窦店古城，依据窦店古城的年代判断，该城至少为秦代的良乡县城，后因水灾迁至窦店古城遗址处，延续使用到唐代。

二　后赵平谷县位置考

《大元混一方舆胜览》记载："平谷故城，县城，在潞县。"[③] 在通州

[①] 北京市文物局编：《北京文物地图集》，文物出版社2009年版，第301—302页。
[②] 后晓荣：《秦代政区地理》，社会科学文献出版社2009年版，第368页。
[③] （元）刘应李原编，詹有谅改编，郭声波整理：《大元混一方舆胜览》卷上《腹里》，四川大学出版社2003年版，第30页。

的旧志书上皆记载有平谷故城,嘉靖《通州志略》记载:"今遗址莫考所在,源出旧典,仍存之。"① 光绪《通州志》曰:"汉置平谷县,属渔阳郡。后汉书建武元年广武遣吴汉率耿弇十二将追破大抢(枪),五幡于平谷。注云平谷故城在今潞县北,魏书地形志:渔阳郡潞县二汉属晋属燕国后属,真君七年并安乐、平谷属焉。旧志云遗址莫考。"②

(一)平谷的建置沿革和后赵平谷县城的位置判断

根据文献记载,西汉时渔阳郡下设有平谷县。郦道元《水经注》记载:"(独乐)水出北抱犊固南,径平谷县故城东。后汉建武元年,光武遣十二将追大枪五幡及平谷,大破之于是县也。其水南流入于洵。……洵水又东南径平谷县故城,东南与泃河会……泃水又东南流径平谷县故城西,而东南流注于洵河。"③

根据今天洵河、泃河水系格局,对比《水经注》中对洵河和泃河的描写,可知《水经注》平谷故城当在洵河北、泃河东,今平谷区山东庄镇有大北关、小北关二村,应是因平谷故城而得名,汉平谷城应在二村之南。三国魏时,渔阳郡所属平谷、安乐等县被废除,尹钧科认为当在黄初元年,④ 因该年"郡国县邑,多所改易"。⑤ 另据顾祖禹《读史方舆纪要》,平谷县曾于十六国后赵时复置,"晋省,石赵复置,北魏太平真君七年废入潞县"。⑥ 唐代,在平谷设大王镇,隶属蓟州。金大定二十七年(1187)在大王镇设平峪县,峪即谷,平谷县复置,治所在今平谷城区旧城街一带,并延续至今。

平谷县的建置沿革并不复杂,西汉平谷县城位置明确,金代以后的平谷县城位置也能确定。那么,《大元混一方舆胜览》和通州旧志所记载的平谷县故城显然是十六国时期后赵设置的平谷县治所,在北魏时并入潞县,这一历史事实为历代通州地方志书所传抄,故嘉靖《通州志略》称"源出旧典"。由于历史久远,加之这一时期平谷作为县城时间不太长,其

---

① 嘉靖《通州志略》卷1《舆地志·古迹》。
② 光绪《通州志》卷1《封域志·古迹》。
③ 《水经注》卷14《鲍邱水》。
④ 尹钧科主编:《北京建置沿革史》,人民出版社2008年版,第42页。
⑤ 《三国志·魏书》卷2《文帝纪》。
⑥ 顾祖禹:《读史方舆纪要》卷11《直隶二》,中华书局1955年版。

故城遗址已经难以寻找。

关于后赵至北魏初的平谷县故城位置，《北京市平谷县地名志》认为后赵平谷县治所在通州区北小营村，① 2001 年出版的《平谷县志》认为"十六国后赵复置平谷县，县治有在今通县北小营附近之说，前燕、前秦、后燕因之"。②《光绪顺天府志》云：通州北"二十里葛渠、寨里、王辛庄、冈子上、窑子、内军庄、小营，旧有平谷故城、慕容将台，并在治北。"显然，《平谷县志》和《北京市平谷县地名志》皆认为后赵平谷县故城在通州北小营，是受到《光绪顺天府志》这条记载的影响。其实，《光绪顺天府志》记载平谷县故城只是随机放在北小营后，并非认为其在北小营村。尹钧科在《北京建置沿革史》中说，虽然这里没有说清楚平谷故城究竟在何地，但认为在通州北则是明确的。③

后赵设置平谷县城在"潞县北"，而历史上的潞县疆域变迁较为频繁，不同时期"潞县北"所覆盖的地域范围也不相同，因此，确定后赵平谷县城的位置应结合历史上潞县的疆域变迁来分析。唐初分潞县置三河县，而顺义东部张镇、大孙各庄和杨镇东半部区域历史上也属于三河县，可知唐代以前潞县涵盖范围包括今通州区、今河北省三河市以及顺义区东部张镇、大孙各庄镇和杨镇东半部区域。北魏太平真君七年（446），渔阳郡的安乐县、平谷县皆省入潞县，此时潞县所辖地域相比唐代潞县辖域更大，基本涵盖今通州区、顺义区、平谷区和河北省三河市广大地域，故在北魏时期，潞县疆域最广。因此，确定后赵平谷县城的位置应该在今通州区北部、顺义区东部、平谷区西部和三河市西北部一带寻找。

（二）顺义区大、小故现村地名含义与后赵平谷县故城

1. 大、小固现地名含义分析

地名是打开区域历史的一把钥匙，其中所包含的历史信息十分重要。历史上，很多古城荒废之后，往往演变成村落，在地名上一般有所反映。因此，加强对于古城历史地名的寻找和辨认，有助于确定后赵至北魏时期的平谷故城位置。两汉平谷故城虽然在地面上已经消失，但在地名上还保

---

① 《平谷县地名志》编辑委员会编：《北京市平谷县地名志》，北京出版社 1993 年版，第 3 页。
② 《平谷县志》编纂委员会编：《平谷县志》，北京出版社 2001 年版，第 55 页。
③ 尹钧科主编：《北京建置沿革史》，人民出版社 2008 年版，第 48 页。

留着大北关、小北关这样的线索,可以判断其位置。但是,由于现代地名研究相对薄弱,目前对于地名的理解往往很不到位,很多学者没有认识到地名的本质,往往仅从字面的角度来解释地名,对于乡村地名以望文生义的方式解释尤为严重。实际上,乡村地名的文字书写形式多为地名发音记录,而不是其真正代表其本意的正确文字书写形式。古代社会,人均受教育程度极低,只有极少数人可以读书识字,乡村地名多以口耳相传的形式代代延续,地名的发音十分稳固,其中所蕴含的历史信息也得以完整保存。今天各地的方志多为明清以来的志书,其中的乡村地名文字记录有不少并不是其正确的书写形式,有些地名能够以正确的文字形式书写,但更多的地名使用文字记录其发音,并非表达地名本意,因此地名研究不能望文生义,需要从语言学的角度来进行基本分析,特别需要结合自然和人文地理环境、语言民俗、历史文化、民族宗教等诸多方面要素,进行综合判断。

在今顺义区张镇有大故现村,大孙各庄镇有小故现村,两村毗邻,隔金鸡河相望。乾隆《三河县志》记作"大顾现""小顾现",① 民国《三河县新志》记作"大故现""小故现"。② 《北京市顺义县地名志》记载:"大故现,因姓名村大顾现,清代因位于固现河畔,更名大固现,民国初年谐音改今称。"③ 本文认为,大、小故现地名并非因姓氏而得名,而是因一座古代县城遗址而得名。

若按照"故现"字面写法,根本无法判断其含义。但如果按照汉语发音来看,则与"故县"的发音一致。那么"故现"与"故县"是否真的有关系呢。地名上写作"故县"的地名,指示意义最为明显,如山东省蒙阴县坦埠镇故县村,因坐落在汉代城阳郡卢县城遗址处,故名故县。但由于很多村落地名形成于历史时期,古代地名多为汉字记录语音,加上方言的影响,因古县城遗址而称作"故县"的地名,在文字记录上则表现为多种同音或近音的写法,如"故献""顾县""固显""古贤"等,其真实含义通过文字形式就完全反映不出来了。下面可以举一些例子来做说明。

河南省南阳市桐柏县固县镇,隋代开皇年间,这里设立桐柏县治,

---

① 乾隆《三河县志》卷6《乡闾志》。
② 民国《三河县新志》卷6《经制志·乡闾篇》。
③ 《顺义县地名志》编辑委员会编:《北京市顺义县地名志》,北京出版社1993年版,第174页。

到了宋代开宝年间，县治搬迁，称为"故县"，其文字记录后来演变成"固县"。①

河北省容城县平王乡有古贤村，西汉设易县，北齐并入鄚县，原县城演变为村落，民间称之为古县，后依据谐音文字记录为"古贤"。②

河南省汤阴县有古贤乡，隋开皇六年（586）曾在此设县，开皇十六年，县城西迁，谓之故县，后来的文字记录为"古贤"。③

山西省方山县圪洞镇有古贤村，唐贞观十一年（637）方山县治移往今古贤村，仍属石州。金宣宗贞祐四年（1216），县治迁于积翠山，于是称作"故县"，后文字记录为"古贤"。④

河北省望都县有固现村，因其在古代曾经做过庆都县城治所，民国《望都县志》记载："战国时赵庆都邑，历秦汉晋魏至北齐始废，隋复置，寻又废。至唐武德四年，分安喜、北平二县。贞观八年移于今治。"⑤ 即唐贞观八年（634）庆都县城迁走，该村为故县所在，称作"故县"，后来文字记录为"固现"。

山东省高密市柏城镇故献村，为隋开皇五年（585），高密县治所自东武（诸城）移此，隋大业九年因乱废，后文字记录为"故献"。⑥

陕西省咸阳市兴平市南位镇固显村，因曾为北魏永安元年（528）始平县治所移至今此处，后县城迁移他处，故县在文字上依据民间发音记录为"固显"。⑦

通过上述举例可知，"固现""故献"或"古贤"这一类地名，均为"故县"的汉字拟音写法，其含义是通过语音来表达出来的，而文字只是记录发音，并不表示含义。由此判断，顺义区"大故现""小固现"一带应为古代县城遗址所在，其正确的书写形式应是"故县"。

2. 大小固现地名与北魏平谷县城

既然大、小固现村位于北魏时期的潞县北部区域，且与古县城有密切关系。那么可能是历史上哪个县的县城遗址呢？并且北魏时潞县北部包含

---

① 《桐柏县志》，中州古籍出版社1995年版。
② 《容城县志》，方志出版社1989年版。
③ 《汤阴县志》，河南人民出版社1987年版。
④ 《方山县志》，山西人民出版社1993年版。
⑤ 民国《望都县志》卷1《舆地志·古迹》。
⑥ 《高密县志》，山东人民出版社1985年版。
⑦ 《兴平县志》，陕西人民出版社1989年版。

原安乐、平谷两个县地域，那么大、小固现有没有可能与安乐县城遗址有关呢？根据研究，两汉安乐县县域在今顺义潮白河以西，县城在顺义区西南温榆河东的古城村，约在曹魏黄初元年省安乐县，魏明帝景初二年省狐奴县，复置安乐县，安乐县治所迁至今顺义区衙门村。① 至北魏省安乐县入潞县，安乐县治所未发生变动，可知大、小固现不可能是安乐县故城遗址。同时，两汉魏晋十六国时期，狐奴县治所一直在顺义区北小营北府村附近，未发生过变动，大、小固现也不可能是狐奴县故城遗址。由此安乐县、狐奴县城遗址存在于大、小固现附近的可能性被排除，那么这里只可能是后赵平谷县城遗址所在。

（三）结论

大固现、小固现两个村落属于顺义区张镇，该镇地域在1949年以前原属三河县，而三河县是从潞县析置的。唐玄宗开元四年（716）析潞县置三河县，隶幽州。可见在唐以前，张镇一带隶属于潞县。刘锡信在《潞城考古录》中说："潞在汉时东西最阔，至元魏北并平谷、安乐二县而南北亦加宽矣，至唐析潞置三河县而东境始狭。"② 平谷县自北魏太平真君年间并入潞县后，至唐初建置沿革没有发生变化。由此上溯至石赵，可知此处当为平谷县地，正位于潞县之北。同时"固现"在地名内涵上与古代县城有关，应是"故县"地名的拟音文字记录。综上所述，大、小固现在地理位置上符合文献所说在"潞县北"，地名含义上又与古县城有关，因此，可以推断今顺义区大、小固现村一带当为后赵至北魏初期的平谷县治所所在。

---

① 尹钧科主编：《北京建置沿革史》，人民出版社2008年版，第42—43页。
② （清）刘锡信：《潞城考古录》卷上，北京联合出版公司2017年版。

历史文化

辽南京僧官再考[*]

尤 李[**]

摘要：辽南京的僧官体制建立在佛学发达的基盘上。辽朝统治者在南京设立佛教管理机构，并控制和整顿佛教僧团。就现有碑刻材料观之，辽南京的僧官，包括京道级僧官（燕京左右街僧录）、燕京左右街僧录判官、寺院中的三纲（寺主或住持、上座或尚座或首座、都维那）、讲经沙门、持念沙门、校勘沙门、典座、阁主、殿主、藏主、塔主和疏主。在胡族统治下，辽南京依然延续汉式佛教管理制度及宗教治理模式，这不仅体现了辽朝"因俗而治""以汉制待汉人"的基本国策，而且成为契丹及辽朝汉化的重要源泉。

关键词：辽朝；南京；佛教；僧官；汉化

辽朝的南京析津府（今北京）又称燕京，[①]为辽朝的陪都，南京道地区的行政中心，[②]汉人的人口数量占据绝对多数，汉文化非常强势。同时，南京析津府又是辽朝的佛教中心，辽朝的僧官体制建立在南京佛学发达的基盘上。辽朝最高统治者崇奉和提倡佛教是南京佛教繁盛的最重要保证。[③]辽朝统治者在南京设立佛教管理机构，并控制和整顿佛教僧团。张国庆认为辽朝僧官承仿唐宋之制，并有所变革，他主要运用石刻资料考述辽代的中央

---

[*] 本文为北京市社会科学基金重点项目"北京佛教通史研究"（项目号 15ZXA007）阶段性成果。
[**] 尤李，北京市海淀区圆明园管理处研究馆员，研究方向为北京史和北方民族史。
[①] （元）脱脱等：《辽史》卷 40《地理志》四，中华书局 2016 年标点本，第 562 页。
[②] 杨若薇：《契丹王朝政治军事制度研究》，中国社会科学出版社 1991 年版，第 212—213 页。
[③] 何孝荣：《辽朝燕京佛教述论》，转引自怡学主编、北京佛教文化研究所编《辽金佛教研究》，金城出版社 2012 年版，第 31—32 页。

与地方僧官，寺院内部的各类寺职，僧官、寺职之选任规则，僧署机构之设置。张先生搜讨过辽南京管内左右街僧录、都僧录、判官、僧政（僧正）、副僧政、都纲、寺院内三纲（寺主、尚座和都维那）、监寺、监院和典座等材料。① 本文将更为广泛地搜集材料（尤其是碑刻资料），进一步考证辽朝南京的僧官。

一 燕京左右街僧录及判官

辽代的燕京左右街僧录是京道级的地方僧官（见表1）。② 据考，左右街僧录始于唐文宗开成年间（836—840年），始于端甫法师，或唐宪宗元和年间（806—820年）、唐穆宗长庆年间（821—824年），负责"总录僧尼"。③《宋史·职官志》载："左、右街僧录司，掌寺院僧尼帐籍及僧官补授之事。"④辽燕京左右街僧录及判官的职责当类似于此。

表1　　　　　　　　　辽代燕方、左右街僧录

序号	燕京左右街僧录	材料来源
1	辽圣宗统和间（983—1012年），僧人彦珪在宝集寺"大开讲筵"，继者彦琼、宗景，"克弘圆顿之教"，辽兴宗重熙年间（1032—1055年），"慧鉴以左街僧录检校文章应制大师赐紫金"。（按：其中"左街僧录"当指"燕京管内左街僧录"。）	（元）熊梦祥著，北京图书馆善本组辑：《析津志辑佚·寺观》，北京古籍出版社1983年版，第71页。
2	辽道宗清宁九年（1063年）《纯慧大师塔幢记》曰：重熙"八年（1039年）冬，有诏赴阙，兴宗皇帝赐（纯慧大师，即非浊）以紫衣"。非浊在辽兴宗重熙十八年（1049年）"敕授上京管内都僧录。秩满，授燕京管内左街僧录"。（按：此说明燕京管内左街僧录比上京管内都僧录级别高。） 清宁六年（1060年）春，非浊"面受燕京管内忏悔主菩萨戒师。明年二月，设坛于本寺，忏受之徒，不可胜纪"。（按：非浊作为"燕京管内忏悔主菩萨戒师"主持度牒，应代表官方。）	向南辑：《辽代石刻文编》，河北教育出版社1995年版，第317页。

---

① 参见张国庆《佛教文化与辽代社会》，辽宁民族出版社2011年版，第56—78页。
② 张国庆：《佛教文化与辽代社会》，第57—58页。
③ （宋）赞宁撰，富世平校注：《大宋僧史略》卷中，中华书局2015年版，第103、117页。
④ （元）脱脱等：《宋史》卷165《职官志》，中华书局标点本1977年版，第3903页。

续表

序号	燕京左右街僧录	材料来源
3	辽道宗咸雍元年（1065年）《弥勒邑特建起院碑》碑阴的题名有："本行僧录、检校司空、精修大师、赐紫沙门智清。"（按：此处的"本行僧录"当指燕京僧录。）	向南辑：《辽代石刻文编》，第325页。
4	辽道宗大康三年（1077年）《为故坛主传菩萨戒大师特建法幢记》题名有："崇国寺大兜率邑邑人、前管内左街僧录、净慧大师、赐紫沙门裕方，邑人前东京管内僧录、诠论大师、赐紫沙门裕企。"（按：崇国寺为南京城中的寺院，① 可知净慧大师、赐紫沙门裕方既是大兜率邑邑人，又曾经担任燕京管内左街僧录。）	向南辑：《辽代石刻文编》，第384页。
5	辽道宗大安七年（1091年）《慧峰寺供塔记》称法师从杰为"燕京崇孝寺左街僧录通文理大师"的门人。（按：张国庆先生认为僧录司机构是"驻寺"的，即设置于任"僧录"之职者所在的寺院内。如"燕京崇孝寺左街僧录通文理大师"，表明当时燕京左街僧录司设在通文理大师所在的崇孝寺内。②）	向南辑：《辽代石刻文编》，第433页。
6	大安十年（1094年）《悯忠寺石函题名》曰："故燕京管内忏悔师钞主、崇禄大夫、守司徒、慈智大德、赐紫沙门觉晟，故忏悔主、燕京管内左右街都僧录、崇禄大夫、守司徒、聪辩大师、赐紫沙门善制。□燕京管内左右街僧录、提点宏法竹林总觉大师、赐紫沙门惟道。"大安十年《燕京大悯忠寺观音菩萨地宫舍利函记》题名中出现"功德主燕京管内左右街都僧录、崇禄大夫、检校太师、行鸿胪卿聪辩大师、赐紫沙门善制。"（按：张国庆指出都僧录是无实权的荣誉性僧官。③）	向南辑：《辽代石刻文编》，第460、462页；吴梦麟、张永强编著：《房山石经题记整理与研究》（图录卷），文物出版社2021年版，第669页。
7	天祚帝天庆六年（1116年）《忏悔正慧大师遗行记》曰："大师者，俗姓齐氏"，后来"志乐空门，出家礼燕京天王寺三藏为师，遇恩受具。……自后回礼永泰寺□守司徒疏主大师为师，□试经受具。受宣十□□京为三学经主，因此宣赐到紫衣。未久之间，奉敕为燕京□僧录"。（按："燕京□僧录"可能为燕京都僧录。张国庆认为都僧录是无实权的荣誉性僧官。④）	向南辑：《辽代石刻文编》，第658页。
8	天祚帝乾统八年（1108年）《妙行大师行状碑》出现妙行大师的"门人左僧录道谦"。（按：此处的"左僧录"当指"燕京管内左街僧录"。）	向南辑：《辽代石刻文编》，第587页。

---

① （元）熊梦祥著，北京图书馆善本组辑：《析津志辑佚·寺观》，北京古籍出版社1983年版，第72页；（元）孛兰肦等撰，赵万里校辑：《元一统志》卷1《中书省统山东西河北之地》，中华书局1966年版，第31页。
② 张国庆：《佛教文化与辽代社会》，第78页。
③ 张国庆：《佛教文化与辽代社会》，第60—61页。
④ 张国庆：《佛教文化与辽代社会》，第60—61页。

续表

序号	燕京左右街僧录	材料来源
9	天祚帝天庆七年（1117年）《大辽燕京涿州范阳县白带山石经云居寺释迦佛舍利塔记》碑阴题"燕京右街管内僧录、通慧圆照大师、赐紫沙门善定"。（按：《天王寺建舍利塔记》记载于天庆九年，耶律淳奉天祚帝之旨，"起建天王寺①砖塔一座"，有众多官员和僧人参与，其中有"永泰寺左街僧录、通慧圆照大师、赐紫沙门善定提点"。此两处"善定"当系同一人。"左街僧录"亦当指"燕京管内左街僧录"。）	云居寺文物管理处编：《云居寺贞石录》，北京燕山出版社2008年版，第79页；北京图书馆金石组、中国佛教图书文物馆石经组编：《房山石经题记汇编》第1部分《碑和题记（唐至民国）》，书目文献出版社1987年版，第27页；向南、张国庆、李宇峰辑注：《辽代石刻文续编》，沈阳人民出版社2010年版，第293、301页；吴梦麟、张永强编著：《房山石经题记整理与研究》（图录卷），第613页。
10	天庆八年（1118年）《云居寺续秘藏石经塔记》提及在辽朝末期，皇室资助房山刻经停止后，通理大师欲续刻石经，遂筹集资金，"付门人见右街僧录、通慧圆照大师善定，校勘刻石"。（按："右街僧录"当指"燕京管内右街僧录"。）	向南辑：《辽代石刻文编》，第671页；吴梦麟、张永强编著：《房山石经题记整理与研究》（图录卷），第616页。
11	天祚帝保大五年（1125年）《慈慧大师塔幢实德记》载"师讳惠忍，俗姓和氏，本燕人也"，他在天庆年间（1111—1120年）"便住清胜一蓝，两街僧录，高上师流，无不举唱"。（按：此处的"两街僧录"当指"燕京左右街僧录"。）	向南、张国庆、李宇峰辑注：《辽代石刻文续编》，第313页。

辽朝京道级僧官僧录之下，设有判官，为僧录之僚属，② 如表2所示。

---

① 天王寺有始建于北魏和唐两种说法。《续高僧传》曰：隋文帝仁寿年间（601—604年），幽州僧人宝岩奉敕"送舍利于本州弘业寺"，"即元魏孝文之所造也，旧号光林。依峰带涧，面势高敞"，（唐）道宣撰，郭绍林点校：《续高僧传》卷28《隋京师仁觉寺释宝岩传》，中华书局2014年版，第1118页。据《大清一统志》所书，天王寺在"元魏孝文时建，名'光林寺'。隋仁寿年间（601—604年）曰'弘业寺'，建塔藏舍利，高十三级，唐开元年间（713—741年）改曰'天王寺'"。（清）和珅等奉敕撰：《钦定大清一统志》卷7，影印文渊阁《四库全书》第474册，台湾商务印书馆1982年版，第159—160页。而《元一统志》却称天王寺"在旧城延庆坊内。始建于唐"（元）孛兰肹等撰，赵万里校辑：《元一统志》卷1《中书省统山东西河北之地》，第31页。此处当从成书于唐初的《续高僧传》，天王寺始建于北魏孝文帝时期，本名光林寺，后改为弘业寺。

② 张国庆：《佛教文化与辽代社会》，第61页。

表2　　　　　　　　　　　燕京左右街僧录判官

序号	燕京左右街僧录判官	材料来源
1	辽道宗大安二年（1086年）《易州太宁山净觉寺碑铭》中出现"前燕京左街僧录判官、文胜大师、赐紫义铢"。	向南辑：《辽代石刻文编》，第404页。
2	大安十年（1094年）《悯忠寺石函题名》中显示"□□燕京管内左街僧录判官、宝集讲主、觉智大师、赐紫沙门文杰"。《慈悲庵慈智人德幢记》记载：辽代华严宗大师惟赈的门人有"管内左街僧录判官、觉智大师、赐紫沙门文杰。"（按：这两处的"沙门文杰"应为同一人。）	向南辑：《辽代石刻文编》，第462、494页。
3	天祚帝乾统七年（1107年）《普济寺严慧大德塔记铭》：严慧大德在大康元年（1075年）25岁时，"始剃落礼甘泉普济寺右街僧录判官、仪范大师讳非觉者为师"。（按："右街僧录判官"当即燕京右街僧录判官。）	向南辑：《辽代石刻文编》，第571—572页。
4	乾统八年（1108年）《妙行大师行状碑》出现妙行大师的"门人右僧判、通□大师"。（按："右僧判"当指燕京右街僧录判官。）	向南辑：《辽代石刻文编》，第588页。
5	房山石经天庆元年（1111年）《法集经》题名："提点前右街僧录判官、赐紫沙门善定"。（按："右街僧录判官"当指燕京右街僧录判官。）	北京图书馆金石组、中国佛教图书文物馆石经组编：《房山石经题记汇编》第4部分《诸经题记（辽金）》，第372页；吴梦麟、张永强编著：《房山石经题记整理与研究》（图录卷），第457页。

二　寺院中的三纲（寺主或住持、上座或尚座或首座、都维那）

辽代寺院的寺职体系主要以三纲"寺主""尚座（上座）"和"都维那"为核心。寺主为主持寺院日常工作的职首。①《大宋僧史略》称：上座，"古今立此位，皆取其年德，干局者充之。……列寺主、维那之上"。②《大宋僧史略》卷中"讲经论首座"条载："首座之名，即上座也。居席之端，处僧之上，故曰也。"③在唐代，"经论之学，或置首座"。④北宋"有讲经讲论首座，乃僧录之外别立耳"。⑤辽代寺院中的"首座"，当承

---

① 张国庆：《佛教文化与辽代社会》，第65—66页。
② （宋）赞宁撰，富世平校注：《大宋僧史略校注》卷中，第117页。
③ （宋）赞宁撰，富世平校注：《大宋僧史略校注》卷中，第111页。
④ （宋）赞宁撰，富世平校注：《大宋僧史略校注》卷中，第112页。
⑤ （宋）赞宁撰，富世平校注：《大宋僧史略校注》卷中，第112页。

袭唐宋之制，负责讲经、讲论。张国庆推测：首座平时为寺主之副，若寺主临时离寺或职位暂缺，则代理寺主，全面负责寺事。① 辽南京寺院中的三纲见表3。

表3　　　　　　　　　　　　辽南京寺院中的三纲

序号	寺院中的三纲	材料来源
1	辽穆宗应历五年（955年）四月八日《北郑院邑人起建陀罗尼幢记》题名包括这座佛寺的僧官："石经寺主讲经论大德谦讽、都维那院主僧惠信""维那郑景遇""维那王定章""维那王思晓"和"维那刘彦珪"。	北京辽金城垣博物馆编：《北京辽金元拓片集》，北京燕山出版社2012年版，第31页；向南辑：《辽代石刻文编》，第11—12页；吴梦麟、张永强编著：《房山石经题记整理与研究》（图录卷），第600页。
2	应历十年（960年）《三盆山崇圣院碑记》题名有"住持惠诚"。	向南辑：《辽代石刻文编》，第31页。
3	应历十五年（965年）《重修范阳白带山云居寺碑》载："寺主谦讽和尚"。该碑又曰："以谦讽等同德经营，协力唱和，结一千人之社，合一千人之心，春不妨耕，秋不废获，立其信，导其教。无贫富后先，无贵贱老少，施有定例，纳有常期，贮于库司，补兹寺缺。"（按：云居寺的千人邑由寺主谦讽经营，邑人平时务农，按规定向寺院施舍。）《重修范阳白带山云居寺碑》亦言："维那之者，有若前涿牧天水公昫，当举六条，其敬三宝。"（按：其中"天水公昫"当指赵昫，他担任过"涿牧"，即涿州长官刺史。"六条"系引用汉武帝时期，刺史出巡监察以"六条问事"②之典故，同时赵昫又是一位佛教信徒，在卸任涿州刺史后，担任过云居寺维那。）	向南辑：《辽代石刻文编》，第33、34页。
4	辽圣宗统和十年（992年）《清水院陀罗尼幢题记》题名曰："清水院山门僧功德主绍迁，院主绍金、绍兴、绍文……尚座僧从玩，讲《上生经》师昭琼。……院主僧琼号，尚座讲《上生经》僧智介。"（按：此处的清水"院主"当等同于寺主。）	向南、张国庆、李宇峰辑注：《辽代石刻文续编》，第348—349页。
5	辽兴宗重熙十一年（1042年）《大王镇罗汉院建八大灵塔记》现存北京平谷区黄花峪乡黑豆峪村。碑石为汉白玉质，高69厘米，宽41厘米。其上端横刻楷书"大王镇罗汉院建八大灵塔"11字，全石正书。	向南辑：《辽代石刻文编》，第233页；向南、张国庆、李宇峰辑注：《辽代石刻文续编》，第78页。

① 张国庆：《佛教文化与辽代社会》，第67—68页。
② "六条问事"的具体内容是：一条，强宗豪右，田宅逾制，以强凌弱，以众暴寡。二条，二千石不奉诏书，遵承典制，倍公向私，旁诏守利，侵渔百姓，聚敛为奸。三条，二千石不恤疑狱，风厉杀人，怒则任刑，喜则淫赏，烦扰刻暴，剥截黎元，为百姓所疾，山崩石裂，妖祥讹言。四条，二千石选署不平，苟阿所爱，蔽贤宠顽。五条，二千石子弟恃怙荣势，请托所监。六条，二千【石】违公下比，阿附豪强。通行货赂，割损正令也。参见（汉）班固《汉书》卷19上《百官公卿表》，载颜师古注引《汉官典职仪》，中华书局1962年标点本，第742页。

续表

序号	寺院中的三纲	材料来源
6	竖刻《无垢净光大陀罗尼经》15 行，满行 23 字，后有题记 2 行。题记曰："施舍利主大王北管赵遂，妻吴氏，男守勋、守用、守庆。重熙十一年岁次壬午七月壬寅朔十七日戊午时建记。"《八大灵塔记》又曰："沙门首座诵《法华经》绍凝，行超俗表，道冠权门。"	
7	房山石经辽道宗大康四年（1078 年）《光赞般若波罗密经》显示"寺主沙门可兴""上座讲《上生经》沙门可略""都维那沙门志省"。	北京图书馆金石组、中国佛教图书文物馆石经组编：《房山石经题记汇编》第 4 部分《诸经题记（辽金）》，第 300—301 页。
8	房山石经大康十年（1084 年）《宝星陀罗尼经》题名有："尚座沙门法赜""寺主沙门季令"。	北京图书馆金石组、中国佛教图书文物馆石经组编：《房山石经题记汇编》第 4 部分《诸经题记（辽金）》，第 335 页；吴梦麟、张永强编著《房山石经题记整理与研究》（题记卷），文物出版社 2021 年版，第 8 页。
9	房山石经辽道宗大安二年（1086 年）《持世经》题名中出现："首座持念沙门季令、寺主持念沙门可成、尚座讲《百法论》沙门去息、都维那沙门可聿。"	北京图书馆金石组、中国佛教图书文物馆石经组编：《房山石经题记汇编》第 4 部分《诸经题记（辽金）》，第 345 页；吴梦麟、张永强编著：《房山石经题记整理与研究》（图录卷），第 8 页。
10	房山石经大安四年（1088 年）《六度集经》题名曰："寺主讲经论沙门志效、当寺提点讲经律论沙门法转""都维那沙门可筠、尚座讲经论沙门志经。"（按："当寺提点"的具体职责不清。）	北京图书馆金石组、中国佛教图书文物馆石经组编：《房山石经题记汇编》第 4 部分《诸经题记（辽金）》，第 350 页；吴梦麟、张永强编著：《房山石经题记整理与研究》（图录卷），第 76 页。
11	大安八年（1092 年）《舍利塔题名》刻石在今北京昌平区秦城龙泉寺，高 71 厘米，宽 45 厘米，正书。《舍利塔题名》谓："维那、工部尚书耶律迪列""讲《花严经》僧德才"，其余为平民邑众或村民的题名。（按：耶律迪列以官员的身份兼任寺院都维那。）	向南、张国庆、李宇峰辑注：《辽代石刻文续编》，第 210 页。

续表

序号	寺院中的三纲	材料来源
12	大安八年（1092年）沙门法忍再建陀罗尼经幢位于今北京密云，八面刻，先经后记，正书。"《沙门法忍再建陀罗尼经幢记》，布衣张纶撰。……今当寺首座沙门法忍等，内传其心，外□其形，节衣盂之费，化喜舍之财，因其故迹，再修建如如功德幢二座，对峙于□□□□□之前。上刻佛仪，次安释侣，化塔旁峙，栏楯环绕。镌梵本《波若波罗密多心经》，弗□□□陀罗尼神咒，有以示密法之流通，众俗之所归仰也。寄影以灭罪，资尘而蒙益。导迷路之指南，镇福田而玉北。……因志于石，以示众者。大安八年九月辛巳朔二十五日甲时重建。"（按：法忍身为"当寺首座沙门"，其职责除了"内传其心"，还募集资金建成两座功德幢。这两座功德幢刊刻"梵本《波若波罗密多心经》"和陀罗尼咒语，以供信徒诵读、瞻仰，同时具有佛顶尊胜经幢影覆灭罪之功能。）	向南辑：《辽代石刻文编》，第450页。
13	大安十年（1094年）《悯忠寺石函题名》称："寺主兼宝塔主沙门溥滋，尚座沙门惟常，都维那沙门智印。"	向南辑：《辽代石刻文编》，第462—463页。
14	辽道宗寿昌元年（1095年）《缙阳寺庄帐记》云："首座奉润，世寿八十五，僧夏五十八年。"	向南辑：《辽代石刻文编》，第467页。
15	寿昌元年（1095年）《安和尚塔记》题名有"典产僧宗的，维那僧宗喆，监库僧宗懿，监院僧宗濇，都功德主僧净遇，住持沙门宗遐。"（按：其中"典产僧""监库僧"和"监院僧"，由于没有其他材料，其具体职责无法考察。）	向南、张国庆、李宇峰辑注：《辽代石刻文续编》，第225页。
16	天祚帝乾统七年（1107年）八月《大方广圆觉修多罗了义经》题名谓："故通理大师门资勘造经主讲律比丘善伏，石经寺三纲都和法信、尊宿法式、志妙，尚座法忍、法渊、法端，寺主可近，提点石经录判净行大德赐紫沙门善定。"	北京图书馆金石组、中国佛教图书文物馆石经组编：《房山石经题记汇编》第4部分《诸经题记（辽金）》，第362页；吴梦麟、张永强编著：《房山石经题记整理与研究》（图录卷），第465页。
17	房山石经乾统八年（1108年）十月十五日《发菩提心戒》题名中出现"石经寺主、讲经律沙门志仙"。	北京图书馆金石组、中国佛教图书文物馆石经组编：《房山石经题记汇编》第4部分《诸经题记（辽金）》，第359页；吴梦麟、张永强编著：《房山石经题记整理与研究》（图录卷），第500页。
18	乾统九年（1109年），僧法云等重葬良乡县护世法询大师舍利，"共请到五侯村刘孝贞为都维那"，其他一些信徒，"及请到侧近方右远近村坊，并四众共办此塔"。乾统十年（1110年）《房山天开塔舍利石函记》石函第三面铭文曰："刘孝贞，邑举为都维那。"	向南、张国庆、李宇峰辑注：《辽代石刻文续编》，第278、279页。

续表

序号	寺院中的三纲	材料来源
19	乾统十年（1110年）《大辽涿州云居寺供塔灯邑记》曰："首座持念沙门思贤""寺主持念沙门行纯、尚座讲经沙门行初、都维那讲经沙门行严。"	云居寺文物管理处编：《云居寺贞石录》，第77页。
20	天祚帝天庆四年（1114年）《辽滨塔天宫碑》的碑阳题名有"大邑长、始平军节度、金吾卫大将军耶律贞"，碑阴题名有"都维那、大国舅相公萧□，寺承张堆，大校高辅"。（按：身为皇族成员、地方长官的耶律贞担任佛教邑会组织的"大邑长"，后族成员萧某也担任僧官"都维那"。）	向南、张国庆、李宇峰辑注：《辽代石刻文续编》，第285页。
21	天庆五年（1115年）《大安山莲花峪延福寺观音堂记》题名中出现："坊里大圣院首座沙门法诠"，当寺尊宿"山主门徒首座沙门助净""住持沙门道源""当年寺主讲经沙门道□，现尚座道信"。	北京辽金城垣博物馆编：《北京辽金元拓片集》，第22页；向南、张国庆、李宇峰辑注：《辽代石刻文续编》，第289页；吴梦麟、张永强编著：《房山石经题记整理与研究》（图录卷），第672页。
22	天庆七年（1117年）四月十五日《大辽燕京涿州范阳县白带山石经云居寺释迦佛舍利塔记》碑阳出现："寺主讲论沙门善灯，尚座讲论沙门志温，都和讲经沙门智宁，首座沙门志珂"。	云居寺文物管理处编：《云居寺贞石录》，第79页；北京图书馆金石组、中国佛教图书文物馆石经组编：《房山石经题记汇编》第1部分《碑和记（唐至民国）》，第26—27页；向南、张国庆、李宇峰辑注：《辽代石刻文续编》，第293页；吴梦麟、张永强编著：《房山石经题记整理与研究》（图录卷），第612页。
23	天庆八年（1118年）《云居寺续秘藏石经塔记》提及"当寺首座沙门志珂，寺讲论沙门志憋，尚座讲经沙门善相，都和讲经沙门志兴"。	向南辑：《辽代石刻文编》，第673页；吴梦麟、张永强编著：《房山石经题记整理与研究》（图录卷），第617页。
24	天庆十年（1120年）《大安山延福寺李山主实行录》题名中出现"山主门资提点讲论经道坚""寺主沙门道偶、尚座沙门善重、都维那沙门善崇"。延福寺李山主德行高、精通佛学，还积极修建佛寺，"剃度门资数满百人"。（按：莫非山主的职责、地位与寺主相似？）	北京辽金城垣博物馆编：《北京辽金元拓片集》，第38页；向南、张国庆、李宇峰辑注：《辽代石刻文续编》，第311页。
25	《云居寺经幢记》（年代不详）题名有"上座僧智永，都维那僧智远，都捡校僧闻□"。	向南、张国庆、李宇峰辑注：《辽代石刻文续编》，第322页。

由表3可知：在辽南京，不仅僧人，俗信徒也能担任寺院的三纲，而且三纲常常兼任讲经沙门。

三 讲经沙门、持念沙门和校勘沙门

辽南京还设有众多讲经论沙门、持念沙门和校勘沙门，见表4。

表4　　　　　　　　讲经沙门、持念沙门和校勘沙门

序号	讲经沙门、持念沙门和校勘沙门	材料来源
1	辽圣宗统和十年（992年）《清水院陀罗尼幢题记》曰："讲《上生经》师昭琼""尚座讲《上生经》僧智弁""大安山延福寺讲《唯摩经》僧师璘、僧师行、僧继直。"	向南、张国庆、李宇峰辑注：《辽代石刻文续编》，第348、349、350页。
2	1963年，北京顺义出土一座辽代净光舍利塔。净光舍利塔基中放石经幢一个，通高109厘米，幢身分5节，底座为八角形，分二层，上雕莲瓣图案，顶部如八角亭状，上置莲瓣圆盘，再上为宝顶。经幢前靠南侧放一长方形佛塔题名石刻。经幢造于辽圣宗开泰二年（1013年），其上的题记曰："定光佛舍利五尊，单佛舍利十尊，螺髻舍利四尊……顺州管内都细讲《法华》上主沙门惠贞……邑人曹贞……施舍利银盒……维开泰二年岁次癸丑四月壬戌朔二十二日未丙时葬。顺州勾官李玄锡书"。（按：在施舍利银盒葬舍利时，有专门讲《法华经》的僧人参与，与《法华经》中佛舍利信仰直接相关。"顺州管内都细讲《法华》上主"疑是僧官。）	北京市文物工作队：《顺义县辽净光舍利塔基清理简报》，《文物》1964年第8期。
3	房山石经辽道宗清宁二年（1056年）九月十八日《大宝积经》题名曰："讲经论沙门季香校勘。" 房山石经清宁四年（1058年）《佛说无量清净平等觉经》题名为："当寺校勘讲经论沙门季香。" 房山石经清宁九年（1063年）《大方等大集经》又出现"石经寺讲经律论沙门季香校勘"。 房山石经《佛说法镜经》（年代不详）出现"当寺校勘讲经论沙门季香"。 房山石经《佛说大乘十法经》（年代不详）题名有"当寺校勘讲经论沙门季香"。	北京图书馆金石组、中国佛教图书文物馆石经组编：《房山石经题记汇编》第4部分《诸经题记（辽金）》，第318—320、322—323、331—332页；吴梦麟、张永强编著：《房山石经题记整理与研究》（图录卷），第10、12页。
4	房山石经《佛说太子刷护经》（年代不详）出现"石经云居寺讲经律论沙门季净校勘"。	北京图书馆金石组、中国佛教图书文物馆石经组编：《房山石经题记汇编》第4部分《诸经题记（辽金）》，第327页。
5	辽道宗大康元年（1075年）《开元寺重修建长明灯幢记》现存今北京密云，其中提及"前都纲讲经律运慈，前都纲讲经运思，持念运开""讲经律沙门菩慧""讲经律论沙门运之""前司纲讲经律论沙门僧人□□"。	向南、张国庆、李宇峰辑注：《辽代石刻文续编》，第156—157页。

续表

序号	讲经沙门、持念沙门和校勘沙门	材料来源
6	大康三年（1077年）《为故坛主传菩萨戒大师特建法幢记》在今北京西山戒坛明王殿门右侧。此幢记的题名曰："门人传戒大师、讲经律论、赐紫沙门裕经，三学寺经法师、诠圆大德、讲经律论沙门裕贵，□□大德、讲经律论、赐紫沙门裕林，净戒大德、讲经律论沙门裕文，通净大德、讲经律论、赐紫沙门裕仁，讲经律论沙门裕和、业论沙门裕净、裕正、裕祥、裕谛、裕世、裕显、裕转、裕振、裕权、裕□、裕征。寺主□□大德、讲经律论、赐紫沙门裕依、当寺圆通大德、赐紫沙门裕住。"	向南辑：《辽代石刻文编》，第383—384页。
7	房山石经大康四年（1078年）《光赞般若波罗密经》出现"上座讲《上生经》沙门可略，石经云居寺讲《百法论》沙门法明"，"讲《上生经》沙门可寿"。房山石经《大明度无极经》（年代不详）题名中有"当寺讲《百法论》见校勘沙门法明"。房山石经大康七年（1081年）《文殊师利所说般若波罗密经》出现"当寺讲《百法论》提点校勘沙门法明"。	北京图书馆金石组、中国佛教图书文物馆石经组编：《房山石经题记汇编》第4部分《诸经题记（辽金）》，第300—303页。
8	房山石经大康十年（1084年）《大乘大集地藏十轮经》题名云："当寺讲《上生经》校勘沙门可寿，当寺讲《百法论》校勘沙门法明，当寺诵《法华经》提点沙门法选，当寺讲《唯识》《百法》《菩萨戒》校勘沙门法式奉宣提点校勘。"房山石经大康十年《宝星陀罗尼经》题名曰："奉宣校勘讲《百法论》沙门法明，奉宣校勘讲《百法》《唯识论》沙门法式，奉宣校勘讲《上生经》沙门可寿，奉宣提点诵《法华经》沙门法选。"	北京图书馆金石组、中国佛教图书文物馆石经组编：《房山石经题记汇编》第4部分《诸经题记（辽金）》，第334—335页。
9	房山石经辽道宗大安二年（1086年）《善思童子经》题名有："奉宣校勘讲《百法论》沙门法明、奉宣校勘讲《百法》《唯识论》沙门法式、奉宣校勘讲《上生经》沙门可寿、奉宣提点诵《法花经》沙门法选。"	北京图书馆金石组、中国佛教图书文物馆石经组编：《房山石经题记汇编》第4部分《诸经题记（辽金）》，第342页；吴梦麟、张永强编著：《房山石经题记整理与研究》（图录卷），第9页。
10	房山石经大安二年（1086年）《持世经》题名出现："提点诵《法华经》沙门法选、校勘讲《上生经》沙门可寿、校勘讲《唯识论》沙门法式、校勘讲《百法论》沙门法明、首座持念沙门季令、寺主持念沙门可成、尚座讲《百法论》沙门去息。"	北京图书馆金石组、中国佛教图书文物馆石经组编：《房山石经题记汇编》第4部分《诸经题记（辽金）》，第345页；吴梦麟、张永强编著：《房山石经题记整理与研究》（图录卷），第8页。

续表

序号	讲经沙门、持念沙门和校勘沙门	材料来源
11	房山石经大安四年（1088年）《六度集经》题名曰："校勘讲《上生经》沙门可寿、提点诵经沙门法选、校勘讲《百法论》沙门法明、校勘讲经论沙门法式、寺主讲经论沙门志效、当寺提点讲经律论沙门法转""尚座讲经论沙门志经。"	北京图书馆金石组、中国佛教图书文物馆石经组编：《房山石经题记汇编》第4部分《诸经题记（辽金）》，第350页；吴梦麟、张永强编著：《房山石经题记整理与研究》（图录卷），第76页。
12	房山石经大安五年（1089年）《不空羂索神变真言经》题名中出现"讲《百法论》校勘沙门法明、讲《上生经》校勘沙门可寿、讲《唯识论》校勘沙门法式、提点诵《法华经》沙门法选"。房山石经《观自在菩萨随心咒经》（年代不详）题名有："校勘沙门法明、校勘沙门法式、校勘沙门可寿。"房山石经大安七年（1091年）《十住断结经》出现"校勘讲《上生经》沙门可寿、校勘讲《唯识论》沙门法式、校勘讲《百法明论》沙门法、提点诵《法花经》沙门法选"。	北京图书馆金石组、中国佛教图书文物馆石经组编：《房山石经题记汇编》第4部分《诸经题记（辽金）》，第351—353页；吴梦麟、张永强编著：《房山石经题记整理与研究》（图录卷），第337页。
13	房山石经大安九年（1093年）十月《菩萨善戒经》题"功德主当寺通理大师、赐紫沙门恒荣，提点善慧大德沙门崇囗，校勘沙门志妙，校勘沙门可进，校勘沙门志经，校勘沙门崇育，校勘沙门志瑕，校勘沙门玄敫，校勘沙门善定，校勘沙门志鲜，校勘沙门善雍，校勘沙门道窨，校勘沙门慧济，校勘沙门善伏"。	北京图书馆金石组、中国佛教图书文物馆石经组编：《房山石经题记汇编》第4部分《诸经题记（辽金）》，第442页；吴梦麟、张永强编著：《房山石经题记整理与研究》（图录卷），第510页。
14	大安九年（1093年）《景州陈宫山观鸡寺碑铭》由"燕京右街天王寺讲经律论、前校勘法师沙门志延撰"。	向南辑：《辽代石刻文编》，第452页。
15	大安九年（1093年）《琬公大师塔铭》由"燕京延洪寺讲经论沙门善雍，当寺校勘石经之次禄"撰写。房山石经大安十年（1094年）《大智度经论》题名中出现"燕京延洪寺讲经论校勘石经沙门善雍奉为亡妣施手书"。	云居寺文物管理处编：《云居寺贞石录》，第74页；向南、张国庆、李宇峰辑注：《辽代石刻文续编》，第218页；北京图书馆金石组、中国佛教图书文物馆石经组编：《房山石经题记汇编》第4部分《诸经题记（辽金）》，第466页；吴梦麟、张永强编著：《房山石经题记整理与研究》（图录卷），第480、606页。
16	大安十年（1094年）《悯忠寺石函题名》曰："讲经论、文范大德、赐紫沙门善徽，讲经论、演奥大德、赐紫沙门义沽，讲经论、慈智大德、赐紫沙门惟轸，讲经、诠微大德、赐紫沙门义融，前校勘法师、证教大德、赐紫沙门蕴寂，三学论主、辩正大德义景。"	向南辑：《辽代石刻文编》，第462—463页。

续表

序号	讲经沙门、持念沙门和校勘沙门	材料来源
17	房山石经辽道宗寿昌元年（1095 年）《正法正理论》题名："校勘法师、业经论沙门惠济，校勘法师、讲经论沙门玄敫，都提点法师、讲经论沙门善定。"（按："业经论沙门"的职责或等同于讲经沙门？）	北京图书馆金石组、中国佛教图书文物馆石经组编：《房山石经题记汇编》第 4 部分《诸经题记（辽金）》，第 493 页。
18	天祚帝乾统三年（1103 年）《□□禅师残墓幢记》位于今北京香山静宜园买卖街，其题名有："兴严大德讲经沙门玄煦""前香山寺讲经沙门师哲""严奉大德讲经沙门玄□""持念沙门即刊""持念沙门义冲""业经沙门智初。"（按："业经沙门"的职责或等同于讲经沙门？）	向南、张国庆、李宇峰辑注：《辽代石刻文续编》，第 246 页。
19	乾统三年（1103 年）《金山演教院千人邑记》言："燕京悯忠寺论主大师义景在中（即金山演教院）开演。"（按："论主大师"的职能当与"讲经大师"相似。）	向南辑：《辽代石刻文编》，第 534 页。
20	乾统五年（1105 年）《广大圆满无碍大悲心陀罗尼幢记》现存北京顺义，该幢记称张守宁一家"奉为亡过先灵特建大悲心宝幢"，题名中出现"出家男讲经沙门未该建"。（按：这里的"出家男讲经沙门"很可能出自南京的寺院。）	向南、张国庆、李宇峰辑注：《辽代石刻文续编》，第 248 页。
21	乾统十年（1110 年）《大辽涿州云居寺供塔灯邑记》曰："见讲《花严经》沙门儆鉴""尚座讲经沙门行初、都维那讲经沙门行严。"	云居寺文物管理处编：《云居寺贞石录》，第 77 页。
22	乾统十年（1110 年）《房山天开塔舍利石函记》石函第三面铭文曰："共办讲经沙门融辉、义通、法云。"	向南、张国庆、李宇峰辑注：《辽代石刻文续编》，第 278 页。
23	房山石经天祚帝天庆元年（1111 年）《法集经》题名："校勘讲经沙门善锐，校勘讲经沙门可筠。"	北京图书馆金石组、中国佛教图书文物馆石经组编：《房山石经题记汇编》第 4 部分《诸经题记（辽金）》，第 372 页；吴梦麟、张永强编著：《房山石经题记整理与研究》（图录卷），第 457 页。
24	房山石经天庆元年（1111 年）《弘道广显三昧经》题名中显示"石经山云居寺校勘讲经沙门即性"。	北京图书馆金石组、中国佛教图书文物馆石经组编：《房山石经题记汇编》第 4 部分《诸经题记（辽金）》，第 376 页。
25	天庆五年（1115 年）《大安山莲花峪延福寺观音堂记》题名中出现"当寺提点讲论沙门道坚，讲经沙门道性，住持沙门道源，讲经沙门道琛，讲经沙门道□、道鉴、道益、善□，当年寺主讲经沙门道□"。	北京辽金城垣博物馆编：《北京辽金元拓片集》，第 22 页；向南、张国庆、李宇峰辑注：《辽代石刻文续编》，第 289 页；吴梦麟、张永强编著：《房山石经题记整理与研究》（图录卷），第 672—673 页。

续表

序号	讲经沙门、持念沙门和校勘沙门	材料来源
26	天庆七年（1117年）《大辽燕京涿州范阳县白带山石经云居寺释迦佛舍利塔记》碑阳记载天庆七年，石经寺僧人重藏舍利，"当寺前易州管内都纲功德塔主沙门绍坦，发心建砖塔一十三檐，举高六十余尺，及施已（己）净财，特命良工造银塔一座，高一尺五寸。……当寺具戒比丘常不灭五百余众，庄园典库，供赡有余。时天庆七年岁次丁酉四月己未朔十五日癸酉丙时葬。寺主讲论沙门善灯，尚座讲经沙门志温，都和讲经沙门智宁，首座沙门志珂，前涿州管内都纲沙门道渊，东峰山主沙门志范。"碑阴题名有"讲经沙门善锐"。（按：据考，"都纲"创制于唐代，是"安史之乱"后佛教非常盛行的五台山地区出现的僧官，属于唐代后期重建地方僧官制度的产物。"都纲"或称"都检校""山门都"，系当地最高一级僧职僧长（或称僧正）的副贰。① 辽代州府所设之管内"都纲"，沿用唐制，为地方僧官。②）	云居寺文物管理处编：《云居寺贞石录》，第79页；北京图书馆金石组、中国佛教图书文物馆石经组编：《房山石经题记汇编》第1部分《碑和题记（唐至民国）》，第26—27页；向南、张国庆、李宇峰辑注：《辽代石刻文续编》，第293页；吴梦麟、张永强编著：《房山石经题记整理与研究》（图录卷），第612—613页。
27	天庆八年（1118年）《云居寺续秘藏石经塔记》提及"寺主讲论沙门志懋，尚座讲经沙门善相，都和讲经沙门志兴"。	向南辑：《辽代石刻文编》，第673页；吴梦麟、张永强编著：《房山石经题记整理与研究》（图录卷），第617页。
28	天庆十年（1120年）《大安山延福寺李山主实行录》题名曰："山门资提点讲经道坚，讲经沙门法渊，讲经论沙门道遵，讲经沙门道琛，讲经沙门道祥，持念沙门道鉴，讲经沙门道偊，持念沙门道信，持念沙门道志，持念沙门道钦，持念沙门道荣，持念沙门道仅。"	北京辽金城垣博物馆编：《北京辽金元拓片集》，第38页；向南、张国庆、李宇峰辑注：《辽代石刻文续编》，第311页。
29	天祚帝保大五年（1125年）《慈慧大师塔幢实德记》题"沙门圆成等燕山府故讲经律论提点慈慧大师实德记略"。"师讳惠忍，俗姓和氏，本燕人也"，在天庆年间（1111—1120年）"便住清胜一蓝，两街僧录，高上师流，无不举唱"。	向南、张国庆、李宇峰辑注：《辽代石刻文续编》，第313页。

如表4所示，不少寺主、上座同时也是讲经沙门、讲论沙门或持念沙门。

---

① 谢重光：《中古佛教僧官制度和社会生活》上篇《僧官制度》，商务印书馆2009年版，第120—126页。

② 张国庆：《佛教文化与辽代社会》，第64页。

四 典座

天祚帝乾统十年（1110年）《大辽涿州云居寺供塔灯邑记》言及"典座持念沙门去结"。①《大宋僧史略》卷中"杂任职员"条云："典座者，谓典主床座。凡是举座，一色以摄之，乃通典杂事也。"②云居寺典座的职责亦当如此。

五 阁主、殿主、藏主、塔主和疏主

另外，在一些辽代文献和石刻材料中，频频出现"阁主""殿主""藏主""塔主"和"疏主"，如表5。

表5 辽代文献和石刻材料中的阁主、殿主、藏主、塔主和疏主

序号	阁主、殿主、藏主、塔主和疏主	材料来源
1	山西应县木塔出土的12卷大藏经中，《称赞大乘功德经》题记曰："燕台圣寿寺慈氏殿主讲《法华经》传菩萨戒忏悔沙门道撰……时统和贰拾壹祀癸卯岁（1003年）季春月冀生五叶记，弘业寺释迦佛舍利塔主沙门智云书。"	山西省文物局、中国历史博物馆主编：《应县木塔辽代秘藏》，文物出版社1991年版，第5页。
2	应县木塔所藏《释摩诃衍论通赞疏科》卷下题记载："咸雍七年（1071年）十月日燕京弘法寺奉宣校勘雕印流通，殿主讲经觉慧大德臣沙门行安勾当、都勾当。"	山西省文物局、中国历史博物馆主编：《应县木塔辽代秘藏》，第8页。
3	大康四年（1078年）《谷积山院读藏经之记》出现"当山疏主、崇禄大夫、守司徒、通慧大师、赐紫沙门守臻，当山提点、宣法大师、赐紫沙门恒□□"。	向南、张国庆、李宇峰辑注：《辽代石刻文续编》，第164页；吴梦麟、张永强编著：《房山石经题记整理与研究》（图录卷），第666页。
4	大安十年（1094年）《悯忠寺石函题名》曰："阁主沙门文莹，阁主沙门道义，殿主沙门智㨂，藏主法藏大德文该，太子殿主沙门省纯，东塔主沙门善祥，西塔主沙门通润……前阁主法资。"	向南辑：《辽代石刻文编》，第462—463页。

---

① 云居寺文物管理处编：《云居寺贞石录》，北京燕山出版社2008年版，第77页。
② （宋）赞宁撰，富世平校注：《大宋僧史略校注》卷中，第117页。

续表

序号	阁主、殿主、藏主、塔主和疏主	材料来源
5	乾统七年（1107年）《普济寺严慧大德塔记铭》书：辽道宗寿昌四年（1098年），"三学寺奉命慎择主寺事者，以师勤干塞其选，寻授普济大德。师力整颓弊，居多弘益，三载供费之外，有钱五千余贯。乾统（1101—1110年）初，省司以课最闻，朝廷嘉之，特赐紫方袍，加号慈辩。三年（1103年），宣充三学殿主，易其号曰严慧"。（按：所谓"省司以课最闻，朝廷嘉之"云云，表明朝廷对僧官有考核。）《普济寺严慧大德塔记铭》又载"燕京三学寺殿主严慧大德赐紫少（沙）门等伟"。严慧大德在大康元年（1075年）25岁时，"始剃落礼甘泉普济寺右街僧录判官仪范大师讳非觉者为师"。	向南辑：《辽代石刻文编》，第571—572页。
6	乾统十年（1110年）《大辽涿州云居寺供塔灯邑记》中出现"殿主持念沙门善谈"。	云居寺文物管理处编：《云居寺贞石录》，第77页。

遗憾的是，关于阁主、殿主、藏主、塔主和疏主的具体职责，于史无征。

六　结语

日本学者野上俊静早就指出：辽朝的燕京寺院、僧侣的数量最多，质量最好，密宗、华严宗和法相宗繁荣，续刻房山石经、雕造《契丹藏》均与燕京名僧有关。因此，燕京是辽朝佛教的中心。辽朝名僧均是汉人，且大半与燕京有关，辽代佛教本质是汉化佛教。[①] 就现有碑刻材料来看，辽南京的僧官包括：京道级僧官（燕京左右街僧录）、燕京左右街僧录判官、寺院中的三纲（寺主或住持、上座或尚座或首座、都维那）、讲经沙门、持念沙门、校勘沙门、典座、阁主、殿主、藏主、塔主和疏主。在胡族统治下，辽南京依然延续汉式佛教管理制度及宗教治理模式。这不仅体现了辽朝"因俗而治""以汉制待汉人"的基本国策，[②] 还是契丹及辽朝汉化的重要源泉。

[①] ［日］野上俊静：《辽代燕京的佛教》，转引自野上俊静《辽金的佛教》，平乐寺书店1953年版。

[②] （元）脱脱等：《辽史》卷45《百官志》一，第773页。

元大都城的蒙汉文化交融特色研究

于 洪[*]

摘要： 作为中国历史上由少数民族建立的第一个多民族统一国家的都城，元大都的规划建设充分吸收了汉文化和蒙古文化元素。元大都城的设计者刘秉忠依据蒙古"逐水草而居"的习俗确定了大都的选址，并按照《周礼·考工记》中"匠人营国"的原则和《周易》中阴阳八卦的理念对大都城进行了周密的规划。西域人也黑迭儿在宫城和皇城的建设当中充分融入了蒙古文化元素。本文从元大都的城建规划以及宫城的建设和朝会之仪两方面来论述宫城皇城的草原与农耕二元文化交融的特点。

关键词： 元大都；都城；蒙汉文化交融；特色

元朝是中国历史上由少数民族建立的第一个多民族统一国家。元大都自元世祖忽必烈至元四年（1267年）至元顺帝至正二十八年（1368年），为元朝国都。元大都也称为"汗八里"，意为"大汗之居处"。忽必烈大都中统治十年，于至元三十一年（1294年）在大都病逝。从至元三十一年（1294年）到元顺帝（惠宗）妥懽帖睦尔即位元至顺四年（1333年），39年间共更换了9位大汗。这些大汗以大都为基地，进行政治统治，对元朝的兴衰起到举足轻重的作用。元大都的城建规划以及宫城的建设都具有草原与农耕二元文化特点，比如宫城内举行的朝会礼仪、节庆活动保留了不少草原文化的传统，大都以及宫城的营建也遵循了《周礼·考工记》中"匠人营国"的原则和《周易》中象天设都、阴阳八卦的理念。元大都作

---

[*] 于洪，北京联合大学历史文博系副教授，研究方向为北京史、民族史、宗教史。

为草原文化与农业文化交融的产物，也体现出了蒙古统治者对汉文化的认同，各民族文化相互交融，最终形成了中华文化。

一 刘秉忠与元大都的建设

（一）刘秉忠与元大都的设计

至元九年（1272年）忽必烈正式以"元"为国号，并改中都为大都，蒙古人称为"汗八里"，即"大汗之城"（皇城）的意思。《元史》载，"四年，又命秉忠筑中都城，始建宗庙宫室。八年，奏建国号曰大元，而以中都为大都。他如颁章服，举朝仪，给俸禄，定官制，皆自秉忠发之，为一代成宪"。[①] 这次都城营建，与建上都城一样落到了刘秉忠的肩上。1242年，北方禅宗临济宗领袖海云奉蒙古宗王忽必烈之诏前往和林，在此过程中，把刘秉忠引荐给忽必烈，此后刘秉忠逐渐成为忽必烈的幕僚，并为忽必烈建立元朝立下汗马功劳。由于刘秉忠熟悉蒙古族草原上的生活，又对汉文化中《易经》及宋邵雍《经世书》颇有研究，至于天文、地理、律历、占卜无不精通，因此刘秉忠以《周礼·考工纪》为指导思想、规划修建了都城。至元十一年（1274年）新城建成，这是蒙古统治中心的第二次南移。元大都是元帝国政治、军事、经济、文化中心，北京第一次成为统一国家的首都。从此，北京取代了长安、洛阳、汴梁等古都的地位，成为中国的政治中心。

1. 大都城址的选址：以水为中心，"逐水草而居"与"周王礼制"相结合

刘秉忠经过周密的勘察，最后确定以金中都旧城东北的太液池和海子两大水泊为中心来兴建新都城，因为以莲花河水系为中心的金中都已残破不堪，莲花河水系无法满足城市供水和百姓的日常生活所需用水，而且浑河（即卢沟河）经常泛滥成灾，不利于新城的扩建。更重要的是刘秉忠考虑到蒙古族有"逐水草而居"的传统习惯，对水更加依赖，因此，刘秉忠规划元大都新城时选择太液池和海子水系为中心来确定城市的格局，符合草原民族"逐水草而居"的生活方式。同时，刘秉忠按忽必烈的要求，把大都的性质等同于国都，因此也符合国都的特点。刘秉忠根据传统儒家的

[①] 《元史》第157，列传第44。

都城设计方案，恪守《周礼·考工记》提出的原则："匠人营国，方九里，旁三门，国中九经九纬，经涂九轨。左祖右社，面朝后市"，①对大都进行规划设计，奠定了大都的雏形。

设计者们经过周密的实地勘测后，确定全城的中心点，并设立石刻的测量标志，名曰"中心之台"，最后又以此为基准点来确定全城的中轴线和四周轮廓。"中心之台"是全城的几何中心。《析津志》中也有相关记载，"中心台，在中心阁西十五步。其台方幅一亩，以墙缭绕。正南有石碑，刻曰：中心之台，实都中东、南、西、北四方之中也"。②中心阁在今鼓楼以北，当时鼓楼也叫齐政楼，元代的中心台、中心阁和钟、鼓楼构成了全城的中心区。

2. 大都的规模及城门名称突显《周易》文化特色

元大都城基本呈方形，约为宫城的45倍。大都的大城东西宽约6700米，南北深约7600米，面积50.9平方千米，呈南北长的矩形。若以元代1尺长31.5厘米计，约合宽14.1里，深16里，周长60.2里，与史载"大都方六十里"的数字相合。③元大都城门共11座，东、南、西三面均为三门，北面二门。东面的三座门是光熙门（今和平里东，俗称广熙门）、崇仁门（今东直门）、齐化门（今朝阳门）。南面的三座门是文明门（今东单南，又称哈达门）、丽正门（今天安门）、顺承门（今西单南）。西面的三座门是平则门（今阜成门）、和义门（今西直门）、肃清门（今学院南路，俗称小西门）。北面的两座门是健德门（今德胜门小关）、安贞门（今安定门小关）。其中北面只开二门而非三门，与汉魏洛阳以来的都城北墙正中不开门的传统一脉相承。城墙全由夯土筑成。关于大都城北面只开两门，学者们还有不同的解释，于希贤教授在《〈周易〉象数与元大都规划布局研究》一文中指出，"元大都透浸了儒、道、佛的思想与文化，其精髓是《周易》象数。《周易》的象数义理经过邵雍的研究将之以'图'的形式表现出来。又经刘秉忠等在当时的文化思想熏陶下，据《周易》的图形，建成元大都的实体，将《周易》的文化内涵浸透在元大都的城市规划中"。④元大都是以"九宫八卦"的模式来规划布局的，比如健德门，

---

① 颜品忠等主编：《中华文化制度辞典》，中国国际广播出版社1998年版，第488页。
② 熊梦祥：《析津志辑佚·古迹》，北京古籍出版社1983年版。
③ 熊梦祥：《析津志辑佚·古迹》，北京古籍出版社1983年版，第13页。
④ 于希贤：《〈周易〉象数与元大都规划布局研究》，《故宫博物院院刊》1999年第2期。

即北西门，用乾（☰）卦，取《易》"乾者健也，刚阳之德吉"以及"天行健，君子以自强不息"，因名北西城门为健德门，此门是国家军队出征必经之门。于时为初冬。安贞门，即北东门，为文王八卦位在坎、艮之间，为复卦中讼卦，取意"乾上坎下，九四不克讼，复命渝，安贞吉"之意，取北东之城门为"安贞门"。《周易·录上传》第一又说："乃终有庆，安贞之吉，应地无疆。"也是"安贞门"的又一名称来源。于时为晚冬。① 因此，《周易》象数的理念与大都城的地名确实关系密切。

二 也黑迭儿与大都宫城皇城营造

从营建宫城和皇城的建造者来看，也黑迭儿是新都的主要建筑师之一。《新元史》有关于也黑迭儿传记，蒙古人西征时，大批精良的西域工匠随之来到中国，落居大都者尤多，得到蒙元政权的重视，特别是也黑迭儿在元世祖忽必烈称帝之前就得到高度信任。"也里迭儿（也黑迭儿），西域人。事世祖于潜邸。宪宗九年（1259年），世祖伐宋，还幸其第。也里迭儿（也黑迭儿）以金绸衣地藉马蹄，帝嘉叹之。及即位，使领茶迭儿局，茶迭儿，译言庐帐也。未几，赐虎符。至元三年（1266年），授嘉议大夫，领茶迭儿局诸色人匠总管府达鲁花赤，兼监领宫殿。又命与大兴府尹张柔、工部尚书段天裙同行工部事，监筑宫城。卒。初部人凿石，肖也里迭儿（也黑迭儿）像，及卒，家人谓其非法，议弃之。帝夜梦也里迭儿若诉事状，诏讯其家人，以实告。帝亟命止之，赐金币为祀事。子马合谋沙，袭父职，遥授工部尚书。"②

从《新元史》看，也黑迭儿是西域人，由于擅长营建，受到统治者的重视，忽必烈登位后，被任命董理茶迭儿局，官至正三品。1236年，领茶迭儿局诸色人匠总管府达鲁花赤，兼领监宫殿。不久，负责修造宫城。新的宫城不再是庐帐，而是"汉家宫阙"，但又需要符合蒙古人的生活习俗，把蒙古、汉的建筑文化很好地融合在一起，比如在《北京通史》中曾有这样的记载，"皇城中的各主要宫殿，都采用了汉、蒙特点相结合的建筑方法。宫殿的外观，沿用了中原王朝宫殿的传统模式，红漆门窗楹柱，绘有

---

① 于希贤：《〈周易〉象数与元大都规划布局研究》，《故宫博物院院刊》1999年第2期。
② 何绍忞撰：《新元史》（卷88—卷169），吉林人民出版社1995年版，第2534页。

金龙及其他各种彩画。屋顶则以琉璃瓦覆之。殿前悬有绣缘朱帘，又用青花石作成台阶，白玉石雕成栏杆等。宫殿的内部装饰，则沿用了蒙古族传统的毡帐风格。地上铺有厚厚的地毯，墙壁用黄独、银鼠、黑貂等名贵兽皮缝制的壁障挂起，以挡风寒。其他摆设，如御榻、胡床等，皆依照蒙古毡帐的风格设置。宫殿四周、通道两旁，又遍植茂草，俨然一派绮丽的草原景致。"[①] 也就是说，也黑迭儿营建的建筑外观采用了"汉家宫阙"的特色，建筑的内饰则采用庐帐式的装修，这样有机地把蒙汉文化交融在一起。

至元十一年（1274年），大都宫殿和都城建设完工，忽必烈非常满意。也黑迭儿可呕心沥血、鞠躬尽瘁。他的儿子马合谋沙袭承父职，也担负起工部之职。

三 宫城皇城的特点：外观"汉宫殿式"内核"蒙古文化"相结合

大都最先从宫城、皇城开始营建。元世祖至元四年（1267年）四月，新筑宫城，参加营建此工作还有西域人也黑迭儿等。至元八年（1271年）正式建国号为"大元"。至元九年（1272年），改中都为大都，而定为元朝首都，把原设在开平的上都作为每年夏秋季节消暑的行都。宫城中的汉式宫殿大明殿建成后，忽必烈按汉礼接受诸王百官朝贺，向天下宣告，元朝是"正统"的"大一统"王朝。从此，北京成为中国统一的多民族国家的政治中心。

（一）宫城、皇城的营建

宫城、皇城为皇家禁地，宫城在皇城之中，是皇帝的居住与理政的场所，也是皇城之中空间面积最大，最能代表权威的地方。从外观上看与长安、洛阳、汴梁的宫城十分相似，具有汉式宫殿式特点，但从内核来看，宫城蕴含着十分深邃的蒙古文化。

1. 宫城的选址

按蒙古族"逐水草而居"的习俗，选在太液池东面营建宫城。宫城的营建约为十年，从至元四年（1267年）到至元十三年（1276年）。至元

---

① 曹子西等：《北京通史》（第5卷），北京燕山出版社2012年版，第47页。

五年（1268年）十月，宫城的城墙基本建成，其范围大概是东西墙的南段为明清紫禁城沿用，北墙在今景山后部少年宫前，南墙在今太和殿一线。

2. 宫城的总体布局

依照前朝后寝的思想而规划布局，具体而言，大明殿为前朝，至元十年（1273年）开始修建，"初建正殿、寝殿、香阁、周庑两翼室"。① 第二年初，大明殿建成，"帝始御正殿，受皇太子，诸王、百官朝贺"。② 后寝的主殿为延春阁，在延春阁东面有皇后的斡耳朵，宫城南面有云从门、崇天门和星拱门；东面有东华门，西面有西华门，北面有厚载门。宫城中有一条南北向中轴线，主要建筑都在中轴上体现。

3. 宫城的前朝

大明殿在宫城的中轴之上，是宫城中等级最高最壮观的建筑，相当于宫城的前朝部分。大明殿的功能是统治者有重大政治活动，或重要节日活动所应用的场所，比如皇帝登基，正月元旦、寿节朝会。据《南村辍耕录》载："前殿十一间，东西二百尺，深一百二十尺，高九十尺。"③ 大明殿内设有七宝云龙御榻，诸王、百官、近侍坐床，以及雕象酒桌、大玉瓮、银裹木漆瓮、玉编磬、玉笙、玉箜篌等物。每逢正旦、天寿节（即皇帝诞日）和新帝即位时，百官皆于此大聚会，饮酒奏乐，歌舞升平。④

从文献中看，大明殿中设有七宝云龙御榻，在榻后有白盖金缕褥；而且设有皇后的宝座。诸王、百官、怯薛等的座位在左右两边。殿中有一个木质贮酒的大樽，内裹银而外裹金，上面云龙环绕，高一丈七寸，可以贮酒五十余石。还设有自动灯漏，以及雕象酒桌一张。此外，外还陈列有许多乐器，其中有兴隆笙，这种乐器植九十管，分列为六排于柔韦囊，用大鞴鼓风，按其管，则簧鸣。皇帝、皇后与诸王怯薛列坐，以及酒瓮、酒桌和兴隆笙的设置，与蒙古初期的哈拉和林大斡耳朵的陈设相仿，明显地是从蒙古的旧俗沿袭下来的。相传忽必烈还从漠北把成吉思汗所居地的一株莎草移植于大内丹墀之下，名之为"誓俭草"，意思是告诫子孙，保持蒙古原来的淳朴习俗。可见，大明殿不仅具有汉文化的建筑风格，也体现了

---

① 《元史》卷4《世祖本纪》。
② 《元史》卷5《世祖本纪》。
③ 《南村辍耕录》卷21 "宫阙制度"。
④ 曹子西主编：《北京通史》（第5卷），北京燕山出版社2012年版，第46页。

明代紫禁城中太和殿的雏形，同时也蕴含蒙古文化的元素，这也突现了汉蒙文化的交融特色。

4. 宫城的后寝

在大明殿的东面有文思殿，西面有紫檀殿，后面有柱廊通寝殿。[①] 寝殿后面为宝云殿，再往北入延春门，便是延春阁，这里是皇帝召见大臣和大修佛事的场所。阁之东有慈福殿，西为明仁殿。阁的后面为清宁宫，是妃嫔们的住所。

5. 宫城内的园圃

宫城之北有御苑，东西与宫城同宽，北墙在今地安门迤南，是种植养殖的园圃。[②] 苑内置有熟地八顷，每年由皇帝亲率近侍及中朝贵官于此耕田一次，如藉田之礼。其他时间，则由宫内的宦官等人负责耕种。所收粮食，用来作为供奉祖先的祭品。苑内还种有麻、豆、瓜、果，及各种蔬菜，依照《农桑辑要》所述方法加以管理，并从北面海子引水入苑，用来灌溉。因此，苑内的各种瓜果菜蔬，都十分茂盛。此外，苑内还设有水碾一座，每天可碾粮谷十五石，以供宫廷内食用。[③] 这里是元代皇帝的亲耕田，目前保存了元代的灌溉水系、粮仓、官砝、水碾遗物，这也说有宫城城中的农耕文化与草原文化交融的典型范例。

（二）皇城的营建

宫城之外有皇城，包括隆福宫、兴圣宫、万岁山，即今北海、中海和琼岛等。

皇城为横长矩形，周长约二十里，其大致范围，北城墙在今地安门南，南城墙在今东华门大街和西华门大街的南侧，东城墙在今南北河沿的西侧，西城墙在今西皇城根。皇城南城墙正中的门为灵星门，其位置约当今紫禁城午门处。灵星门的南面就是元大都城的丽正门，灵星门与丽正门之间是宫廷广场，左右两侧是长达七百步的千步廊。

1. 隆福宫选址及特点

太子住所的隆福宫依然按蒙古族有"逐水草而居"的习俗，所以选址

[①] 北京大学历史系《北京史》编写组：《北京史》，北京出版社2012年版，第106页。
[②] 北京大学历史系《北京史》编写组：《北京史》，北京出版社2012年版，第106页。
[③] 曹子西主编：《北京通史》（第5卷），北京燕山出版社2012年版，第56页。

在太液池西南，此宫建于至元十一年（1274年）。至元二十二年（1285年），太子真金病死后，东宫一直由其妻居住。

隆福宫的规划布局与宫城基本相似，也遵循了前朝后寝的布局。隆福宫前朝主殿为光天殿，殿后也设有寝殿。寝殿东有寿昌殿，西有嘉禧殿。其后则为针线殿。四周也建有回廊，东面回廊建有翥凤楼，西面回廊建有骖龙楼。回廊三面开门。南面三门，正面一门是明晖门。隆福宫的建筑格局，与大明殿、延春阁两组建筑基本相同。①

隆福宫西面，还有一座苑囿，俗称西御苑。在西御苑西面，设有射圃，以供皇太子及其他蒙古贵族岁时练习弓箭射艺。此后，又在皇宫东华门外，开辟垛场，并于每年十月齐集百官，同较射艺。是时，诸王、百官皆随皇太子至射圃，太子先举弓发三箭射天，称为"射天狼"。然后，诸王、百官依次开弓射箭。箭靶以草作人形。射完之后，大开宴席，欢饮而散。这种岁时会集比试射艺的风俗，直到元末亦未衰。② 时人作诗云："东华射圃接天光，日日趋朝看挽强。"③

隆福宫是太子的居所，无论是从选址还是生活习俗都符合蒙古人的特点。

2. 兴圣宫选址及特点

太后所居兴圣宫在太液池的西北。始建于至大元年（1308年），是武宗为其母昭献元圣皇后所建。至大三年（1310年），兴圣宫建成。其主体建筑，为兴圣殿，殿后有寝殿。④ 大液池的东岸，还建有一处小苑囿，称为"灵囿"。灵囿中有猛兽，如狮子、老虎、豹子等，还有邻近各国使节及边地诸王、少数民族部落首领们进贡的珍禽异兽。据元人王恽在《宫禽小谱序》中所云，仅可辨识者，即有十七种之多。"厥后，珍禽奇兽，陆贡川输，岁相望于道。"⑤

兴圣宫是太后的居所，无论是从选址还是灵囿的建设来看都符合蒙古人的特点。

总之，宫城、隆福宫、兴圣宫三组建筑群以太液池为中心。宫城之西

---

① 曹子西主编：《北京通史》（第5卷），北京燕山出版社2012年版，第56页。
② 曹子西主编：《北京通史》（第5卷），北京燕山出版社2012年版，第55页。
③ 许有壬：《至正集》卷29"次拔实彦卿雪中见示韵"。
④ 曹子西主编：《北京通史》（第5卷），北京燕山出版社2012年版，第47页。
⑤ 王恽：《秋涧集》卷42。

有太液池、万岁山,即今北海、中海和琼岛。太液池西有兴圣宫,兴圣宫南隔街为隆福宫,都包在皇城内。①

四 带有浓厚草原特色的朝会之仪

忽必烈时的朝会之仪从总体上看,是带有浓厚草原特色的朝会制度。马可波罗说:"大汗开任何大朝会之时其列席之法如下:大汗之席位置最高,坐于殿北面向南。其第一妻坐其左。右方较低之处,诸皇子侄及亲属之座在焉。皇族等座更低,其坐处头与大汗之足平,其下诸大臣列坐于他席。妇女座位亦同。盖皇子侄及其他亲属之诸妻,坐于左方较低之处,诸大臣骑尉之妻,坐处更低。各人席次,皆由君主指定,务使诸席布置大汗皆得见之。人数虽众布置亦如此也。殿外往来者四万余人,缘有不少人贡献方物于君主,而此种人盖为贡献异物之外国人也。"②

从史料上看:"大汗之席位居于中央"与汉文化"南面而治天下"的文化传统一致。但汉文化中周王礼制将君、臣、父、子,长幼尊卑,由高到低都有各自的排序,妇女的地位并不高,这与后妃不能干预国政的制度有关。但蒙古统治者却不同,有着自己独特的文化,从史料上看,大汗的正妻可以坐在大汗席位的左边,"其第一妻坐其左",说明蒙古族妇女具有较高的社会地位。还有,在宫城建好之后的正式朝会中,有取酒之法,而男女取酒及饮酒之法皆同,即每人都需开怀痛饮。宴会上食物丰饶,"诸臣皆聚食于是,其妻偕其他妇女亦聚食于是。食毕撤席有无数幻人、艺人来殿中向大汗及其他列席之人献技。其技之巧足使众人欢笑"。③ 这种大型饮宴反映了蒙古族男女平等,同时,蒙古族与各民族歌舞同台演出,也是民族文化互动与融合的体现。

五 总结

从元大都城的规划到营建,最终元大都成为全国的政治与文化中心。

---

① 傅熹年:《中国古代城市规划、建筑群布局及建筑设计方法研究》,中国建筑工业出版社2015年版,第13页。
② 马可波罗:《马可波罗行纪》,上海世纪出版集团2001年版,第218页。
③ 马可波罗:《马可波罗行纪》,上海世纪出版集团2001年版,第218页。

在形成过程中，元大都体现了外在儒家文化、内在蒙古文化兼顾的营造特色。

1. 外在儒家文化特点

元大都城体现了皇权至上和"王者必居天下之中"的思想，整个大都城的部署都是围绕皇宫这个中心展开的，大都的主要街道呈南北走向，与东西干道纵横交错，如同棋盘，东西南北各有九条大街，呈九经九纬之状。"九九"是《周易》极阳之数，能用于国都的皇天之居所。在大都左边齐化门内有祖庙（即太庙），在大都的右边平则门内设有社稷坛。元大都的主要市场集中在积水潭东北岸的日中坊，取"日中为市"的意思，这些都体现了"周王礼制"是儒家政治思想。这说明元代统治者对儒家文化的认同。

2. 内在蒙古文化特点

从城市选址上看，城市以水为中心，宫城、隆福宫、兴圣宫分布在太液池周围，体现了蒙古族的"逐水草而居"特点。宫城外观是汉式宫殿式，但是宫殿的内部修饰都采用蒙古族毡帐的内饰，具有草原风格。还有朝会之仪也采取了蒙古族的特点。虽然元大都的设计者刘秉忠将儒、释、道的思想，反映在他主持规划设计的元大都布局之中，在宫城、皇城的建筑中也有所体现，另外，也黑迭儿从统治者蒙古族的生活习俗考虑，将蒙古族的特色也融入其中，展示了大都宫城皇城的草原与农耕二元文化交融的特点。

历史与记忆：国立北平图书馆新馆的建造与影响[*]

赵国香[**]

摘要：国立北平图书馆是中国近代最具影响力的公共图书馆。新馆是指 1931 年在中华教育文化基金董事会资助下北平图书馆建造的新馆舍，现为中国国家图书馆分馆。此建筑是国家图书馆历史上首次拥有独立馆舍，它外中内西的建筑样貌与布置形式符合现代图书馆的发展要求。新馆的建成在当时极大地推进了北平图书馆的业务工作，对北平市文化事业的发展以及民众教育的普及起到了重要作用，同时它还成为北平市的标志性建筑，受到中外游客的喜爱。

关键词：国立北平图书馆；新建筑；文化教育；图书馆事业

国立北平图书馆是中国国家图书馆的前身，原为成立于 1909 年的京师图书馆，1928 年 7 月更名为国立北平图书馆。1929 年 8 月国立北平图书馆与中华教育文化基金董事会[①]（以下简称"中基会"）主管的北平北海图书馆进行合组，馆名仍为"国立北平图书馆"，英文名为 National Library of Peking。两馆合组后，中基会开始正式筹建国立北平图书馆的新馆舍，地点选在北平北海西侧原清朝御马圈旧址。新馆建成后对北平市文

---

[*] 本文为北京市社会科学基金项目"近代北京博物馆与社会变迁研究（21LSC008）"、国家图书馆科研项目"国家典籍博物馆智慧化服务体系研究（NLC – KY – 2022 – 30）"阶段性研究成果。

[**] 赵国香，中国国家图书馆副研究馆员，历史学博士，研究方向为事博物馆史、图书馆史及近代社会史。

[①] 按：中华教育文化基金董事会，成立于 1924 年 9 月，会址在北京，主要负责保管、分配和监督使用美国退还的庚子赔款，退还的赔款主要用于发展中国的文化、教育及科技事业等。

化事业的发展以及民众教育的普及起到了重要的作用，同时还成为北平市的标志性建筑，受到中外游客的喜爱。本文以报刊文献及名人回忆的视角，集中探讨历史与记忆中的国立北平图书馆新馆及其在当时社会的影响与作用，从侧面反映近代图书馆事业在中国的发展。

一　国立北平图书馆新馆的历史

国立北平图书馆新馆的筹建工作始于1925年，是年9月28日负责管理美国第二次庚子退款的中基会第一次执行委员会议通过了与教育部在北京合办图书馆的议案。但由于教育部经费迟迟无法拨付，于是中基会在1926年自办图书馆，原名"北京图书馆"，1928年国民政府定都南京后，北京改称北平，北京图书馆随之改名"北平图书馆"，因与"国立北平图书馆"重名，又改为"北平北海图书馆"。在两馆还未正式合组前，中基会[1]就已经在谋划合组后北平图书馆新馆的建筑方案事项，并在国内外公开征集馆舍的设计方案，征集到的17份方案被全部打包送往美国，由美国建筑协会进行评选。最后选中丹麦人莫律兰（V. Leth-Moller）的方案，这一设计方案充分体现了中国传统宫殿式建筑的样式，与周边的故宫、北海公园等传统建筑融为一体，十分协调。蔡元培亦言："新馆之建筑，采用欧美最新材料与结构，书库可容书五十万册，阅览室可容纳二百余人，而形式则仿吾国宫殿之旧，与北海之环境尤称。"[2] 内部空间则是采用了当时西方最先进的建筑设计，室内空间得以充分利用，所有窗户全部使用玻璃，保证室内的充足光线，"阅览室光线还充足，并有很舒服的沙发供人休息……空气非常流畅……还有许多花草摆在各处适当的位置，景象极为肃穆"，[3] "内除门窗及天花板系纯木质外，其余概用钢筋洋灰砌制。内部装修，其焕美华丽"，[4] 在建筑后面还留有空地，预备后来的馆区扩建。也

---

[1] 按：1929年国立北平图书馆与北平北海图书馆合并改组后，北平图书馆由国民政府教育部与中基会共建，但因教育部资金不足，共建经费主要由中基会承担，中基会成为北平图书馆的实际管理者。

[2] 蔡元培：《1931年6月25日国立北平图书馆记》，载北京图书馆业务研究委员会编《北京图书馆馆史资料汇编（1909—1949）》，书目文献出版社1992年版，第1200页。

[3] 高鑑寰：《北平图书馆素描》，《庸报》1936年10月5日第11版。

[4] 《国立北平图书馆》，《时代》1931年第2卷第3期。

确实如此，在 1950 年代①和 1980 年代②，新馆舍曾先后进行过两次扩建。

1931 年 6 月 25 日，新馆舍落成，国立北平图书馆真正拥有了独立馆舍，并一跃成为当时国内设施最先进的图书馆。自 1909 年京师图书馆成立，其馆舍数次迁移。1909 年至 1913 年京师图书馆先是借用什刹海北迤的广化寺为馆舍，1912 年 8 月 27 日在此正式开馆，但由于馆舍环境对藏书不利，于 1913 年闭馆。1917 年京师图书馆再次借用位于方家胡同的原国子监南学旧址为馆舍重新开馆。1928 年 7 月更名国立北平图书馆，馆址迁往中南海居仁堂。直到 1931 年新馆落成，北平图书馆才结束了四处搬迁、没有固定馆舍的命运，开始稳定下来。

文津阁《四库全书》是北平图书馆的珍贵馆藏，新馆即将落成前，北平图书馆致函北平市公安局，希望将新馆门前的养蜂夹道南口改名为"文津街"。1931 年 5 月 18 日，北平市公安局函复北平图书馆，同意将北平图书馆"新址门前东起金鳌玉蝀桥西迤西安门大街一段，向无专名或指称养蜂夹道南口或指称三座门……拟将此段地方定名为文津街"。③"文津街"的名称一直沿用至今。后来，随着北平图书馆更名以及馆区的增多，这一处馆区也被称为"文津街馆区"。

二 记忆国立北平图书馆新馆

北平图书馆新馆建成后，在当时社会影响很大，社会各界对其关注颇多，赞赏褒扬之言不绝，即使多年之后回忆起北平图书馆新馆，众人也是赞不绝口。但同时也有部分贬斥之音。

（一）时人印象

1931 年 6 月 25 日，在北平图书馆新馆开幕仪式上，来自各国驻华公使及国内外学术机关代表共两千余名，他们对北平图书馆的新馆舍赞赏不已。蔡元培在致辞中言及："本馆建筑于辉煌富丽外，尚有两特长，第一

---

① 按：1954 年春，文津街馆区接建 6 层书库，1955 年 6 月落成并投入使用。
② 按：1982 年，文津街馆区增建的 4000 平方米阅览楼竣工，交付使用。
③ 《1931 年 5 月 18 日北平市公安局函复养蜂夹道南口外改称文津街函》，载北京图书馆业务研究委员会编《北京图书馆馆史资料汇编（1909—1949）》，书目文献出版社 1992 年版，第 330 页。

建筑上完全采用新式的科学方法，日光由外直接射入，避免弧线，室内绝无潮湿弊端。第二建筑以适合民族美术为条件，故外部纯为宫殿式。"① 北平市长胡若愚在致辞中充分肯定了北平图书馆新馆舍建成的意义，"考中国藏书事业，已有悠久历史，然以往公私藏书，率皆为私人或公家之保存，而非为民众阅览。今日北平图书馆落成，乃为图书馆事业发一异彩，非常庆幸"。② 美国人顾临（Roger S. Greene，1881—1947）认为北平图书馆新馆落成有助于北平文化上的发展进步，"国立北平图书馆落成，今日举行盛典，实为文化上重要之事实。北平原为中国文化之中心，此后复有如此美善之学术研究工具，北平文化上之进展，当有一日千里之势"。③ 早在新馆舍奠基之时，中基会干事长任鸿隽就曾言此建筑"能使我国宫殿式之建筑与新式图书馆相调和，可为我国图书馆建筑上开一新纪元"，④ 新馆舍建成，果然如其所想。为庆祝北平图书馆新馆落成，著名藏书家傅增湘特致函时任北平图书馆正副馆长的蔡元培、袁同礼，将所藏《正统道藏》书籍四种赠予该馆，"孑民、守和先生阁下：昨日新馆落成，获观盛典，私衷抃颂，莫可名言。兹拾奉正统道藏书籍四种送呈，聊表祝贺之忱。伏惟哂纳是幸。专此敬候台祺"。⑤

（二）报刊记载

当时各大报刊，如《华北日报》《新少年》《生活》《大亚画报》《良友》《中华画报》《庸报》等，对北平图书馆新馆舍有许多图文并茂的报道。《生活》杂志的作者"隽冬"前往新馆参观，"记者尚未下车，已经远远地看见这座金碧辉煌的伟大建筑，油绿的屋瓦，映着近午的阳光，闪闪烁烁，令人不禁神往"。⑥ 足见北平图书馆新馆在当时具有很强的地标

---

① 李文裿：《国立北平图书馆新筑落成开幕记》，《中华图书馆协会会报》1931年第6卷第6期。
② 李文裿：《国立北平图书馆新筑落成开幕记》，《中华图书馆协会会报》1931年第6卷第6期。
③ 李文裿：《国立北平图书馆新筑落成开幕记》，《中华图书馆协会会报》1931年第6卷第6期。
④ 《馆讯（十八年五月）：新建筑奠基礼》，《北平北海图书馆月刊》1929年第2卷第5期。
⑤ 《1931年6月26日傅增湘致蔡元培、袁同礼赠书函》，载北京图书馆业务研究委员会编《北京图书馆馆史资料汇编（1909—1949）》，书目文献出版社1992年版，第357页。
⑥ 隽冬：《国立北平图书馆参观记》，《生活》1931年第6卷第39期。

性，还未进入，即已令人神往。参观结束后作者发出感慨："中国历代藏书家本来很多，但非为自己研究之参考，即专以收藏为目的，能够为一般民众着想，给以难得的便利，当以此馆（国立北平图书馆）为第一，其造福于中国文化前途，诚匪浅鲜也。"①《华北日报》对北平图书馆新馆舍的评价也很高，"该馆（国立北平图书馆）非但为北平唯一之图书馆，亦且为中国著名之图书馆……故该馆每日之阅览者极形踊跃，每日可达千余人，阅览时间，每日为13小时，除可容二百余人之大阅览室外，尚有杂志、新闻、善本、四库、舆图各阅览室，以供阅览"。② 有一位叫野夫的作者特意去新馆参观，他在《新少年》上发表文章，夸赞北平图书馆新馆建筑的巍峨以及环境的优美，"（国立北平图书馆）建筑巍峨，红板金钉的大门辉煌耀眼，据说在北平城里，无论什么建筑都没有它的壮丽。从东边的旁门进去，满院都是清洁整齐的柏油路，两旁夹着剪齐的柏树，广大的花畦中，满种着各种美丽的花草。据说这些花草，都是由隔壁的生物调查所③设计种植的……环境佳妙，极适宜读书，所以每天前去看书的人很多"。④ 同时，对新馆中式外形、内部西式的设计也有述及，"图书馆的外形，完全是宫殿式的中国建筑，但走到内部，一切都是西式的建筑和设备了"。⑤ 野夫还在文中倡议大家一定要到北平图书馆，"没有到北平图书馆的朋友们，我劝你什么时候也去看看吧！因为里面的设备，处处替人家想的十分周到，不仅夏天凉爽，冬天温暖，有可读的书，有可交的朋友。就是饥饿的时候，后边还有厨房，两角一餐，馒头、米饭由你自择。如果你要尝尝西餐的滋味，朋友两人，有了一元法币，足够饱食之后兼坐车回家的费用了。价廉物美在别处是找不到的"。⑥ 1935年马芷痒的《北平旅行指南》出版，书中对北平图书馆也有推荐，对其建筑、设备及环境等多有翔实描写，作者认为北平图书馆"其建筑最新颖者为运书机与地砖。运书机可自挟阅书单由前楼至后楼索书，并运书转来，不用人力；地砖砌地中，有弹性，着皮鞋步其中，无橐橐声。室外余地尚多，大门之内，楼基

---

① 隽冬：《国立北平图书馆参观记》，《生活》1931年第6卷第39期。
② 《本市图书馆之调查：国立北平图书馆建筑壮丽，收藏丰富，每日阅览者愈千人》，《华北日报》1933年8月27日第7版。
③ 按：生物调查所，此处为静生生物调查所。
④ 野夫：《国立北平图书馆》，《新少年》1936年第7期。
⑤ 野夫：《国立北平图书馆》，《新少年》1936年第7期。
⑥ 野夫：《国立北平图书馆》，《新少年》1936年第7期。

之前，尚辟有花圃一片，圃径四边多立圆明园遗物。馆之四面，南北西三面为墙，东面邻北海为石栏，故北海全景昭然在目。大门外之二石狮，乃圆明园物。楼前亦有石狮二，较门外者稍大，系购自七爷府者。楼前石级，如禁城各殿，嵌有雕龙之石方，极雄伟壮丽"。①

时人对北平图书馆的新建筑、新设备以及优美的环境十分肯定，北平图书馆新馆也为时人展示了现代图书馆的样貌，即保存图书文献、开展公共阅览、提供学术支持以及启迪民智等，从而使得现代图书馆的功能与价值更加深入人心。

（三）名人回忆

袁同礼逝世后，1979年天一出版社组织出版了《袁同礼传记资料》一书，众多袁同礼的至交，在回忆起袁同礼时，总是会提到他担任北平图书馆副馆长时所建立的新馆舍，对此他们都是赞不绝口。前台北"故宫博物院"院长蒋复璁曾言："这个图书馆（国立北平图书馆）在形式上及精神上要有中国文化代表的象征，所以采用宫殿式建筑，仿照文渊阁的外表，内容则悉照现代图书馆的需要设计。对于中国善本图书的处置，则尽量采中国布置，好像在中国的书房。"② 同时，蒋复璁盛赞"北平图书馆真是美奂美轮，在中国是唯一富丽堂皇的图书馆。在世界国立图书馆中也是别具风味的一所图书馆"。③ 历史学家劳干也对北平图书馆新馆给予肯定，"北平图书馆建筑起来，在当时北平来说，的确是一个了不起的设计……北平图书馆在当时可以说是第一个在北平环境之中（尤其在北海风景区），一个无懈可击的现代建筑"。④ 图书馆学家吴光清在谈到北平图书馆新馆时，称赞"其建筑堂皇，设备至周，不独为中国最大之现代图书馆，在国际上，亦为别具风格之一馆。此一兼有古代建筑与现代设备之文化机构，

---

① 马芷庠：《老北京旅行指南》，张恨水审定，吉林出版社集团有限责任公司2008年版，第342页。
② 蒋复璁：《悼念袁同礼先生》，载朱传誉主编《袁同礼传记资料》，天一出版社1979年版，第6页。
③ 蒋复璁：《悼念袁同礼先生》，载朱传誉主编《袁同礼传记资料》，天一出版社1979年版，第6页。
④ 劳干：《记袁守河先生》，载朱传誉主编《袁同礼传记资料》，天一出版社1979年版，第15页。

于 1931 年正式开放"。① 著名教育家王世杰言:"我们可以说,中国之有现代建筑与现代管理的公立图书馆,应首推北平图书馆。"② 美国历史学家费正清对北平图书馆也有深刻印象,"这个(国立北平图书馆)是有效率的机关,应用最新的步骤及方法,来处理其珍贵的史料,正是中国学术界现代化的前驱,使我铭刻不忘"。③

北平图书馆新馆舍外中内西的建筑形式,是国人既学习西方又不忘记本民族传统的体现,这一时期国人的思想观念发生了很大转变,对于西方的思想、文化等不再像之前那般全盘接受,对待本民族的历史文化则更趋珍视,取二者最有益处而采之,其在现实社会的体现之一便是国立北平图书馆新馆舍。

(四)贬斥之音

当然对于北平图书馆的新馆舍,也并非全都是赞扬,也会有贬斥之音,如"房屋未免太阔绰了一点,书籍未免太寒碜了一点,也许在饱吸过资本主义空气的诸位馆长、主任们看来,花一百多万元来盖一所'皇宫'并不算贵。那么,我们就恭祝该馆的'房屋万岁'吧"。④ 此文作者是一名记者,因未被邀请参与北平图书馆新馆舍的开幕典礼,内心可能对新馆舍存有不满之情。再有,新馆舍虽然建成运行,但其内部书籍并不丰富,影响到读者阅览,甚至有读者在报纸上抱怨:"试问图书馆既然有钱盖那么大的楼,装饰门面,每年又有十几万的购书费,检那最常用、最著名、时常有人看的书,何妨不可多预备几部重本呢?"⑤ 北平图书馆的书籍匮乏只是一时的状况,随着新馆舍落成,北平图书馆的馆区空间得到极大扩充,藏书量也在逐年增加,书刊少的问题也逐步解决。据统计,自 1929 年至 1948 年,北平图书馆通过采购、捐赠、寄存、呈缴、调拨等途径补

---

① 吴光清:《袁守和先生传略》,载朱传誉主编《袁同礼传记资料》,天一出版社 1979 年版,第 30 页。
② 王世杰:《袁守和先生的贡献》,载朱传誉主编《袁同礼传记资料》,天一出版社 1979 年版,第 38 页。
③ [美] 费正清:《我所认识的袁守和先生》,载朱传誉主编《袁同礼传记资料》,天一出版社 1979 年版,第 34 页。
④ 《恭祝国立北平图书馆房屋万岁》,《白河周刊》1931 年第 1 期。
⑤ 《对于国立北平图书馆的几点批评》,《华北日报》1932 年 12 月 19 日第 9 版。

充的馆藏文献年均近35000册件。① 此时的国立北平图书馆已俨然成为亚洲最著名的图书馆之一。

三 国立北平图书馆新馆的社会影响

新馆舍的建成对北平图书馆乃至近代中国图书馆事业的发展具有重要意义，图书馆在中国的发展定位更为明确、各项功能不断健全，并对中国近代文化、教育事业产生深远影响。正如北平市党部代表董唯公在新馆舍开幕致辞中所言："中国图书馆事业尚在幼稚时期，北平图书馆能于此时落成，内含有重大意义。北平原为文化中心，今后有此大规模之图书馆成立，实为中国依附文化之进步，中国人民知识程度稍低，促进教育之责任，恐非学校所能单独负起，其不能入校读书或无力购书者，此后均可到图书馆阅览，对北平市民有充分之方便。"②北平图书馆为中国近代图书馆事业的发展起到了引领与示范作用。

（一）发展定位更加明确

国立北平图书馆的前身京师图书馆在创办之初，罗振玉曾订立《京师创设图书馆私议》，开篇言之："保固有之国粹，而进世界之知识，一举而二善者，莫如设图书馆。"③可知中国近代设立图书馆的目的，一为保存国粹，二为吸收世界知识。北平图书馆新馆是中西合璧的结晶，建成之后更加积极地搜购各类文献，接受各界捐赠，保存国粹，同时广泛开展书刊的国际交换、馆员互换、联合编目、接受寄存图书与文物等事务，各项图书事业发展较快。尤其在接受捐赠与寄存方面，成果显著。原国立北平图书馆馆长梁启超以身作则，逝世之后家人将其所藏捐出，在个人收藏转化为公家收藏方面，梁启超起到了很好的表率作用。"国立北平图书馆，自新馆成立以来，屡有海内外收藏家寄存珍籍古物之类，自新会梁氏将其家藏

---

① 李致忠主编：《中国国家图书馆馆史（1909—2009）》，国家图书馆出版社2009年版，第74页。

② 李文褀：《国立北平图书馆新筑落成开幕记》，《中华图书馆协会会报》1931年第6卷第6期。

③ 罗振玉：《京师创设图书馆私议》，转引自李希泌、张椒华编《中国古代藏书与近代图书馆史料（春秋至五四前后）》，中华书局1982年版，第123页。

书籍碑版寄存该馆之后，闻风继起。每岁有之。"① 梁启超的捐赠被认为是化私为公的典范，"梁任公先生全部书藏，寄存于国立北平图书馆之举，即为化私为公之一种模范行为"。② 这批书籍大大丰富了北平图书馆的馆藏，新馆舍为北平图书馆的发展提供了前所未有的条件。

民国时期的公共图书馆，服务对象更为广泛，关注平民，定位为平民文化教育机关。国立北平图书馆开馆之时便定下了藏书向社会公众开放的规则，"无论士农工商学界暨女学界，皆得入览"，③ 这不仅是传统藏书楼向近代图书馆转变的标志，同时也开启了中国图书馆开展社会教育的新篇章。正如袁同礼所言"近代治国者于政治修明之外，尤须窥其民智之通塞；而民智之通塞，又与其图书馆事业之盛衰相为表里。换言之，谓一国民智之表见，以及政治修明，俱系于此，亦未为过也。"④ 北平图书馆在1931年的馆务报告中言及，新馆的落成，"匪特所藏之书得一善藏之所，而本馆事业亦将继长增高，在教育上文化上莫不负有重大之使命焉"。⑤ 由此可以窥见，北平图书馆在教育、文化方面所担负的使命。

国立北平图书馆新馆的建成，不仅有利于文化的保存、教育的普及，同时也是重要的学术重地，为科学研究服务。蔡元培亦言："自兹以往，集两馆（国立北平图书馆和北平北海图书馆）弘富搜罗，鉴各国悠久之经验，逐渐进行，积久弥光，则所以便利学术研究而贡献于文化前途者，庸有既乎。"⑥ 袁同礼也明确指出，"其（国立北平图书馆）志在成为中国文化之宝库，作中外学术之重镇，使受学之士观摩有所，以一洗往日艰阒之风"。⑦ 1933年，时人李文裿编纂的《北平学术机关指南》⑧ 一书介绍北平的各学术机关，"国立北平图书馆"也在其中。

---

① 《侯官何氏寄存将辟专室陈列》，《申报》1932年12月11日第10版。
② 《北平国立图书馆今日开幕》，《国闻周报》1931年第8卷第25期。
③ 《国家图书馆档案》档章则1.1，转引自李致忠主编《中国国家图书馆馆史（1909—2009）》，国家图书馆出版社2009年版，第17页。
④ 袁同礼：《国立北平图书馆之使命》，《中华图书馆协会会报》1931年第6卷第6期。
⑤ 国立北平图书馆：《国立北平图书馆馆务报告》（民国十九年七月至二十年六月），1931年，第1页。
⑥ 蔡元培：《1931年6月25日国立北平图书馆记》，载北京图书馆业务研究委员会编《北京图书馆馆史资料汇编（1909—1949）》，书目文献出版社1992年版，第1200页。
⑦ 袁同礼：《国立北平图书馆之使命》，《中华图书馆协会会报》1931年第6卷第6期。
⑧ 李文裿：《北平学术机关指南》，北平图书馆协会1933年版，第137页。

（二）服务功能不断健全

随着北平图书馆各项功能的不断健全，图书馆的服务能力大幅提升，建筑的防潮、防火以及所藏文献的安全也得到了极大的保障，新馆将原北平图书馆的文献以及原北平北海图书馆的文献进行整合，合为一处保存，极大地方便了读者的阅览。时有《大公报》记者评价北平图书馆，"北平之文化中心，不在有光荣历史之北大，更不在师大、清华、北平研究院等，而在国立北平图书馆。不特其规模壮大，收罗宏富，一时无两，即其陶冶学者之处，亦非任何学校所能及"。① 也确实如此，自北平图书馆新馆舍开馆以来，很受读者喜爱，读者接待量不断提升，"国立北平图书馆自开馆以来，阅览者日有增加，从前每日不过数十人，现在每日恒超过五百人，内专门阅书者约二百人。阅览室原设座位可容162人，因鉴于阅览者之踊跃，为满足读者求知欲便利起见，又添设30余座，仍有不敷应用之感"。② 新馆舍的建成不仅大大便利了学者的研究，也满足了民众的求知欲望。

（三）社会影响不断扩大

国立北平图书馆新馆建成后甚至成为北平市的标志性建筑物，吸引众人参观。"当我们走上北海白塔而俯视终年弥漫着烟雾的北平市的时候，最先就可以看到海西岸那座碧瓦辉煌的中国宫殿式的大建筑物。初到北平的人们很少猜到，那是保藏中外古今各种类图书，著名于世的国立北平图书馆。"③ 北平图书馆新馆舍近靠北海公园，建筑巍峨高大，特别显眼。"出北海公园，过了金鳌玉蝀桥，走不远便可以看见涂着金红色油漆的三座大门，'国立北平图书馆'那几个金字的牌匾便挂在中间门的上端。是如何的庄严美丽，是如何的令人起敬啊！"④ 新馆舍内部环境安静舒适，十分适合在此读书、学习、做研究，"院子的四周，满种着树木和爬藤，非常静雅……很少听见其他声音"。⑤ 选在北海公园旁边也是为了方便读者，

---

① 大公报记者：《调查：国立北平图书馆访问记》，《民众教育》1931年第3卷第4—5期。
② 《国立北平图书馆之近况》，《中华图书馆协会会报》1932年第4期。
③ 高鑑寰：《北平图书馆素描》，《庸报》1936年10月5日第11版。
④ 高鑑寰：《北平图书馆素描》，《庸报》1936年10月5日第11版。
⑤ 高鑑寰：《北平图书馆素描》，《庸报》1936年10月5日第11版。

读书疲倦了可以去公园转转,逛公园累了,可以来图书馆坐一坐,翻阅几本书籍、报刊,增长知识,"读疲乏了,可以到外边舒畅舒畅脑筋,院里的柏树墙内有亭子。不然,可以逾过东边的洋灰小墙,到北海的北岸上看看海里划着船有说有笑的摩登哥儿姐儿。饿了,西北角有很清洁的饭馆,脚踏车便存这个地方"。① 而靠近北海公园,临近水源,也是出于消防灭火的考虑。这样的选馆原则,也影响着后来国家图书馆总馆的规划设计,国家图书馆总馆位于北京市海淀区紫竹院公园的旁边,靠近南长河,亦是依据这样的选址原则。

1947年《经世日报》的记者"带着不得已的任务"前去北平图书馆,便被北平图书馆的建筑及布置惊叹到了,"一道深厚的红墙把外面的车水马龙的喧嚣与图书馆隔成了两个天地……走进馆内,那古色古香的布置装饰,那雕花的窗棂,垂着红色流苏的宫灯,那天花板上画满了绿色的波纹、爬龙和植物的图案,使人感觉到和平敬慕……我进来时砰砰跳着的心,也慢慢地安静了。我想能忙中偷闲来到这里读书的人,有福了"。② 作为北平市的标志性建筑,而且是中外合作的成果,极受中外人士的喜爱,"(国立北平图书馆)建筑壮丽,收藏宏富,故北平之大中小学生,及各界人士等,均极乐于前往,外地来平之人士,每为参观与游览时,亦必先行至此一睹为快"。③ 来北平的团体游览,在行程中也会特意安排北平图书馆新馆舍的参观,"游毕(故宫博物院)出景山门西行,至北平图书馆参观后再回饭店"。④ 北平图书馆新馆舍也曾多次接待外宾,如1933年9月,瑞典亲王卡尔到北平游玩,就曾前往北平图书馆参观。⑤ 不仅如此,北平图书馆新馆舍还成为举办展览的首选之地,据统计,1929年至1936年间,北平图书馆共举办展览14场,其中在新馆舍的展览有9场。⑥ 尤其是在1931年新馆建成后,北平图书馆的展览基本是在此处举办。

---

① 高鑑寰:《北平图书馆素描》,《庸报》1936年10月5日第11版。
② 尹崇德:《访国立北平图书馆》,《经世日报》1947年1月8日第2版。
③ 《本市图书馆之调查:国立北平图书馆 建筑壮丽,收藏丰富,每日阅览者逾千人》,《华北日报》1933年8月27日第7版。
④ 马芷痒:《老北京旅行指南》,张恨水审定,吉林出版社集团有限责任公司2008年版,第253页。
⑤ 《瑞典亲王游华印象》,《申报》1933年9月9日第13版。
⑥ 王致翔:《国家图书馆早期(1929—1936)举办的文献展览》,《国家图书馆学刊》2005年第2期。

四 结语

现代意义上的图书馆自近代传入中国，具有更新观念、开化风气的作用，发展到民国时期已是小有规模，其中以国立北平图书馆为代表，尤其是1931年北平图书馆新馆舍建成后，其重要性与受关注度愈加凸显。不仅时人对其赞赏有加，即使多年之后，在回忆起新馆舍时，大家依然对其充满褒扬。新馆舍建成至今已有90多年的历史，如今作为国家图书馆的分馆，依然承担着搜集、整理、保存图书资料以供人阅览及开展各项教育活动的职能，它不仅是国家图书馆的重要组成部分，还是近代时期国人思想观念发生转变的体现，更是中国图书馆事业发展的见证。

20 世纪初日本人的北京观察初探*

龚 卉**

摘要：20 世纪初，来自日本的政府官员、留学生、文人、学者、技术员、商人等各种人员纷纷进入中国，留下了与北京相关的丰富记录。目前游记关注较多、整理较为充分，调查报告和北京话教材也从不同侧面展现北京历史风貌。这些关于北京记载的作者，虽其写作目的各有不同，却从不同方面还原了 20 世纪初的北京历史风貌。这些材料对于北京研究有着重要的史料价值、社会价值，能够较好地补充和完善对 20 世纪前半期北京社会状况的了解。

关键词：20 世纪初；北京观察；游记；调查报告；中国学

从 19 世纪末起，中日之间的交往关系发生了颠覆性的变化。中国由被学习模仿的典范转为向日本取经的学生，中日之间的交流进入一个新的阶段。尽管这一时期中日之间的地位发生了变化，但是日本对中国的关注和重视仍然高于中国对日本的关注。清政府直到 1877 年才正式派遣驻日公使，而日本则在 1871 年与中国签订友好通商条约之后的次年初，迅速在上海、福州设置领事馆，后来又陆续开设了香港领事馆、北京公使馆等。除官方使者派遣之外，日本的各种民间组织和团体也热心地投身于打通中日之间的交通渠道和开展中国调查。其中 1875 年三菱商会开通了横滨至上海的定期航线，每周一班航行。同年 8 月，有公司开通了日本—芝

---

* 项目资助：本文为北京学研究基地开放课题"民国时期古都北京日文文献整理研究"（项目号：BJXJD‑KT 2021‑YB04）的阶段性成果。

** 龚卉，北京联合大学北京学研究所助理研究员，研究方向为中日交流史、北京历史文化。

罘—天津的不定期航线，使日本人的中国之行更加便利。到20世纪初，来自日本的政府官员、留学生、文人、学者、技术员、商人等各种人员纷纷进入中国，留下了丰富的文献记载，北京作为清末民初中国社会变化的中心舞台，是上述记载的重要对象之一。目前部分日本学人的中国游记、小说等作品结成系列出版，① 但总体来看大量相关日文材料尚待翻译整理，通过对这些材料的综合整理，能够较好地补充和完善对20世纪前半期北京社会状况的了解。

一

20世纪前半期日本人关于中国的相关记载主要包括日记游记、调查报告、语言学习、历史照片、文学作品等内容。其中游记目前关注较多、整理较为充分。日本各地方或高校研究机构所收藏的行记数量极大，② 单在日本国立国会图书馆东洋文库所编《明治以降日本人的中国旅行记解题》中就收录400余种日本人的中国行记。

撰写中国游记的个人和团体非常多，其中团体组织包括日清贸易研究所、东亚同文书院、满铁调查部等。东亚同文书院每年都会组织毕业生分批前往中国各地和东南亚等地区进行调查旅行，所有参与者回国之后都有义务要撰写调查报告，因此目前东亚同文书院留下的游记最多，其中包括1911年的《旅行纪念志》、1912年的《孤帆双蹄》、1913年的《乐此行》、1914年的《沐风栉雨》，另外在1916年至1920年的四年间出版了18卷《中国省别全志》。个人撰写的游记中，代表性的有德富苏峰的《中国漫游记》《七十八日游记》、服部宇之吉的《北京笼城日记》、阿部知二的《北京》、横光利一的《北京与巴黎》、小栗栖香顶的《北京护法论》《北京纪游》、奥野信太郎《北京留学》、内藤湖南《燕山楚水》、吉川幸次郎的《我的留学记》、岛田虔次和冈千仞等人的相关游记等。这些人按

---

① 关于20世纪前后日本人的中国行记录的系列作品，有中华书局2007年出版的《近代日本人中国游记》13册，北京联合出版社2016年出版的《外国人眼中的北京》8册等。其他还有专题性的日文材料整理出版，如光明日报出版社1999年出版的《两个日本汉学家的中国纪行》，中华书局2006年出版的《日本学人中国访书记》等。代表性的研究学者有张明杰、钱婉约、王青等人。

② 张明杰：《近代日本人中国游记总序》，中华书局2008年版，第3页。

照身份大体可以分为四类：第一类是政府官员，第二类是以记者、艺术家、留学生为代表的文人学者，第三类是商人或实业家，第四类是宗教界人士。这些人的份不同，到中国游历的目标和关注点也有不同，总体来说，个人和团体留下的游记对中国社会的方方面面都做了较为深入地考察和梳理。

除了大量的游记，还有大量对北京时局、社会、世情、风俗等方面的专题性记述。其中日本的中国学研究者的成果非常有价值，在质量和影响力上具有突出的优势。较为典型的有青木正儿著作《北京风俗图谱》。青木正儿曾经于1922年和1925年两次到访中国，他将在中国各地的旅行见闻发表在《支那学》杂志上，在日本国内有一定影响。青木正儿在北京游学期间，对北京的风俗民情表现出了极大的兴趣，他邀请了中国画师刘延年绘制了100多幅风俗画，即《北京风俗图谱》中的绘画部分。[①] 1926年7月，青木将风俗画带回日本，在日本东北大学保存很长一段时间后，由平凡社力邀另一位中国学学者内田道夫增加解说之后出版。青木正儿的《北京风俗图谱》从具体的市民生活情景和社会风俗礼仪细节入手，"岁时和名胜的结合……把岁时与城市里的名胜古迹或场景联系在一起"，[②] 以一件件具体的器物来考证民俗，用100多幅充满细节和动态的风俗画，呈现了历史中的北京社会风貌。伊东忠太对中国建筑的考察也是其中代表，著有《中国建筑史》《中国建筑装饰》等书。伊东忠太曾先后六次到中国考察建筑，1901年第一次到北京时正值八国联军占领北京，他重点对紫禁城及其建筑进行详细考察，后来出版了图录《清国北京皇城》和《清国北京紫禁城殿门之建筑》。[③] 还有满铁北支事务局组织了一批记者、学者对中国开展深入调查的成果，如收入"北支丛书"第二辑的加藤新吉《北京年中行事》，东亚经济调查局编写的《北京情报》等。另一类较为集中的作品是学习北京话的相关教材，这些教材有时会假设一名到北京的日本人遇到各种场景时可以使用的对话，因此内容不仅限于简单的词汇语言，比如加藤镰三郎的《北京风俗问答》，通过对北京风俗习惯中的常见问题并通过解答来学习北京话，其中保留了不少老北京的风俗，还有冈本正文的《北

---

① 参见［日］内藤湖南、青木正儿《两个日本汉学家的中国纪行》，王青译，光明日报出版社1999年版。
② 陈平原：《日本汉学家笔下的近代北京风俗》，《解放日报》2020年11月24日。
③ 参见张明杰主编《中国纪行——伊东忠太建筑学考察手记》，中国画报出版社2017年版。

京纪闻：言文对照》等。其他较为专门的语言教材有小路真平、茂木一郎的《北京官话常言用例》，高桥正二的《北京官话声音谱》，濑上恕治的《北京官话万物声音：附感投词及发音须知》，宫原民平的《北京声音弁》《满洲国语文法：现代支那语、北京会话》等。

最后还有一类较为特殊的调查报告，如南满铁道调查部的《北京西山煤田调查资料》，该资料编入贵志俊彦、井村哲郎、加藤圣文等人于2013年出版的《战前战中亚洲研究资料7》之中，南满铁道社长室情报科编写的《北京政府政治组织纲领》《1900—1924北京物价劳银及生活费》和满铁经济调查会主编的《民政部主办洮安、北京镇、延吉、承德都邑计划协议会议事抄录》等，各种报告多收在《南满铁路调查资料》当中。此外关于北京城市建筑和规划建设的相关资料，也是非常珍贵的材料，包括《北京都市建设计划（1937年—1945年）》《北京都市计划要图》《支那北京城建筑》《支那北京城内绘图》《新订北京市街地图、新订天津市街地图》等。

二

20世纪初来到中国的日本人数量较大，身份复杂，来到中国所从事的工作、访问目标等都有较大的不同。

明治维新之后的日本，对内完成了以天皇制和国家神道为中心的近代国家建设，对外一方面加强与西方列强的联系以谋求对等国家地位，另一方面也进一步加强对周边国家，尤其是中国的调查探访。进入20世纪，日本举国上下进一步关注中国，这既有日本一贯以来对中国关注的惯性影响，更多还是出于战争和殖民的信息情报需求。1912年中华民国元年，明治天皇去世，大正天皇即位，日本正式进入大正时期。日本社会各种思潮和社会力量之间的纠缠变得更加激烈和多元。

来到中国的人员之中，高校或研究机构的人员居多，他们之中有获得政府资助的访学者、留学生，还有获得民间团体资助的访问者以及自费学者，比如1923年日本以庚子赔款建立了"外务省东方文化事业总委员会"，该委员会主要资助留学生或大学教师来中国学习进修，还在中日的主要城市设立人文科学和自然科学研究机构，其中在东京和京都两地的机构就是今天东京大学东洋文化研究所和京都大学人文科学研究所的前身。

吉川幸次郎也是受到了委员会等多方的资助在北京留学三年。

这些访学者、留学者多为中国学的专业研究人员，主要在中国的各种历史名城，尤其是可获得古籍文物的地方出入频繁，他们还多有访书、购书或古玩文物的活动，"最能反映时代学术的需求"，他们多留下访书记录或回忆文章，他们的成果又称为"此后日本中国学研究的课题之一"。① 这些学人与日本高等教育制度改革和日本中国学的发展变化关系密切。

日本教育制度近代化可以从日本的汉学与中国学之别中窥见一斑。② 对中国古典学问的学习和研究一直是日本古代贵族以及知识分子的日常修养之一，在江户时代，日本对汉学的研究和推崇达到新的高度。江户时期朝廷设立了昌平黉作为研习汉学的最高机构，各地方也设立了藩校，还有各种私塾等，这构成了一个较为系统的汉学研习体系。到了19世纪后半期，明治维新与西化政策对汉学研习形成了较大冲击。1877年日本第一所近代高校——东京大学成立，其中设立了汉文学科和稍后的"支那古典讲习科"，希望在西学的冲击下保留日本传统学问的星火，以大学中的汉学专业为基础培养了一批从日本传统汉学向近代中国学研究转变的过渡学者。在西方近代学科体制中诞生了新型的中国研究，作为代表的正是将西方实证史学引入中国史研究的东京帝国大学"支那史"专业。1894年在那珂通世的倡议之下，那珂通世、重野安绎、桑原骘藏等人成立"东洋史学"，此后东洋学会、东洋哲学会纷纷成立。"在主要以东京为中心的东洋史、东洋学建立前后的一段时间内，在京都……研究中国的学术圈内，存在着不同于东京'东洋史学'的倾向。"③ 1920年，狩野直喜、内藤湖南、冈崎文夫等人的学生辈创办《支那学》杂志，以此为阵地形成了"京都支那学"，以新的视角来加强对中日古典的批判，进而寻找现代化的有效途径。于是在日本的中国学研究群体中，形成了以白鸟库吉为代表的东京学派和与之分庭抗礼的内藤湖南等为代表的京都学派。其中京都学派成员之一的青木正儿等人是最早一批向日本社会介绍中国"五四运动"新文学主张的学人。他们中的很多人持着深入了解研究对象的目标来到中国游学、访问和游历，他们关于中国的著述具有极高的专业性和开拓性。

---

① 参见[日]内藤湖南、长泽规矩也等《日本学人中国访书记》，钱婉约、宋炎译，中华书局2006年版。
② 参见钱婉约《从汉学到中国学——近代日本的中国研究》，中华书局2007年版。
③ 钱婉约：《从汉学到中国学——近代日本的中国研究》，第34页。

另外还有一些民间团体或私人机构主要出于商业目的派出的从业人员来到中国。他们中有日本民间藏书机构工作人员，有书店老板，有报社专栏作家等。代表人物如《九州日报》记者村上知行创作了不少以北京为中心的作品，包括《北京的历史》《北京十年》等，此外还有林拥书城的岸田吟香和松云堂等书店老板留下的采购记录和古籍目录等资料。

20 世纪初尤其是二三十年代以搜集情报信息为专门目标的游历，有日本政府专门部门派出的官员、行政人员，还有被相关部门招募的高校或研究学者的学人、记者等。"南满洲铁道株式会社"是较为突出的代表。1906 年日本政府成立满铁公司经营南满铁路及其附属地的统治事务，情报工作是一项重要工作。根据目前能看到的满铁相关资料，可以看到搜集的包括杂志、剪报、报表、档案等多种材料，总体来看经济方面的材料较多，尤其是对东北、华北地区的农业、工商业、矿产、货币状况等都有极为详细的记载。1931 年满铁与日本关东军公开合作成立经济调查委员会，接受关东军的各种调查任务，并且参与伪满洲国的各项经济政策的制定。1945 年日本战败之后，满铁停止运营。满铁的调查部门于 1907 年成立，1908 年改为调查课，包含法制、产业、商事、贸易统计、交通、俄国、资料等下属部门。1927 年满铁将调查课扩充为情报课，下设情报和弘报两大科室，另外还设立了临时经济调查委员会，两年后裁撤。此后又经历一系列改革和调整，1943 年成立满铁调查局。[①]

综合来看，从 19 世纪末到 20 世纪初，商业利益对于来华的日本人及其组织团体具有较高的吸引力，当时很多官话教材多是以商业交流为主要内容，追求"快速、简单"交流即可。随着日本的中国研究不断深入，在官话教材之中越来越多地出现风俗民情、历史文化等更加丰富多元的内容。20 世纪初，随着日本对外战争的扩大，出于战争情报需求的调查报告增多。满铁作为 20 世纪初日本政府统治中国东北的主要机构之一，为了提供更加准确有效的统治政策，对中国东北、包括北京在内的华北地区的政治、经济、社会等各方面进行深入系统地调查。这些调查材料从客观上来讲对于了解当时的中国社会有着积极作用。

[①] 参见厉莉、高健《满铁资料与有关研究概况》，《图书情报工作》2000 年第 1 期；戴伟《"满铁"调查机构的设立》，《黑龙江档案》2018 年第 4 期。

三

20世纪初,来华日本人所留下的各种记录有着不同的形式和目的,但是这些记录对于还原和丰富20世纪初北京的历史风貌、风俗民情、经济社会有着较高的史料价值。同时这些记载包含清末民初的北京官话信息、传统习俗、北京城市建筑图像等多样化信息,也有较高的研究、教育价值。

以东京学派和京都学派为代表的日本中国学研究者们对北京的记载具有极高的研究功力和史料价值。以青木正儿的《北京风俗图谱》为例,该书分为风俗画和解说两大部分,风俗画包括岁时、礼俗、居处、服饰、器用、市井、游乐和伎艺八个方面共计117幅图画,解说以风俗画为线索,援引唐诗、宋词、元曲、明清小说和经义典籍进行注释。青木正儿提到自己受到《点石斋画报》的启发,形成了征引故图考证风俗器物来研究中国风俗的思路。他说:"我觉得,北京虽然还保留着很多旧的风俗,但也逐渐随着西化而消失。如果现在不将其记录下来,不远的将来就会湮灭。"①可见青木正儿在记录北京的相关见闻时,有着较高的历史自觉。需要注意的是,"大正时代是日本人对中国最不怀敬意的时期",日本社会对中国蔑视达到顶峰,而对欧洲的崇拜相应进入新高度。京都学派主张用中国人的方式理解中国,提倡学习汉语、汉文写作,进入中国人的生活,如青木正儿、吉川幸次郎等人都成为战后中日友好交流的代表人物。

20世纪初,北京作为政治中心,成为大多数来华日本人必到地点之一,对于北京的观察成为了解中国的重要窗口。明治之后著名的社会运动家德富苏峰到过北京,他认为作为传统礼仪之邦的中国和作为其代表的北京,其衰弱和贫困令人遗憾。另外还有如1914年作为袁世凯的顾问有贺长雄的秘书来华的中江丑吉,以及担任日本众议院议员的鹤见佑辅在20世纪20年代前后所完成的相关作品。1924年大日本雄辩会将其中的《北京的魅力》等杂文辑为一册,出版了《思想·山水·人物》一书。需要注意的是后面两人与同时期的大多数日本人,尤其是以德富苏峰为代表的民族主义高涨的政府官员不同。鹤见佑辅提到"芥川写的游记讲了中国的坏

---

① [日]青木正儿编、内田道夫解说:《北京风俗图谱》(全二册),平凡社1971年版。

话,在中国评价很不好","我一面陶醉在支那生活的空气中,一面深思着对于外人有着'魅力'的这东西……眼见目睹着悠久的人文发达的旧迹,生息于六千年的文化的消长中,一面就醒过来,觉得这是人生。……支那人的镇静,纡缓的心情,于是将外国人的性急征服了。"

1937年日本发动全面侵华战争占领北京之后,制定了一个《北京都市计划》。计划在北京原有的城市空间格局基础上,根据近代都市理论在北京进行城市建设实验。该规划包括延长东西轴线的长安街、建设东郊和西郊、新建一条以万寿山为起点的南北轴线等方案。这一规划设计对于了解当时北京城市空间变迁和历史特性都有极高的参考价值。

20世纪初作为中日交流史上的新时期,留下了大量珍贵的文献图片资料。它们数量众多、形式多样、内容多元,为我们了解这一时期的北京乃至中国社会都提供极好的参考。目前虽然已经得到学界越来越多的关注,但是大量的外文材料尚未被译介到国内,仍然有较大的研究空间。

游记视角下民国时期三山五园的历史形象研究

张 超 尹 凌*

摘要："三山五园"是位于北京西郊的清代皇家园林的统称。民国时期，"三山五园"完成了由皇家园林向城市公园的转变，这一变化使得普通民众可以自由地前来参观游览。当民众们游览完"三山五园"后，还会通过写游记这种方式，记录自身游览"三山五园"的整个过程，同时也在游记当中表达自己对"三山五园"的评价与感受。本文通过收集民国时期的游记，整理跟"三山五园"的相关内容，分析总结当时民众对"三山五园"的认知和游览感受。

关键词：三山五园；民国；游记

引 言

"三山五园"是对北京西郊沿西山到万泉河一带清代皇家园林的统称。其中"三山"包括万寿山、玉泉山、香山，"五园"包括颐和园、圆明园、静宜园、静明园和畅春园。[①]

截至 2022 年 12 月 7 日，笔者在中国知网（CNKI）文献总库里，以"三山五园"为精确检索词对公开发表的中文文章进行全文检索，共检索到文献 3614 条。如果进行主题检索，与"三山五园"相关的有 268 条；

---

* 张超，北京联合大学 2022 级中国史硕士研究生。尹凌，北京联合大学应用文理学院历史文博系副教授，研究方向为世界古代史、中西文化交流史。

① 关于三山五园的具体含义有不同理解，参见何瑜《三山五园称谓的由来及其历史地位》，《北京联合大学学报（人文社会科学版）》2014 年第 1 期。

以"三山五园"为关键词的文章,有252条;篇名中包含"三山五园"的文章有159条。在硕博论文正文中,提到"三山五园"的有777条,主题中包含的有11条,以"三山五园"为关键词的有17条,作为篇名的有5条。而对于"三山五园"的研究,主要体现在三个方面:第一,从文化遗产保护与利用方面进行研究;第二,从提升城市功能方面进行研究;第三,从历史与文化方面进行研究。

近年来,关于"三山五园"的研究出现了一些新成果。有从民国旅游指南角度进行的研究,① 还有从外国人游记角度进行的研究。② 目前尚无学者从民国游记的角度对"三山五园"进行研究。

民国时期,随着北京城市规划和市政建设的发展,以"三山五园"为代表的北京西郊的清代皇家园林功能发生转变,昔日传统的皇权政治空间逐渐向人民大众开放,加之近代公共交通体系的发展,"三山五园"成为民国时期北京重要的旅游观光胜地,吸引了大量来自京城内外的游客。有些游客会在游览结束后,通过游记记录自己整个游览过程以及对于"三山五园"的认知。本文对通过这些游记中对"三山五园"的记述,深入了解民国时期"三山五园"的历史形象,以及这些游记作者对"三山五园"的认知。

一 民国三山五园游记的文本分析

本文共收集关于"三山五园"的游记76篇,多刊载于《旅行杂志》《地学杂志》《现代评论》等民国时期的著名杂志上。目前搜集到有关于"三山五园"记述的游记,主要分为两种类型,分别是记述性游记以及功能性游记。

(一)记述性游记

记述性游记主要是游记作者对某一景点游览的整个过程进行记述,其中有提及该景点的环境,还有作者本人对这一景点的评价,以及对该景点或者这次游历的感受。其特点是从作者的主观视角出发,令读者可以通过

---

① 尹凌、万思凡:《民国旅游指南中三山五园的形象研究》,《文化产业》2021年第14期。
② 尹凌、李泽坤:《西方人游记中的三山五园》,《北京日报》2021年11月8日第11版。

感性认知，对某处景点进行较为全面的认识。记述性游记类似于日记，因为日记可以记录日常生活中的点点滴滴，尤其是一些最有代表性或者令人印象比较深刻的事情，它能够让日记作者，还有后人了解到作者在当时的生活情况，每天都发生了哪些事情，以及作者对当时发生的某一件事件的看法。当然在这些游记当中，还附有作者在游览过程中自己或他人拍摄的照片。

（二）功能性游记

与记述性游记主要从主观视角出发点不同，功能性游记从客观视角出发，主要是对某一景点或者某一城市的具体情况进行介绍，就像旅游指南一样，关于衣食住行等方面都会提及，供游客参考。

二 游记作者及游览动机分析

对民国游记作者群体的分析主要是围绕职业选择和教育背景两大方面进行考察，主要包括以下几类。

第一类是在各大学、研究会、学会等机构的教授和学者，他们是"三山五园"游记作者群体的重要组成部分。除了专门从事教学及研究的教授学者外，还有同时从事其他职业的兼职教授，比如《北游旅程》的作者赵君豪，其先后担任过报社记者、编辑、编辑主任等职，后被聘为某杂志主编，之后又兼任大学教授。[1]

第二类是学生，比如《雪后游西山》的作者小芳就是一名在校大学生。[2] 在笔者搜集到的游记当中，有一些游记是由中学生创作的，比如《游颐和园记》的作者范德盛。[3] 除此之外，还有小学生创作的游记，比如《香山游记》的作者王兰是一位六年级的小学生，[4]《游颐和园所见》的作者于鼎是一位三年级的小学生。[5]

---

[1] 周博：《民国新知识群体的国内旅行研究》，博士学位论文，东北师范大学，2019年，第17页。
[2] 周博：《民国新知识群体的国内旅行研究》，博士学位论文，东北师范大学，2019年，第18页。
[3] 范德盛：《游颐和园记》，《学生》1921年第8卷第3期。
[4] 王兰：《香山游记》，《孔德校刊》1933年第30期。
[5] 于鼎：《游颐和园所见》，《孔德校刊》1934年第39期。

第三类主要包括报社或者出版社编辑，比如《北平秋旅》的作者秦瘦鸥，就曾担任过出版社总编辑、编辑室主任、编审等职。①

除了上文提及的这些主要群体外，还有其他作者群体，比如《青岛济南北平北戴河的巡游》②的作者郁达夫是一名文学家，《北平西山游记（二续）》③的作者褚民谊是一名政府官员。④

值得一提的是，根据这些游记作者们的身份，可以将他们归纳为"新知识群体"。⑤ 而这些新知识群体游览"三山五园"的动机，有的是独自或与他人出于休闲娱乐的目的前去"三山五园"游玩，有的是借到北京工作出差之便游玩，还有是来北京旅游期间前去"三山五园"参观游览。

三　民国游记中关于三山五园的记述

民国初期，京都市政公所推行"公园开放运动"，⑥ 使得"三山五园"中的各个皇家园林像故宫、天坛、社稷坛等地一样，逐渐向公众开放。很多游客在游览"三山五园"后都撰写了游记，记录游览经历，留下了大量的游记类文献。根据这些游记中的记述，可以了解到民国时期"三山五园"的重要信息。

（一）交通工具

在了解这些作者参观"三山五园"的所见所闻前，首先要了解的是他们是如何前往"三山五园"的。通过这些搜集到的游记，可以得知当时前往"三山五园"参观的民众，主要是通过乘坐汽车前往的，比如《颐和园

---

① 周博：《民国新知识群体的国内旅行研究》，博士学位论文，东北师范大学，2019年，第19—20页。
② 郁达夫：《青岛济南北平北戴河的巡游》，《旅行杂志》1935年第9卷第1期。
③ 褚民谊：《北平西山游记（二续）》，《旅行杂志》1930年第4卷第3期。
④ 周博：《民国新知识群体的国内旅行研究》，博士学位论文，东北师范大学，2019年，第21页。
⑤ 按：根据周博《民国新知识群体的国内旅行研究》一文中，可得知"新知识群体"主要是一些教授、教师、学生、编辑、记者、政府官员、公务人员、企业家等，并且他们游览某处旅游景点的主要动机，分别为"性本好游"、逃离城市喧嚣、避暑旅行，在出差期间游览、探亲旅行等。
⑥ 王丹丹：《北京城市公共园林的发展与"公园开放运动"》，《中国城市林业》2018年第2期。

旅行记》里，作者在开头就提到："早晨六时余至学校，八时乘车至万寿山游览"；① 还有像是《香山游记》中作者提到："校长和诸位先生带着我们同学六十多人，出校门坐汽车，出西直门"；②《故都屐痕》中也提到从西直门乘坐公共汽车，因为这样"即廉且速。最为合宜"，③ 不过当时作者正好遇到公共汽车停驶，所以乘坐人力车前往，单程用时为一小时五十分钟。

前往"三山五园"进行游览的作者们，因其出发地的不同，其选择的交通工具也不同，比如作者居住在城里，如果考虑到费用以及时间的问题，则在西直门乘坐汽车是最佳选择，或者在城里乘车，途中经过西直门，之后再前往"三山五园"地区。但如果作者是在清华园、燕园等"三山五园"附近的地点出发，则可以选择除汽车外的其他交通工具前往，比如《颐和园游记》里作者就提到："为了俭省一两块钱，乘着游春的浓兴，便在第二天拂晓的时候，独自雇一辆洋车，由燕京大学的东门出发，向西而去"。④

（二）旅游设施

在前往"三山五园"的路途中，游记作者们记录了当时前往"三山五园"的道路状况。颐和园距西直门约十七八里，看似距离不远，但是"道路崎岖。颠簸殊甚"。⑤ 还有作者提到当时的道路"宽约三丈。两旁铺槐石。各约宽七尺。中间实以寻当土"。⑥

当这些游记作者来到"三山五园"后，他们可能会遇到一个新的问题，那就是票价。笔者从这些游记里，了解到一些关于各个园林景点的门票信息，主要在颐和园和静明园这两处园林有提及，比如《故都屐痕》中作者提及："门票统票售二元四角"，⑦ 还有"头门便得两大元，且园内⑧

---

① 王达洛：《颐和园旅行记》，《孔德校刊》1934 年第 40 期。
② 玉霞：《香山游记》，《儿童》1925 年第 29 期。
③ 张涤俗：《故都屐痕》，《旅行杂志》1932 年第 6 卷第 2 期。
④ 陈灵谷：《颐和园游记》，《青年界》1935 年第 7 卷第 2 期。
⑤ 张涤俗：《故都屐痕》，《旅行杂志》1932 年第 6 卷第 2 期。
⑥ 刘正学：《颐和园游记》，《交通丛报》1923 年第 91 期。
⑦ 张涤俗：《故都屐痕》，《旅行杂志》1932 年第 6 卷第 2 期。
⑧ 指颐和园。

还有门，还得买票"。① 根据这些游记中的描述，除了入园时要支付票价外，凭借像"入园券"一类的东西也可以进入这些园林景点当中，比如《颐和园游记》中就提及："吾辈将游颐和园。君如同前往。则代览数券可矣"，② 还有"友人送我一张颐和园的免费游券"。③

除了门票问题，作者们还提及"三山五园"内部及周围的基础设施，主要以旅店或饭店为主，比如位于香山附近的香山饭店，还有位于颐和园中的颐和饭店，并且在玉泉山下也有一座旅店供游人休息吃饭。除了这些饭店，在颐和园的昆明湖上，还有向游人提供服务的船只；作者在游记里提到，在玉泉山上也有以玉泉水为核心，而向游人提供的一些旅游服务，比如在泉水旁边放面盆、毛巾等物品，供游人盥漱。④

（三）环境描写

进入"三山五园"后，作者们开始记述自己所看到的画面。有的作者在游览颐和园时，来到知春亭旧址并在湖岸边驻足站立，感受从湖上吹来的寒冷的春风。当作者与其他人一同沿着湖边的石栏行走时，看到"湖中波浪汹涌。颇有鱼龙起伏之势。举目纵观。胸襟顿畅。长廊绵延。难见首尾"的景色。⑤

还有的作者在游览颐和园的过程中，看到了湖边换上了淡绿色装束的槟木。湖中澄清的水在风的吹拂之下，掀起了薄薄的波浪。在湖中还有一群雪白的天鹅，在自由自在地游来游去。同时作者还看到有一两只小船在湖心荡漾着，船上的人有着飘然化作神仙的情态。在看到湖中的小船和船上的游人这一景色后，作者感叹道"这一幅画似的风景，真是醉人呀"。⑥

除了这些美景呈现在游记里以外，还有一些问题也被提及，比如《故都屐痕》中就提到颐和园在实际上已经有很长时间没有得到修葺，导致"颇觉触目荒凉"，⑦ 不过要修葺的范围太大，这就存在一定的困难。

有的作者在爬香山时，看到在兀突的山峰和横卧的山腰上长着许多青

---

① 诗远：《颐和园记》，《中学生文艺》1934 年第 1 期下册。
② 白月恒：《颐和园游记》，《地学杂志》1913 年第 4 卷第 4 期。
③ 陈灵谷：《颐和园游记》，《青年界》1935 年第 7 卷第 2 期。
④ 李崇金：《颐和园游记》，《玉田季刊》1924 年第 1 卷第 3 期。
⑤ 汪季文：《旧都四日记》，《旅行杂志》1931 年第 5 卷第 8 期。
⑥ 方启明：《万寿山游记》，《晓声半月刊》1934 年第 1 卷第 7 期。
⑦ 张涤俗：《故都屐痕》，《旅行杂志》1932 年第 6 卷第 2 期。

绿的小草，放眼望去，都是古树奇草。山谷里喷出潺潺的泉水，并发出冷冷的响声。作者还看到远处的山上开着桃花，开得很好看。在经过好几个亭子之后，作者来到梯云山馆，这里是香山最高处，苍松古柏围绕在园林前后，这使得作者发出"真令人心旷神怡的感慨"。① 作者写到自己去香山游览时，看到香山上的枫树有的长在山崖，在山上平坡一看，即使不量也有二三丈。这些枫叶的形状"有如手掌，也有三裂的"。②

有的作者在走进圆明园大门后，只看见一片荒草生长在一片废墟当中，同时在草田里有一个荷锄的农夫，以及从土坡上下来个看牛的牧子。作者还见到一匹白马在悠闲地吃草，又见一头黄牛在舒舒的高卧。此情此景，作者感叹道："昔日的宫殿楼台，全变成无边萋萋衰草，就是当年的曲水清塘，也全都变成一片的萧萧芦苇了。"③

至于静明园，有的作者在游览时，看到园内有各种新的设施在修葺，并且也建起多个亭台。这些亭台"画栋雕梁。彩色璀烂"，玉泉山在园中的占地面积，并不亚于万寿山。④ 唯独管理人员任其荒芜，并没有多开辟些新场地，所以除了玉峰塔顶以及玉泉山泉源外，其他地方很少有人前往。华严洞中有许多雕刻的石佛，外面的阳光不能进入，令人感觉到异常阴森。进入到洞内，脚步声响彻整个洞穴。石塔仍然可以往上走，只是上去的桥梁更加颓废。

（四）建筑描写

除了"三山五园"内的环境，其中的一些建筑也映入作者的眼帘。有的作者在游览颐和园时，看到在仁寿殿的石阶上，有几个紫黑铜的鼎、龙凤大缸在挡着。并且在作者参观时，仁寿殿的门都锁着，通过红门上的缘窗栏隙处向殿里面看去，只能勉强看到有一个宝座，还有几对大花瓶、两排炕几、几张楠屏。再往殿里面的暗黑处看去，就无法得知还有什么其他物品了。还有的作者看到智慧海的琉璃砖，是"被朝晖照着发出光芒，自下面仰望，极其璀烂好看"。⑤ 也有作者写到排云殿"重檐黄屋，金碧交

---

① 玉霞：《香山游记》，《儿童》1925 年第 29 期。
② 赵文：《静宜园新秋寻枫记》，《旅行杂志》1946 年第 20 卷第 9 期。
③ 杨振声：《圆明园之黄昏》，《现代评论》1926 年第 4 卷第 99 期。
④ 汪季文：《旧都四日记》，《旅行杂志》1931 年第 5 卷第 8 期。
⑤ 赵君豪：《北游旅程》，《旅行杂志》1937 年第 11 卷第 6 期。

辉，庄严宏丽"，① 是颐和园中的冠军。在排云殿的后面有数百阶石阶，连接着德辉殿。长廊附着在排云殿的左右，形成环形，与排云殿相通。在宝云阁中，无论是窗户还是梁上的柱子，甚至是每一块砖瓦，没有一处不是通过铸铜而制成的。佛香阁八面四层，巍临于万寿山顶上，庄严崇闳，是颐和园中非常重要的存在。

有的作者来到静宜园游览时，看到园中碧玉寺里有座罗汉堂，而堂里有五百尊罗汉，有站的、有坐的、有相貌凶恶的、有相貌和善的。当作者进入卧佛寺后，发现大殿共五进，其第三进是一尊长达二丈且双目闭眼的铜制卧佛，在这尊佛像后面，是二十圆觉坐像，两旁有巨鞋十多双，长近二尺。②

（五）诗文碑刻

"三山五园"相关的诗文碑刻，主要以诗文为主。游记作者会引用一些古人的诗文，来提升自己所看到的景色，比如在游记《写故都昆明湖》中就有"神仙排云出，但见金银台"③ 这一与颐和园排云殿相关的诗句。除了引用古人的诗文，还有在游记《颐和园玉泉山游记》记录中作者自己为颐和园仁寿殿创作的诗文，"碧瓦参差入望迷。寂寥清昼草萋萋。珠帘壁日金龙冷。画角吟风铁马低。石山峥嵘犹拱北。斜阳惨淡已沈西。欲知仁寿宫中事。为问阶前吐篆猊"。④ 此外，还有一些关于玉泉山的诗句，比如游记《故都静明园之游》中记载的"峰头乱石斗磋硪，水底浮光侵碧霞，绝似苏门山下路，惜无修竹与梅花"，以及"清泉喷薄散露珠，咫尺流为裂帛湖，故导寒淙穿大内，新开水殿仿三吴。烟霞窟宅天留胜，杨柳汀洲画不殊。森森恩波月极目，顾同黄鹤一霑濡"等。⑤

至于碑刻方面，则以玉泉山中"玉泉趵突"的提及频率为最高，比如有作者来到"天下第一泉"时，发现在山崖处有泉孔，泉水从这里喷出，作者也在这附近的"玉泉趵突"碑下，"品茗坐憩了一会"。⑥ 当然也提到

---

① 朱偰：《写故都昆明湖》，《旅行杂志》1947 年第 21 卷第 5 期。
② 李咏湘：《故都十日游尘》，《旅行杂志》1947 年第 21 卷第 9 期。
③ 朱偰：《写故都昆明湖》，《旅行杂志》1947 年第 21 卷第 5 期。
④ 胡朴安：《颐和园玉泉山游记》，《小说世界》1926 年第 13 卷第 1 期。
⑤ 江庸：《故都静明园之游》，《旅行杂志》1949 年第 23 卷第 4 期。
⑥ 李咏湘：《故都十日游尘》，《旅行杂志》1947 年第 21 卷第 9 期。

除碑刻以外的雕刻成品，比如在静宜园中双清别墅里有"双清"二字的石刻。

（六）历史传说

除了诗文碑刻外，还有作者在游记中提到了有关"三山五园"的历史传说，以颐和园与慈禧之间的相关历史故事，还有圆明园建造和被焚毁的历史故事为主，比如说颐和园在一开始叫清漪园，而清漪园又是在清高宗时期建造的。在清乾隆年间又建造了延寿寺，后来又将山更名为万寿山。后来由于圆明园毁于大火焚烧，还缺乏游览的地方，这使得慈禧抑郁不乐，之后开始利用海军军费，修造颐和园使慈禧高兴。在建造时还包括万寿山和昆明湖，其规模之庞大，如果测量颐和园围墙的长度，则有"十八余里"。[①] 还有清咸丰年间，英美法等国趁着清朝宫廷荒弛、民众的怨气沸腾的时候，对华发动战争。外兵得知清廷有个壮丽繁华的圆明园，于是整队来到园门，管理圆明园的大臣文丰在用尽各种话语劝止无效后，投下福海自杀。之后，圆明园在外敌的劫掠中，陷入火海，化成一片废墟。[②]

四 结论

"三山五园"原本是皇权空间，民国时期随着北京城市功能的转变，"三山五园"从皇家禁地转变为对外开放的城市公园。这些能够进入"三山五园"游览并留下游记的作者群体，属于最早能进入这片皇家园林的民众。

通过这些游记，读者可以了解到民国时期"三山五园"的游览条件以及基础设施方面的情况。民众可以乘坐公共汽车或者人力车等交通工具前往"三山五园"，而且当时前往"三山五园"的道路状况并不如想象中的那样非常恶劣。进入"三山五园"需要从售票处买票，或者凭借入园券这类东西进入。在园内，游客可以乘坐小船在昆明湖上荡漾，也可以品尝玉泉山的泉水。餐厅、饭店这类配套服务设施也很普遍。由此可以看出，民国时期对于开放后的"三山五园"，在旅游设施方面进行了一定的建设发

[①] 胡朴安：《颐和园玉泉山游记》，《小说世界》1926 年第 13 卷第 1 期。
[②] 谢悯生：《故都的圆明园之兴废谈》，《人世间》1935 年第 39 期。

展,能够令前来参观游览的民众们得到更好的旅游服务。

这些游记向读者展示了"三山五园"中优美的园林和自然环境,以及精致的建筑外观,比如有作者认为民国时期北平的名胜,是以颐和园为最,而北平诸湖,则要以昆明湖为最大。还有作者认为颐和园是中国第一大花园,既然来到北平就不可不去。① 也有作者在游览完香山后,又回想起在当天旅行看到山林的景致以及乡村的状况,但令作者最感觉愉快的,还是香山。② 还有作者认为在香山上生长的枫林,在民国时期的北平甚至是世界,是很负艳名的。③ 虽然也有作者在游记中提到,"三山五园"中有一些存在破损的地方,这些地方看起来很长时间没有人员前来维护,感觉这里一片荒凉,不过这丝毫没有影响这些作者的游览体验。圆明园在当时只是一片遗迹,并且疏于维护,虽然景色乏善可陈,但是对于很多游记作者来说,圆明园凝聚了深重的国家和民族的历史记忆。对此有作者感叹道:"虽说是罗马的故宫,不必感到罗马的兴亡;可是法国的费尔塞④,芳吞波罗⑤等废宫,都在民国里保存着,为国家建筑艺术的珍品,我们为什么把这样的古迹都听他去与荆棘争命呢!"⑥ 除了历史传说外,还有一些作者利用古人的诗歌,来衬托"三山五园"中那些令人心旷神怡的景色。同时还有像胡朴安这类本身就有一定的诗歌造诣的学者,他为颐和园中一些景点以及静明园创作的诗歌,可以说为"三山五园"增添了不少文学色彩。

在游记中,除了有对"三山五园"中优美环境的赞美,还有作者对"三山五园"中部分园林景观不但没有得到及时的维护,反而遭受到破坏而感到惋惜,更有作者表达了对"三山五园"所代表的皇权以及封建中央集权的厌恶与痛恨。有的作者在游览完清华园后再来到颐和园参观游览,感觉来到这座独裁者所遗留的空虚的宫院,不如去清华园那崇高而雅洁的地方有意义。⑦ 除了颐和园外,还有作者认为圆明园的焚毁,预示着君主专制将会逐渐地走向灭亡,同时对民国时期圆明园内部有民众在做耕地、

---

① 张涤俗:《故都屐痕》,《旅行杂志》1932年第6卷第2期。
② 王必璂:《香山旅行记》,《孔德校刊》1933年第30期。
③ 赵文:《静宜园新秋寻枫记》,《旅行杂志》1946年第20卷第9期。
④ 按:指凡尔赛宫。
⑤ 按:指枫丹白露宫。
⑥ 杨振声:《圆明园之黄昏》,《现代评论》1926年第4卷第99期。
⑦ 秦瘦鸥:《北平秋旅》,《旅行杂志》1948年第22卷第11期。

养殖等农活感到欣喜。①

  随着中国对历史古迹保护的重视程度不断提升，北京市政府在近些年的时间里也在挖掘自身的文化潜力，大力发展特色文化产业。《北京城市总体规划（2016年—2035年）》中提出要建设并发展"西山永定河文化带"，"三山五园"正好处于这条文化带上。2020年，"三山五园"被列入国家文物局公布的《第一批国家文物保护利用示范区创建名单》。2021年，北京市海淀区人民政府随即公布了《北京海淀三山五园国家文物保护利用示范区建设实施方案》。"三山五园"作为一个皇家园林群，保护并传承其背后的优秀文化，对北京、中国乃至全世界都有重要的意义。从民国游记文献角度对"三山五园"进行研究，是对其历史和文化遗产价值的深入挖掘，将进一步丰富"三山五园"的文化蕴涵。

---

① 蒋翼振：《独步圆明园》，《明灯》1932年第180期。

妙峰山香会视野下的佛教文化研究

王思楠[*]

摘要： 香会起源于先秦时期，在汉代逐渐成形，妙峰山地区的香会是明清时期香会的代表。明清时期，北京地区佛教氛围浓厚，故成立诸多香会。香会内部的组织架构、成员身份、祖师信仰都展示出了佛教的民间化，这种民间化的趋势是明清时期佛教发展的重要特征。

关键词： 妙峰山；佛教；碧霞元君；香会

北京妙峰山香会在清末民国时期远近闻名，香会的举办地点为惠济祠。惠济祠的主祀神祇是碧霞元君，举办香会的目的是为了庆祝碧霞元君的圣诞。碧霞元君本是道教的重要神祇，但是在清代时逐渐在佛教中也占有一定的地位，人们对碧霞元君的信仰也是佛教民间化的表现。香会的定名、结构、信仰也受着佛教民间化的影响。

一 惠济祠中的佛教文化元素

（一）佛教融合下的碧霞元君信仰

妙峰山位于京西门头沟，周边环境风景秀丽、古迹众多，是著名的风景名胜。在众多文物古迹中，属惠济祠（亦称为妙峰山娘娘庙）最为著名，该庙宇主祀碧霞元君。

碧霞元君是道教中的重要神祇，属于东岳信仰的组成部分。碧霞元君信仰起源于宋代，据《泰山道理记》载："泰山玉女池，在太平端，池侧

---

[*] 王思楠，北京联合大学中国史专业研究生。

石像……宋真宗东封先营顿置"。① 上述文字记载了宋真宗将泰山玉女加封为神的过程。元代正式将碧霞元君纳入道教神仙系统中，直到清康熙年间，根据《重修碧霞元君庙记》正式将其封为"天仙玉女碧霞元君"。

本是道教神祇的碧霞元君，随着三教的融合，也受到了佛教的影响。明万历二十一年（1593 年）的《东岳碧霞宫碑》载，到泰山进香的香客，在路途中念诵弥陀圣号的例子。向道教神祇祈福的香客，嘴上却念起了佛号。这样的现象从侧面反映出，碧霞元君在香客心目中早已突破了佛教与道教的界限，香客们崇拜碧霞元君是为了解决生活中的实际问题，至于碧霞元君究竟属于哪个宗教，在香客们眼中并不重要。

清代，皇家建筑内也出现了供奉碧霞元君的庙宇，雍正皇帝在圆明园内修建广育宫供奉碧霞元君，在其圣诞时，皇帝率领后妃拈香叩拜。由此可知，在明清时期，特别是清代以降，碧霞元君已经成为全民信仰，上至皇家下至百姓都对其崇拜，冲破了宗教类别的限制，更为重要的是，碧霞元君信仰体现了宗教的民间化现象。

（二）惠济祠中的佛教神祇

惠济祠中主祀神祇为碧霞元君，其他殿内的神祇尽显佛道与民间信仰的相互融合，其中佛教的影响极其明显。笔者发现惠济祠中所祀神祇多有变化，笔者以顾颉刚在妙峰山的调研报告为主，分析惠济祠所祀神祇的特点。惠济祠中有白衣大士殿（观音殿）、释迦殿、三教堂（供奉太上老君、释迦牟尼、孔子）。佛教、道教的神祇如此和谐地共处一个庙宇之中，这种空间的组合极具特色。这与佛教与道教的融合以及佛教的民间化信仰是分不开的，尤以白衣大士最为经典。

白衣大士即观世音菩萨三十二化身之一。观音信仰，在中国最为普遍。道教亦有供养，道教称为慈航道人，但是多以慈航殿命名，所以白衣大士殿所供奉的为佛教的神祇。白衣大士出自密教经典《大日经》，经文中确切地描述出了白衣观音的穿戴，大士束发戴冠，身着白衣，手捧莲花。宋代时，虽然汉密衰微，但是身着白衣的观音形象却保留了下来，并且在原有基础上增加了净瓶和杨柳枝。所以白衣大士的形象大多为身着白衣、手托净瓶、瓶插杨柳的形象，这也是观音菩萨在民众眼中最为普遍的形象。明清时期民间

---

① （清）聂剑光：《泰山道里记》，山东友谊出版社 1987 年版，第 16 页。

出现了许多向白衣大士祈求得子的故事，并且专门有人收集这类故事编成集子四处传播。这样一来，白衣大士增加了赐人子嗣的神职，这极有可能是灵惠济祠专门供奉白衣大士的重要原因，这也表现出香客对神祇崇拜的实用主义色彩与功利主义目的，从侧面展现出了佛教的民间化。

（三）住持惠济祠的僧人

惠济祠大致建于明代末期，建庙之初由道士管理，后因佛教在北京地区影响的扩大，在康熙年间划归僧人管理。妙峰山涧沟村关帝庙的铁钟上有"北顶天仙庙、僧人心慧、兴荣"[①]的字样，三岔涧村就是山涧沟村，伏魔庙即道教的关帝庙，北顶天仙庙即惠济祠。由此可见，在康熙年间，妙峰山上的娘娘庙就已经划归僧人管辖了，并且通过僧人与道士共铸一口钟的事件可知，妙峰山地区僧人与道士之间的关系相当融洽。

根据包世轩先生考证，惠济祠内的僧人为广济寺一系。广济寺为佛教中的律宗寺院，寺中的僧人曾多次受到皇帝的宠遇，并且将法脉扩展到了潭柘寺、戒台寺。广济寺受到皇家的重视，在一定程度上也影响着惠济祠，这也大大加强了该庙宇的佛教文化氛围。

二 妙峰山香会中民间化的佛教信仰

（一）妙峰山香会简介

香会可以按照其存在时间与表现形式进行划分。存在时间的角度分类，以一百年为限，该会成立满一百年可称为老会，不满一百年称为圣会；表现形式的角度分类，按照香会的不同职能可分为文会与武会，文会指的是在庙会期间为庙宇和香客提供服务的组织，武会主要指的是从事娱神表演的组织。

参加香会的人员男女皆有，《显圣宫香会碑》显示，在碑文记述的180余人中，女性130余人。《西顶洪慈宫进香碑》记载："阜成门里朝天宫三条胡同仕宦满汉军民，每岁十二日奉香瞻拜。"[②]碑文中的"仕宦满汉军

[①] 包世轩编著：《非物质文化遗产丛书 妙峰山庙会》上，北京美术摄影出版社2014年版，第4页。

[②] 北京图书馆金石组编：《北京图书馆藏中国历代石刻拓本汇编》第64册，《西顶洪慈宫进香碑》，中州古籍出版社1989年版，第93—94页。

民"一词表明，香会的成员身份官员、平民以及旗人、汉人，包含广阔。更值得注意的是，香会中还包括了一部分虔诚的佛教或道教的居士，趁此机会向神佛献出他们的虔诚之心，他们参加香会的目的也是希望神祇能够赐予他们现世或来世的福报，体现出了参加香会的功利主义目的，这也是宗教民间化的表现。

（二）香会的起源与佛教的行香

香会的定名源于佛教的行香。佛教传入中国后，对佛像燃香成为一项重要的供养，并且逐渐成为佛教的重要仪轨之一。

明代以降，佛教在北京地区有着很大的发展，人们更愿意直接参与到佛教仪式中去，目的是积攒福报，得到切实的利益。所以，以进香为目的民间组织逐步形成，因为以进香为主要目的，所以这个组织被定名为香会。民俗学家张卫东先生对笔者说："那个时候，佛道不分，即便是去道观也都统称为拜佛去。"[①]《宛署杂记》曾记北京东岳庙的庙会，"日行者塞路，呼佛声振也"。东岳庙主祀东岳大帝，并且东岳大帝并没有被纳入佛教的体系中，所以东岳庙是个十足的道观。这段文字可以看出东岳庙庙会十分热闹，人流众多。更为重要的是，"呼佛声振也"的现象，这也可以说明，明清时期人们内心中佛和道的界限并不明确，而且在北京地区佛教的影响力在一定程度上超过了道教。

（三）妙峰山香会的开办日期与浴佛节的融合

庙会大约形成在唐代，是以寺庙为中心所形成的商业、娱乐的集市，故又称为庙市。在唐代，庙会十分热闹，人们在寺前进行商业交易，"寺前创一蚕市，纵民交易，嬉游乐饮，倍于往岁，薄暮方回"，[②]通过这段文字可以看出当时庙会的盛况。人们不但在庙会中进行商业活动，还以娱神为目的进行娱乐活动，这种娱神的表演组织，就是香会中的武会，并不是每个庙会都具备的。换言之，有香会必有庙会，有庙会未必有香会。因为这种香会都具有自发性，他们是自愿来此献艺酬神的，他们来此表演大多会挑选庙中所奉神祇的圣诞与成道日。

---

① 采访时间：2022年6月8日22：41，线上采访。
② （宋）陈元靓：《岁时广记》卷一《游蜀江》，《丛书集成初编》第179册，第11页。

妙峰山香会举行的目的是为庆祝碧霞元君圣诞。碧霞元君圣诞有三种说法，分别是农历三月十五、四月初八与四月十八。清代时正式将农历四月十八定为碧霞元君圣诞，并且在皇宫与民间都广为祭祀、庆祝。"四月十八日为碧霞元君诞辰，京师颇重此节，例向南顶进香"，[1] 文中所提南顶，即南顶娘娘庙。

妙峰山照例在四月初一开庙，"每届四月，自初一日开庙半月，香火极盛"。[2] 妙峰山的庙会是从农历四月初一开始，到四月十五结束。由此来看，妙峰山庙会选取的日期为四月初八，该日期出于《宛署杂记》。碧霞元君圣诞选择四月初八日，这与佛教节日浴佛节发生了重合。

浴佛节即佛诞日，是释迦牟尼的生日。据传佛陀于四月初八这天降生人间，有龙王吐水以浴佛身之说，所以在这天寺院大多要将佛陀的太子像请出，预备香汤沐浴佛身，故称为浴佛节。在这一天北京地区的佛寺会举行浴佛仪式，人们也会到寺中游玩。"四月初一日至八日，游戒坛、潭柘、香山、卧佛、碧云、玉泉、天宁寺诸名胜，为浴佛会也。十日至十八日，游高梁桥西顶，草桥之中顶、弘仁桥、里二泗、丫髻山，为碧霞元君诞也。"[3] 由此得知，碧霞元君圣诞在民间的选择是较为多样的。顾颉刚在《妙峰山》中指出，中顶的庙会也是从四月初一开始的，一直到四月十八日结束，庆祝活动中"原含有庆祝佛诞的分子在内"。[4] 妙峰山选择这个日子的背后有着较为深厚的佛教文化内涵。

依据上文，北京地区的佛教文化内涵相对道教而言更为浓厚，民众进香口语大多称"拜佛去"。并且明代后，佛道之间的融合更为彻底，佛教的民间化深入人心。妙峰山在康熙时期皆由僧人管辖，僧人们极有可能就势对浴佛节大加渲染，再加上妙峰山中的佛教文化元素，他们更愿意选择四月初八这个日期，而且这个日期人们也更愿意接受。在浴佛节这天，各大寺庙在浴佛的同时会煮豆，分给到庙中的香客，称之为"结缘豆"，

---

[1] 王芷章：《清升平署志略》，国立北平研究院史学研究会1937年版，第65页。
[2] 李家瑞编，李诚、董洁整理：《北平风俗类征》上，北京出版集团公司、北京出版社2010年版，第95页。
[3] 李家瑞编，李诚、董洁整理：《北平风俗类征》上，北京出版集团公司、北京出版社2010年版，第88页。
[4] 顾颉刚编著：《妙峰山》，上海科学技术文献出版社2014年版，第34页。

"（四月）初八日，各寺浴佛，人家煮青黄豆结缘"。① 文中的寺应当指的是佛寺，供奉碧霞元君的妙峰山，在这一天也会舍"结缘豆"。主要是文会中的献盐老会进行煮豆、舍豆，充当咸菜分发给香客。由此，妙峰山香会深受佛教文化影响，且体现了碧霞元君圣诞与浴佛节的融合，浴佛节在一定程度上也超过了碧霞元君圣诞。

（四）香会中的佛教祖师信仰

民间各行各业都存在着行业保护神与祖师神，行业保护神与祖师神存在着明显的区别，保护神主要对该行业起到保护的作用，而祖师神是满足行业追根溯源的需求。

祖师神的选择大多有两类，第一类是中国古代的历史人物，如鲁班（木匠祖师）、孙思邈（药行祖师）、杜康（酒业祖师）等；第二类是佛、道教的神祇，如太上老君（铁匠祖师）、文昌帝君（高跷秧歌祖师）、观音菩萨（戏曲化妆）等。

香会中也有祖师神。香会的祖师神大多也符合以上规律，文会中燃灯老会、香油老会、海灯老会（即佛前长明灯），供奉燃灯佛为祖师，三伏净水老会供奉观音菩萨为祖师。武会中的开路（飞叉）供奉地藏菩萨为祖师，舞狮供奉文殊、普贤菩萨为祖师。

关于祭祀祖师的仪式，笔者采访了群贤结善茶叶圣会的会首韩硕先生，韩先生对笔者说："过去出会（朝顶进香）前都要拜祖师爷，会址应该长期供奉祖师爷的神龛，圣诞只是自己会里举行仪式。"② 其中具体的仪式，韩先生说："就是上供，烧香，磕头。"③ 就这些仪式的具体细节，笔者采访了民俗学家张卫东先生，张先生说："文场打三参，前引（该会会首）行礼上表、一般不用宣读、有重要的出会（外出表演）要读，上香焚化钱粮（烧纸）后一起化了，礼成。"④ 张先生所叙述的仪式具有很强的代表性，香会大多是这样的一套流程。从仪式中可以看出，有很强的佛道的融合与民间化的色彩。张先生所说的"打三参"，并不是磕头，而是会

---

① 李家瑞编，李诚、董洁整理：《北平风俗类征》上，北京出版集团公司、北京出版社 2010 年版，第 88 页。
② 采访时间：2022 年 6 月 7 日 15：20，线上采访。
③ 采访时间：2022 年 6 月 7 日 15：20，线上采访。
④ 采访时间：2022 年 6 月 8 日 21：50，线上采访。

首配合锣鼓，一腿在前一腿在后，身体向前微曲而已。这并不符合道教与佛教的基本礼仪。香会所行的这种礼仪并不仅限于该会祖师，在惠济祠内朝拜所有神祇大多会用这样的礼节。这充分显示出对于香会而言，神祇已经突破了宗教类别的限制，在礼仪进行了民间化的融合和发展。

观音信仰在中国的普遍性与民间化的程度最高也最广泛，在香会的祖师信仰中也最具代表性，故而详细论述。

前文论述，妙峰山的灵感宫中供奉白衣大士，并且观音的形象在妙峰山中随处可见。在妙峰山进香的香道中会设有多个茶棚，茶棚会向香客们提供免费的茶水，在茶棚内会供养碧霞元君或观音菩萨的圣像，"茶棚中供的是观音大士，棚的四面挂满了二十八宿及十二生肖画像"。[①] 观音的圣象、二十八宿、十二生肖供在一处，这也从侧面又一次证明了佛道的融合与佛教的民间化。茶棚中供奉观音的不在少数，"多是娘娘或观音，其他的神像甚是少见"。[②] 观音形象的普遍性与观音信仰在中国的普及与民间化有很深的关系。

观音菩萨亦称为观自在菩萨，在印度佛教典籍中被定为十地菩萨，即修行圆满。观音菩萨在中国大部分地区拥有许多信众，观音菩萨可以与阿弥陀佛、大势至菩萨共同供养，称为西方三圣，是阿弥陀佛的协侍之一。观音菩萨也可以单独供养，善财童子与龙女成为观音菩萨的协侍，形成"家家阿弥陀，户户观世音"的现象。

观世音菩萨本是男人形象，在敦煌壁画中可以看出菩萨圣象的上唇是画有胡须的，并且在华严经中的偈子中就有"勇猛丈夫观自在"的说法。在前秦法师鸠摩罗什译出《妙法莲华经》后，观音信仰进一步扩大，在《妙法莲华经·观世音菩萨普门品》中大量叙述了称观音菩萨圣号能给人带来的现实利益，如果有人持诵观音圣号可以"设入大火，火不能烧"等，由此可以知道观音菩萨可以对人进行护佑。观音菩萨由男身逐渐转变为女身的证据，也可以在《普门品》中找到。《普门品》中描述了观音菩萨可以化现诸多分身，教化世人，由此可以得知，观音菩萨化身众多，早已冲破了性别与形象的限制。并且女性形象对于广大信众来说更具有亲和力，观音菩萨的神职也在不同程度地增加，例如可以向观音菩萨求子（前

[①] 顾颉刚编著：《妙峰山》，上海科学技术文献出版社2014年版，第180页。
[②] 顾颉刚编著：《妙峰山》，上海科学技术文献出版社2014年版，第145页。

文已论述过),所以其形象逐渐由男身变为女身。

随着观音菩萨信仰在民间的不断普及,民间化的程度也与日俱增,这也表现在民间的宝卷中。描写观音菩萨的宝卷为《香山宝卷》,该宝卷故事将观音菩萨定位女性人物,并兼有道教与佛教的神祇,展现出来佛道融合的场面,还突出了儒家的孝道,突出了观音形象的民间化。

妙峰山随处可见观音菩萨与香会的祖师选择观音菩萨的原因,极有可能是观音信仰的普及与民间化。前文论述过三伏净水老会供养观音菩萨的原因是,民间观音菩萨的形象大多会手捧净瓶,瓶内插上杨柳枝,杨柳枝沾上净水洒向人间。民间认为,净水可以帮助人们逢凶化吉,并且在小说《西游记》中就有观音菩萨利用净水帮助孙悟空救活人参果树的情节。净水老会中的净水指的是供奉在佛前的清水,这是必不可少的重要贡品,由此,观音菩萨净瓶中的净水就与净水老会向神前供奉的净水建立了联系,观音菩萨也就成为该会的祖师。

三 结语

宋代后三教渐有合流之势,明清时期佛道两教进行了较为彻底的融合。北京地区自辽国建都至清代为止,历任统治者对佛教十分尊崇,这也使得北京地区佛教文化氛围十分浓厚。佛教本身各宗各派也在相互融合,逐渐成为一种复合型的佛教。从明代开始,佛教在义理方面并没有太大发展,反而民间化的进程大大加深。当时底层的民众对于佛教大多出于实用主义的目的,希望通过烧香、拜佛等仪式获得切实的利益,所以他们会想尽办法在神祇面前表现自己的虔诚,香会就是其中最为典型的例子,香会中存在大量佛教文化元素,并且能够切实反映出当时大多数平民阶层的民间化佛教信仰。

文化遗产

西山永定河文化带的非遗保护与发展思路探析[*]

李自典 马淑敏[**]

摘要： 当前，首都北京推进文化中心建设，提出着力发展三个文化带的任务，西山永定河文化带是其中之一。西山永定河文化带蕴含丰富的文化遗产，除了物质文化遗产外，非物质文化遗产也是一项重要的文化资源。在充分认识非遗重要价值的基础上，做好非遗保护传承及发掘利用工作，对助力西山永定河文化带建设具有重要推动作用。

关键词： 西山；永定河；文化带；非物质文化遗产

一 西山永定河文化带的提出与范围界定

党的十八大以来，党中央高度重视文化建设，习近平总书记曾指出"文运同国运相牵，文脉同国脉相连"。建设社会主义文化强国是实现中华民族伟大复兴的基础和前提。响应国家的文化建设方略，2015年11月北京市通过《中共北京市委关于制定北京市国民经济和社会发展第十三个五年规划的建议》，明确提出"推动文化繁荣发展，着力建设全国文化中心……制定实施北部长城文化带、东部运河文化带、西部西山文化带保护

---

[*] 本文系北京联合大学北京学研究基地项目"三山五园与周边村落文化保护策略研究"的阶段性成果。

[**] 李自典，北京联合大学应用文理学院历史文博系副教授，研究方向为中国近现代社会史、北京史、文化遗产学；马淑敏，北京联合大学应用文理学院历史文博系研究生。

利用规划，促进旅游文化产业发展。"① "三个文化带"的建设目标和任务由此首次正式提出。随后，2016 年《北京市"十三五"时期加强全国文化中心建设规划》出台，提出"两轴、两核、三带、多点"的历史文化名城保护格局，其中"三带"指加强对北部长城文化带、东部运河文化带、西部永定河—西山—大房山文化带等跨区域历史文化资源的系统梳理和有机整合。② 这一建设规划对西山文化带的阐释进一步深化。

2017 年 6 月，北京市将西山文化带修改为西山永定河文化带，突出永定河文化的重要性。同年 9 月，中共中央国务院关于对《北京城市总体规划（2016 年—2035 年）》的批复发布，指出北京加强"四个中心"功能建设，做好历史文化名城保护和城市特色风貌塑造，要推进大运河文化带、长城文化带、西山永定河文化带建设，加强对世界遗产、历史文化街区、文物保护单位、历史建筑和工业遗产、中国历史文化名镇名村和传统村落、非物质文化遗产等的保护，凸显北京历史文化整体价值，塑造首都风范、古都风韵、时代风貌的城市特色。③ 随即，北京市陆续制定三个文化带建设发展规划，其中《西山永定河文化带保护发展规划（2018 年—2035 年）》的总体目标是既要保护文化，做好文化建设，同时要为经济发展、增强人民的幸福感和获得感做出更大的贡献。西山永定河文化带整个规划内容包括"四岭、三川、两脉、多组团"，对区域内的古香道、古商道及其沿线文物进行整体保护也是重要内容。④ 这为西山永定河文化带建设实施提供了总的方向指导。

2021 年 1 月 27 日，北京市第十五届人民代表大会第四次会议批准《北京市国民经济和社会发展第十四个五年规划和二〇三五年远景目标纲要》，明确提出加强"三条文化带"传承保护利用，针对西山永定河文化带建设，要求"统筹西山永定河地区文化保护、生态建设与城乡发

---

① 《中共北京市委关于制定北京市国民经济和社会发展第十三个五年规划的建议》，《前线》2016 年第 1 期。

② 中共北京市委宣传部：《北京市"十三五"时期加强全国文化中心建设规划》，《北京市人民政府公报》2016 年第 27 期。

③ 2017 年 9 月 27 日，《中共中央国务院关于对〈北京城市总体规划（2016 年—2035 年）〉的批复》，中华人民共和国中央人民政府网站（网址：www.gov.cn/zhengce/2017-09/27/content_5227992.htm）。

④ 舒小峰：《北京西山永定河文化带规划主旨和重点》，《北京经济管理职业学院学报》2020 年第 4 期。

展，推动连线成片保护和活化利用，构建由重要文化遗产串联的生态文脉。"① 由上可见，从国家发展战略到首都建设规划，文化建设越来越受政府重视，成为政府工作的一项重要内容。北京开展全国文化中心建设，当前最重要的一项任务即是统筹推进长城、运河、西山永定河文化带建设。在三个文化带中，西山永定河文化带以其历史悠久、文化积淀深厚、多元文化融合而越发凸显其文化价值的重要，是北京的文明之源、历史之根、文化之魄，值得我们深入发掘其底蕴，以服务于首都文化建设。

关于西山永定河文化带的范围，目前学界还存在一些不同说法，尤其是"西山"的范围有"大西山"和"小西山"之说。其中"大西山"是比较广义的范畴，大致北起昌平区南口关沟，南抵房山区拒马河谷地，西至北京市界，东临北京小平原。"小西山"是狭义的范围，其说法也不统一，民国时期叶良辅编的《北京西山地质志》里指出："京西之山，统名西山，范围甚广。"② 民国时期田树藩所著《西山名胜记》也采用此说，在叙言中写："故都以西之山，皆名曰西山。"③ 周汝昌先生对西山的范围有自己的观点，他认为一般所说的西山多指永定河以东一带的山峦，主要有翠微山、平坡山、卢师山三山。现在还有一说，西山指京西石景山八大处至香山及部分山前地带。永定河历来被称为北京的母亲河，它发源于山西省宁武县的管涔岭天池，流经山西北部、河北北部、北京、天津，自北京西郊三家店流出太行山北段后，形成广阔的洪冲积扇平原，北到清河至温榆河下游，南到大清河，西到小清河，东到北运河。西山永定河文化带的范围虽无明确统一的说法，但目前较为普遍的认识是指含义较广的一个文化地理区划范畴，涵盖昌平、海淀、石景山、丰台、门头沟、房山、大兴和延庆八个行政区的全部或部分，总面积约 5730 平方千米。④

---

① 《北京市国民经济和社会发展第十四个五年规划和二〇三五年远景目标纲要》，北京市发展和改革委员会网站（网址：fgw.beijing.gov.cn/fgwzwgk/zcgk/ghjhwb/wnjh/202104/t20210401_2638614.htm）。

② 叶良辅编：《北京西山地质志》，载中共北京市门头沟区委宣传部、北京永定河文化研究会编《北京西山地质志》，团结出版社 2016 年版，第 7 页。

③ 田树藩：《西山名胜记》，中华印书局 1935 年版，"叙言"第 1 页。

④ 《西山永定河文化带文化和旅游资源概览》，载北京市文化和旅游局宣传中心主管网站（网址：www.visitbeijing.com.cn/article/47QogrQF4to）。

二 西山永定河文化带非遗的重要价值

西山永定河文化带文脉资源丰富，历史悠久，覆盖了从史前至当代漫长的时期，其文化遗产数量众多，除了闻名中外的世界文化遗产外，还有丰富的文物史迹，文化类型多元，包括寺庙文化、传统民俗文化、红色文化、皇家文化等多种类型交织共存，此外，与民众生活息息相关的非物质文化遗产（简称"非遗"）也是非常重要的一项文化资源，其表现形态多样，门类丰富，内容精彩纷呈。丰富的非遗资源成为西山永定河文化带文化内涵厚重的一种表征。据不完全统计，截至目前政府发布的非物质文化遗产名录中，西山永定河文化带覆盖的八个行政区计有非遗项目几百项，涉及民间文学、民间音乐、民间舞蹈、传统戏剧、曲艺、杂技与竞技、民间美术、传统技艺、传统医药、民俗十大门类，涵盖国家级、市级、区级三个层次。这些丰富的非遗项目为西山永定河文化带建设提供了重要资源保障，也是首都北京文化发展的重要根基。

西山永定河文化带内的非遗文化资源大多与西山之山、永定河之水以及依山靠水而居的人直接相关，但在地区分布上并不平衡。不同的地区有着各自不同的生态环境，从而使得由民众生活而孕育出的非物质文化遗产各有地域特色。从行政区划范围来看，海淀区的非遗项目比较鲜明地带有皇家文化的特色，因为三山五园皇家园林的存在，使得该区内非遗项目大多与皇家文化有着千丝万缕的联系，比如围绕皇家园林修造而产生的民间文学项目颐和园传说、圆明园传说，为给皇室表演而形成的传统舞蹈项目六郎庄五虎棍以及传统戏剧项目京西皮影戏，为皇家提供饮食服务而形成的传统技艺项目颐和园听鹂馆寿膳制作技艺、御膳制作技艺、京西水稻种植技艺，为服务宫廷装饰、服饰需要而产生的传统技艺项目京绣（海淀分支）等。门头沟区多山地，其非遗项目比较明显的带有山区特色，多与生活于此的民众生产、生活相联系。例如，因山区特有的物产而形成的传统技艺项目琉璃烧制技艺、潭柘紫石砚雕刻技艺、京西山茶加工技艺，体现山区百姓闲暇娱乐的山乡戏曲项目柏峪秧歌戏、西斋堂山梆子戏、燕家台山梆子戏、苇子水秧歌戏、淤白村蹦蹦戏等，由山村古庙会发展而来的民俗项目妙峰山庙会、千军台庄户幡会，反映山区百姓祈求太平安乐的民间舞蹈项目京西太平鼓，反映百姓信仰的民间文学项目潭柘寺传说，以及为山区古幡会演奏的传统音乐项目京西幡乐等。永定河从石景山出山奔流向渤海，特殊的地理位置，使得石景山区的非遗项目多与永定河有所关联，例如民间文学项目永定河传说、京西民谣，祈祷太平的民间舞蹈项目石景山太平鼓，还有依靠山石资源而形成的传统技艺项目石府石传统采集与加工技艺，反映民风世俗生活的民俗项目秉心圣会等。丰台区境内有一座融独特的建筑结构和雕刻艺术于一身的卢沟桥，其历史源远流长，围绕卢沟桥而形成了该地区特有的非遗项目，如民间文学项目卢沟桥传说、民俗项目卢沟中秋会，同样因位于京西地区，流传久远的太平鼓在此地也有传播，例如较有影响的民间舞蹈项目太平鼓，反映了该地区人民祈求风调雨顺的心里愿景。此外，还有一些反映民间游艺活动的传统舞蹈项目孟村旱船、海户屯秧歌等。房山区紧邻河北省，历史上有关杨家将（穆桂英）的传说在燕山地区较为流行，在房山区也有明显的遗存，进而形成非遗民间文学项目杨家将（穆桂英）传说。此外，该地还有为宫廷承制御酒而形成的"菊花白"酒传统酿造技艺项目，以及反映民众生活娱乐的传统杂技竞技与体育项目水峪中幡、五虎少林会等。昌平区紧邻海淀区，民众生活习俗中多有与海淀区相类似之处，在该地区的非遗项目上也有所反映，例如民间舞蹈项目十三陵镇涧头村高跷、漆园村龙鼓，既有民间表演娱乐的功效，也反映了当地村民祈求消灾除祸、保佑平安的期盼和愿望等。地区特色鲜明的非遗文化，为西山永定河文化带建设提供了特殊的养分，成为重要的文化名片，也彰显了西山永定河文化带的独特魅力。

非物质文化遗产是中华民族宝贵的文化财富，也是今天进行首都三个文化带建设的重要文化资源。在西山永定河文化带建设过程中，非遗的价值与作用要充分予以重视，绝不可忽略。因为非物质文化遗产是我们人类在历史上创造，并以活态形式传承至今的，具有重要历史价值、文化价值、艺术价值、科学价值和社会价值的传统文化事项。[1] 西山永定河文化带内的非遗项目，基本具有非遗普遍的价值与作用。例如，潭柘寺传说项目的存在，从一个侧面印证了北京城的悠久历史，正如民谚所说"先有潭柘寺，后有北京城"。又如，非遗传统杂技与竞技项目珍珠球和纪氏太极拳法，既反映了海淀区三山五园周边聚族而居的满族旗人生活习俗与文化传统，又反映了西山永定河文化带内多民族交融生活的历史过程。再者，

---

[1] 苑利、顾军：《非物质文化遗产学》，高等教育出版社2009年版，第12页。

门头沟区的非遗项目燕家台山梆子戏，是由陕西、山西传入的山陕梆子，与当地原有的河北老调、地方方言融合而成，后来演变为百姓自娱自乐的地方山梆子戏。此戏种的存在具有浓郁的山乡艺术价值，也为我们深入认识传统戏剧在民间的演变提供了范本作用，其艺术价值非常高。还有，门头沟区琉璃渠村留存的非遗传统技艺项目——琉璃烧制技艺，是为皇家制作琉璃的代表技艺，具有制作工艺、釉料、原料、造型独特的特点，对于当前古建修复、古代审美文化研究等领域具有重要参考借鉴作用，其科学价值不容小觑。此外，非遗的存在与传承，对人际关系的调节及社会和谐发展起到一定的推动作用，其社会价值凸显，如门头沟区的妙峰山庙会和千军台、庄户幡会等民俗项目。妙峰山庙会通过香会组织，保留和传承了众多的民间艺术、手工艺以及体育竞技活动，不仅对保护民间文化有重要作用，且丰富了群众的文化生活，是群众自娱自乐的一种重要形式，通过举办庙会，体现了民众祈福禳灾、公议助善、谦和互助的精神。千军台、庄户幡会通过请神、送神、祭神以及朝拜祖先牌位等活动，反映了山区百姓祈求太平安乐、尊老有序的精神。这些非遗民俗项目的传承发展对规范民众行为，营造安定祥和的社会风气，构建和谐社会及促进精神文明建设都具有重要作用。

三　西山永定河文化带非遗现状解析

丰富广博的非物质文化遗产是西山永定河文化带的重要文化载体，是西山永定河文化带的文化源泉，服务北京全国文化中心建设，推动西山永定河文化带的进展，深入挖掘与保护、传承、利用好非遗资源不可或缺。目前，西山永定河文化带范围内的各行政区在非遗保护、传承与利用方面也做了很多有益的工作，比如在深入挖掘非遗资源方面开展了较为深入的调查、访谈等，取得一些非常有价值的成果，出版了非物质文化遗产系列丛书。例如，专题性著作有《永定河传说》《香山传说》《八大处传说》《潭柘寺传说》《曹雪芹西山传说》《颐和园传说》《圆明园传说》《京西太平鼓》等；非遗传承人口述史系列丛书包括《北京非物质文化遗产传承人口述史·曹氏风筝工艺·孔令民》《北京非物质文化遗产传承人口述史·房山大石窝石作文化村落·宋永田》《北京非物质文化遗产传承人口述史·京西太平鼓·高洪伟》《北京非物质文化遗产传承人口述史·大兴诗赋闲·李润生》《北京非物质文化遗产传承人口述史·卢沟桥传说·郑福来》《北京非物质文化遗产传承人口述史·京绣·刘秀花》《北京非物质文化遗产传承人口述史·琉璃烧制技艺·蒋建国》等；还有非遗资源汇编资料集《北京市石景山区非物质文化遗产图典》《北京市非物质文化遗产资源汇编·门头沟区》《北京市非物质文化遗产资源汇编·大兴区》《北京市非物质文化遗产普查项目汇编》（石景山卷）、《北京市非物质文化遗产普查项目汇编》（海淀卷）、《北京市非物质文化遗产普查项目汇编》（房山卷）、《北京市非物质文化遗产普查项目汇编》（大兴卷）、《北京市非物质文化遗产普查项目汇编》（门头沟卷）、《北京市非物质文化遗产普查项目汇编》（延庆卷）、《北京市非物质文化遗产普查项目汇编》（昌平卷）、《北京市非物质文化遗产普查项目汇编》（丰台卷）等。各区县在大量普查资料基础上，又编辑了一批与本区县相关的非物质文化遗产书籍。如门头沟区编辑出版了《门头沟民间花会舞蹈集锦》《门头沟民间歌谣谚语集锦》《门头沟民间器乐曲集成》《门头沟民间戏曲音乐集成》等。

  在肯定前期工作以及取得成果的同时，也要看到西山永定河文化带范围内非遗资源是一个庞大的文化体系，非遗保护、传承与利用工作中也存在一些问题。一方面，在开展西山文化带建设过程中，研究的非系统性比较明显。该区域内的非遗项目数量多达几百项，但是目前还没有做到对每个项目都进行从内涵挖掘到保护、传承与利用整体系统深入的研究，既有的研究成果多以梳理源流及发展脉络为主，缺乏理论层次的探讨。这与非遗研究在学界发展还不成熟有关，也反映出西山永定河文化带建设中对非遗研究的重视程度还有待加强。另一方面，研究存在不平衡性。这既体现在不同的非遗项目之间，也体现在不同的行政区之间。如有的非遗项目受关注多，研究较为深入，像永定河传说、香山传说、曹雪芹传说、柏峪燕歌戏、太平歌词、京秀、曹氏风筝等已出版相关著述，但有的项目则关注不够，尤其是一些区级项目，对其传承谱系等资料挖掘与整理还比较欠缺。从行政区划来看，目前门头沟、海淀、石景山、房山、丰台、昌平、大兴、延庆等各区虽然都设有文化馆等相关机构负责管理非遗事项，但是各区的具体工作有详有略，从各区对非遗进行宣传的网站建设上可管窥一斑，例如海淀区文化馆的工作相对深入细致些，其网站上对非遗项目概要、传承人、非遗资源、非遗动态等都有非常清楚的介绍，配有图文资料，这对民众了解非遗提供了便利，也无形之中对扩大非遗的影响与传播提供了助力，但有的区网站建设则较为简略，不能为民众从网络环境下了解这些非遗资源的确切信息提供良好服务。此外，西山永定河文化带内的非遗发展还存在传承后继力量缺乏，青黄不接现象较为明显，以及传统非遗的传承路径在现代社会面临一定的冲击，"子弟班"形式及一些家族传承模式需要顺应时代发展进行转变，拓展传承范围等问题。这就需要我们切实贯彻"见人见物见生活"的理念，以保护传承的能力建设为着力点，全面提高非遗保护传承水平，以助力西山永定河文化带建设。

四　西山永定河文化带非遗发展思路探讨

在深入调查西山永定河文化带非遗发展现状的基础上，结合非遗研究的最新理论指导，今后建设西山永定河文化带过程中，对非遗资源的保护利用要着力做好以下方面工作。

首先，全面加强非遗宣传，增强非遗保护力度。要充分利用现代社会网络多媒体传播途径，结合传统节日、文化遗产日等广泛推出不同非遗事项展示展演活动，面向社会大众推广非遗的社会影响力与传播范围。力争通过开展非遗宣传，在全社会形成热爱非遗、保护非遗、传承非遗的氛围，通过充分展示非遗的魅力，还有利于增强广大民众对非遗的认识和保护传承的自觉性。此外，要动员政府、研究学者、非遗传承人及广大非遗爱好者齐心协力关心非遗，各自发挥最大潜能为非遗发展谋划出力，全面推进非遗工作的开展。要高度重视非遗保护的民间力量，通过非遗展演及互动体验等活动的开展，调动广大民众参与非遗保护与传承工作的热情。非遗保护民间力量的不断壮大，是非遗文化传统薪火相传的重要支撑。正如冯骥才先生所说："只有民众参与、民众传承、民众保护，民间文化的传承才越有希望。"[1]

其次，观念开放，不拘一格，为非遗保护与传承发展开拓路径。非遗是一种活态文化，它的传承是以人为载体的。加强对非遗代表性传承人的保护，是非遗保护的关键环节。[2] 从政府层面，建立和不断完善非遗名录

---

[1] 冯骥才：《当前非物质文化遗产保护需要统一认识》，《民俗研究》2012 年第 4 期。
[2] 李荣启：《非物质文化遗产保护研究文集》，文化艺术出版社 2016 年版，第 79—80 页。

体系，认定和保护代表性传承人，鼓励和支持代表性传承人开展传习活动，制定非遗保护相关政策及法律，加强财政支持，有效保障传承人的劳动权益，进而建立起一套科学的发展机制，这是非遗发展的一条有效路径。扩大非遗传承范围，开展非遗教育，培养后继传承人，是促进非遗持续发展的希望之路。在西山永定河文化带建设过程中，将非遗引进校园、引进社区进行展示展演，建立非遗传承基地，开展非遗表演竞技比赛等活动已经有所尝试，并日渐成效，这为非遗传承与保护发展进行了有益探索。例如，作为"石景山区非遗传承示范学校"的北京市京源学校，针对幼小初高不同学段，开展"京剧特色必修课程"，同时还开设了花棍、太平鼓、书法碑帖、泥塑、北京民谣、剪纸等非遗特色课程，学习人数占全校总人数的80%以上。丰富的非遗课程让学生们近距离体验到非遗的魅力以及传承人的匠心，直观感受到传统文化之美，也为非遗传承埋下了种子。① 非遗来源于生活，让非遗回归生活是最好的保护，接轨现代是最好的传承。门头沟区的"琉璃重生计划"为非遗融入现代生活进行了有益探索。该计划以门头沟区国家级非遗"琉璃烧造技艺"为基础，通过与设计、科技、市场相结合，开发出一系列琉璃文创产品，使皇家琉璃焕发新的生机，琉璃文化走入寻常百姓家。② 通过这一计划的实施，使传统琉璃在现代人的生活中找到了融合点，找到了发展之路。此外，非遗文化资源的保存和利用还得益于数字化科技的发展，为非遗项目建立数字档案是近年来北京非遗保护的重点工作之一，各类非遗数字博物馆、数据库等已经建立起来。③ 这在西山永定河文化带的非遗保护与传承发展工作中也值得推广借鉴。

最后，不断提高思想认识，加深对非遗的理解，高度重视非遗的价值，充分发挥非遗在西山永定河文化带建设中的作用，使非遗发展与文化带建设共成长。

当前，西山永定河文化带的非遗保护工作遵循"保护为主、抢救第一、合理利用、传承发展"的方针，在具体实施过程中，要充分认识非遗

---

① 张杨：《璀璨非遗 薪火相传——北京市石景山区推动非遗进校园工作纪实》，《文化月刊》2020年第9期。
② 常蓉：《保护延展西山文脉 传承创新永定河文化》，《北京文化创意》2017年第6期。
③ 李建盛主编：《北京文化发展报告（2016—2017）》，社会科学文献出版社2017年版，第296页。

这一文化资源也是重要的旅游资源，深化非遗与旅游业的融合，擦亮非遗文化名片，打造旅游文化品牌，使非遗成为文化带的形象代言，非遗文旅融入文化带发展战略，这对非遗自身发展也是一个重要机遇。北京市文化局《关于加强非物质文化遗产保护传承的扶持办法》，就明确鼓励非遗以"传统手工技艺+民俗+旅游+公司"模式进行文化旅游融合。[①] 此外，西山永定河文化带内的非遗有其独特的文化土壤，承载着当地百姓的文化记忆与思想寄托，其保护与利用必须与当地文化特色相结合，与地方社会建设相联系。例如，具有古村资源和传统文化丰富的地区即可借助打造传统文化特色小镇的方式推进文化建设与区域发展的结合。[②] 门头沟区的山乡戏曲资源丰富，开发利用这些非遗资源，使之成为门头沟文化旅游的亮点，同时将这些戏曲非遗资源与戏楼戏台等物质文化遗产保护相结合，与古村落开发、新农村建设相结合，无疑也是有利于山乡戏曲传承的好途径。[③]

总之，非遗是西山永定河文化带重要的文化源泉，要充分认识非遗在西山文化带建设中的重要作用和价值，不断开阔思路，拓展非遗保护、传承与发展利用路径，进而推动西山永定河文化带建设提升到新的水平，推动首都文化中心建设走向新的高度，进而为新时代中国特色社会主义文化建设提供助力。

[①] 李建盛主编：《北京文化发展报告（2016—2017）》，社会科学文献出版社 2017 年版，第 308—309 页。

[②] 王淑娇：《北京"三个文化带"建设与利用》，《城市建设》2018 年第 19 期。

[③] 侯秀丽、刘德泉：《门头沟区的戏曲文化遗产》，《北京历史文化研究》2007 年第 3 期。

北京红色文化的数字化传播与利用研究

王 萌[*]

摘要： 北京是新文化运动的中心、五四运动的策源地、马克思主义在中国早期传播的主阵地、中国共产党的主要孕育地之一。北京的红色文化内容丰富，有红色事件、红色人物、红色遗址、红色地标、红色文物、红色作品。但北京的红色文化旧址布局分散，不利于统一利用。随着大数据、云计算、人工智能等技术的不断发展，信息技术已经融入了人们的生活，采用数字化手段对北京红色文化进行传播利用已经成为必然。通过互联网线上、线下以及新媒体等多种数字化的传播手段，可跨越时空更好地传播北京红色文化。

关键词： 北京；红色文化；数字化传播

一 概况分析

北京是新文化运动的中心、五四运动的策源地、马克思主义在中国早期传播的主阵地、中国共产党的主要孕育地之一。[①] 北京的红色文化有红色事件、红色人物、红色遗址、红色地标、红色文物、红色作品。北京有无数的红色人物涌现在中国革命、建设、改革的各个历史时期。北京市共有红色遗址遗迹、纪念展示教育基地270处，遍布全市各区。北京的红色文物背后也有鲜活的红色故事。北京红色作品众多、内容丰富，如《狂人

---

[*] 王萌，北京中轴线遗产保护中心高级工程师，研究方向为博物馆学、文化遗产保护与传播。
[①] 尹婕：《红色旅游常游常新》，《人民日报海外版》2022年5月19日。

日记》《龙须沟》等。①

但北京的这些红色文化旧址布局分散，不利于统一利用，部分场所面积不大，不适宜组织大型活动。采用数字化的传播手段可以弥补这些不足，将全市红色文化旧址作为一个有机整体进行有效的利用。北京红色文化有事件、有人物、有故事，具备了数字化传播的要素。

二 数字化手段传播的必然性

据中国互联网络信息中心（CNNIC）在京发布第49次《中国互联网络发展状况统计报告》显示，截至2021年12月，中国网民规模为10.32亿，较2020年12月新增网民4296万，互联网普及率达73%，较2020年12月提升2.6个百分点。截至2021年12月，中国网民人均每周上网时长达到28.5个小时。截至2021年12月，中国手机网民规模为10.29亿，较2020年12月新增手机网民4373万，网民中使用手机上网的比例为99.7%。网民中使用台式电脑、笔记本电脑、电视和平板电脑上网的比例分别为35%、33%、28.1%和27.4%。截至2021年12月，在网民中，即时通信、网络视频、短视频用户使用率分别为97.5%、94.5%和90.5%，用户规模分别达10.07亿、9.75亿和9.34亿。②

从第49次《中国互联网络发展状况统计报告》可以看出2021年中国互联网应用用户规模保持平稳增长，已经基本实现普及即时通信等应用，且人均上网时长保持增长，互联网已经深度融入人民日常生活，手机仍是上网的最主要设备，上网终端设备使用更加多元。③

随着大数据、云计算、人工智能等技术的不断发展，数字经济正在成为重组生产生活要素资源、重塑社会经济结构、改变全球竞争格局的关键力量。④ 基于信息技术的手机支付、共享单车、外卖点餐、远程办公、在线医疗、社区团购等应用正在被人们使用，人们不断从网络经济中获得便

---

① 李良：《深耕北京红色文化沃土服务全国文化中心建设》，《北京党史》2021年第1期。
② 中国互联网络信息中心：第49次《中国互联网络发展状况统计报告》，2022年2月（http：//www.cnnic.net.cn/n4/2022/0401/c88-1131.html）。
③ 中国互联网络信息中心：第49次《中国互联网络发展状况统计报告》，2022年2月（http：//www.cnnic.net.cn/n4/2022/0401/c88-1131.html）。
④ 曾玉成：《多媒体视听技术在生活中的应用研究》，《美术教育研究》2012年第10期。

利。在这样的社会背景下，采用数字化手段对北京红色文化进行传播利用已经成为必然。

三　北京红色文化可利用的数字化传播方式

数字化传播利用手段有很多种，有在互联网线上应用的，也有在线下应用的，还有通过新媒体手段传播的。不管是哪种方式，都应围绕着通过数字化的手段传播北京红色文化这一主题。当下，可以利用以下这些数字化手段进行传播。

（一）建立在线数字化传播平台

建立一个在线宣传北京红色文化的数字化传播平台，从而达到传播北京红色文化、传承革命精神、服务红色旅游、开展红色主题教育等目的。建立数字化传播平台并非单纯的建立一个门户网站，随着手机、平板电脑等终端设备的普及，平台的自适应性正在越来越多地被考虑。所谓平台的自适应性就是同一平台无论是显示在台式电脑、笔记本电脑、平板电脑或手机上，平台会根据设备自动调整屏幕大小。通过程序设计将北京红色文化数字化传播平台建成一个可进行前台用户交互和后台数据交换的平台，平台上的内容通过集成以小程序、手机应用程序、电脑客户端、网页等不同方式展现并实现交互。

在北京红色文化数字化传播平台上可实现如下功能：

1. 开展云展览在线讲述革命历史故事

建立北京红色文化数字化传播平台，开展互联网线上云展览，通过音频、视频等多媒体方式讲述百年前的革命历史故事，展现革命精神，使更多的人了解新文化运动及五四运动的由来、马克思主义在中国早期传播、中国共产党的主要孕育历史等。使用数字多媒体技术的云展览更有代入感，可以使人们更易于理解当时的社会背景。云展览不受时空限制，人们不必到实地就可以了解革命精神与北京红色文化，在遇到特殊情况如疫情，人们不方便到现场参观的时候，人们仍然可以通过观看云展览在互联网上感受前辈的革命精神。再加入虚拟场景漫游等数字化手段，使人们如同身临其境。在线云展览并非简单地将文字、图片、视频拼凑在一起讲述革命历史故事，而是将革命历史故事发生的社会背景、演进过程及相应关系人的讲述流畅地连接在一起进行叙述，其中还可以穿插一些虚拟场景等。

2. 统一组织红色主题教育

大部分北京红色文化遗址空间有限，不便于组织大规模的中小学生红色主题教育，开展互联网线上红色主题教育可以突破这种限制。建立北京红色文化数字化传播平台，可以为红色主题活动提供线上的统一组织空间。活动策划者可以根据新文化运动、五四运动、马克思主义传播、中国共产党的诞生等主题分别设计不同的活动，用活动连接不同地点，利用数字化手段进行联动，突破时空限制。利用数字化手段可以实现跨越时空的连线，在数字化传播平台上设计专题入口，进入专题后实现一个页面上同时出现多个地址的活动场景，使在不同地点的人们同时参加同一活动，实现实时联动，也可以设计成不同地址不同时段的联动，具体要根据实际情况来设计。在数字化传播平台上还可以设计实现具有较高参与性的活动，如互动答题活动、打卡活动等。

3. 北京红色旅游智慧导览服务

随着云计算等技术的发展，国内外智慧博物馆、智慧景区的建设在如火如荼地进行着。现在国内很多景区都建设了智慧旅游系统，很多博物馆也在进行智慧博物馆建设。

人们不一定对所有的北京红色文化遗址都很熟悉，有的时候可能只是偶尔参观一处，但是如果有一个智慧导览系统能够在提供导览讲解的同时推荐其他的红色文化遗址，也可以为一些不受关注的遗址提供客流，从而促进红色旅游。

北京红色文化遗址可以建立一个北京红色旅游智慧导览系统，实现按主题、按时间等选项提供规划北京红色旅游线路并提供智能讲解等功能。智慧导览系统也可以结合景区监控实现景区安全监控及游客流量引导等功能。游客流量引导对于面积小的场馆非常有必要，可以避免因拥挤引发的安全事故。

智慧导览系统由数字化传播平台后台的数据交换平台进行支持，可以在小程序、手机应用程序、电脑客户端、网页等平台上进行前台交互。

4. 典型案例

"青春红游记"是中国共产主义青年团北京市西城区委员会联合北京市西城区委宣传部、北京市西城区委教育工委、北京市西城区史志办、北京市西城区退役军人局共同打造的党史红色文化学习体验项目。观众可通过中国共产主义青年团北京市西城区委员会的公众号"青春西城"登录小程序参与活动。

"青春红游记"第一季、第二季运用多种数字化方式与观众互动，浏览量达 170 万人次。"青春红游记"第三季通过手绘条漫、沙画视频、实景 VR、闯关答题、游戏互动等沉浸式交互体验方式带领广大青少年品读中轴文化、感受中轴之美，让大家身临其境地感受古老中轴线的深厚文化底蕴和旺盛的生命力。

"青春红游记"色彩鲜明、互动性强，趣味性与知识性相结合的讲述方式很受青少年欢迎。但因为是通过微信小程序与观众互动，具有一定的局限性，功能也相对简单。建立北京红色文化数字化传播平台后，传播的内容可以更丰富，形式可以更多样，功能可以更全面。

（二）线下利用多种数字技术展示首都红色传承

1. 使用数字技术的目的

数字技术的应用可以达到吸引公众的目的，并提高观众的参与性。很多观众愿意实地参观场馆，希望能在实地场馆收获一些历史文化知识的同时也有参观的乐趣。使用数字技术，可以增加展览与观众的互动，使观众参与其中。数字技术利用声、光、电的结合制造强烈的视觉效果从而吸引人的眼球，鲜活生动的画面比单纯的静物说明更能吸引人。另外，运用一些数字技术可以使观众参与其中，有参与感的展览往往使人印象深刻，也更能让人持续关注。

在展厅使用数字技术可以使人们对中国共产党早期的革命活动了解得更立体。用虚拟现实技术可以复原中国共产党早期的革命活动场景，还可以展示那一时期的人文环境等。通过人工智能（AI）等数字技术可以设计展陈互动装置使现代人与百年前的人物进行时空对话，使现代人能够通过互动了解当时人的想法与时代背景。当然，不管选用何种技术都应是技术服务于内容，具体使用何种技术还应视主题内容而定。

2. 技术介绍

下面介绍几种可以应用于展厅实景的技术：

（1）虚拟现实技术

虚拟现实技术是通过计算机技术创建一个虚拟的场景，这个场景可以是现实真正存在的，也可以是曾经存在过但现在消失了的，或者完全是凭想象创作出来的，通过视觉、听觉、触觉、味觉之类的对应于人体感官的设备让体验者能够感觉到他在这个虚拟场景中的存在感，体验者也可以在这个场景中进行自主的观察和互动。例如，把一个遗迹通过数字化的方式恢复为当年的样子，然后体验者可以进入到数字场景中来看当时的景象。从某种意义上来说有点类似于把文物遗迹等数字化之后，用虚拟现实的方式来展现并供游客体验，如故宫的"天子的宫殿"、首都之窗上的三山五园地区部分景观（如畅春园、静宜园等）的 VR 虚拟体验都是这方面的一些应用。

（2）投影系统

在展览里，投影系统的应用可以增加观众对展览内容的理解。应用在展厅的投影早已不局限在传统投影中。互动投影系统分为：地面互动投影、墙面互动投影、桌面互动投影、背投互动、互动橱窗、互动翻书、互动吧台、互动游戏等。地面互动投影可在人脚下产生水波纹、翻转、碰撞、擦除、避让、跟随等特效影像。观众可以通过身体动作来与地面的图像进行互动，地面互动投影系统能带给观众一种全新的互动体验。[1] 户外立体投影也称建筑投影，分为建筑内巨幅墙面投影和建筑外巨幅墙面投影两种。巨幅墙面投影还可以结合炫酷的激光展示。建筑外巨幅墙面投影可以设计成立体感强的动感画面。[2] 沉浸式投影产生一个由四个投影面组成的完全沉浸式的虚拟环境，观众置身其中有一种身临其境的沉浸感受，故宫三希堂投影就使用了这一技术。等高线互动投影通过高精度摄像机将影像投射到实物上，并通过动作捕捉等多种交互技术打造出基于体感投影与真实物体相结合的体感互动活动。

（3）全息技术

全息技术是指一种虚拟成像技术，利用干涉和衍射原理记录并再现物体真实的三维图像。[3] 全息技术有很多种，有裸眼全息技术，有全息纳米触摸膜技术，有全息立体成像系统等。

裸眼全息技术最令人惊叹的是增强现实技术公司 Magic Leap 研发的一系列将三维图像投射到人的视网膜的裸眼全息技术，让用户不用佩戴任何眼镜也能看到全息景象，使人们在不借助任何工具的情况下身临其境。

---

[1] 曾玉成：《多媒体视听技术在生活中的应用研究》，《美术教育研究》2012 年第 10 期。
[2] 李峥峥：《浅析三维数字艺术与环境艺术设计的融合——以 3D 外墙建筑投影为例》，《美术界》2013 年第 5 期。
[3] 左雪梅：《新媒体艺术在舞台艺术中的应用》，硕士学位论文，大连工业大学，2013 年。

全息纳米触摸膜是一种新型、透明的触摸感应膜,将该膜贴在玻璃橱窗、玻璃墙内部,就可以把玻璃橱窗/墙改造成大尺寸触摸屏。触摸膜为透明的,肉眼几乎不可见。

全息立体成像系统柜体顶端及四面透明,成像色彩鲜艳,对比度、清晰度都非常高,空间感、透视感很强。柜体上方形成的空中幻象中间可结合实物,实现影像与实物的呼应。

(4) 幻影成像系统

幻影成像系统是利用光学错觉原理,将所拍摄的影像(人、物)投射到布景箱里的主题模型景观中,演示故事的发展过程。如成都金沙遗址博物馆,运用真实场景与虚拟人物成像技术相结合的手法,通过固定位置,再现了整个历史事件。再如菲律宾科学探索中心,在海洋探索区真实场景的基础上,运用此种技术制作了可互动进行交流的"Mr. T"虚拟卡通鱼,可回答观众提出的简单问题,这又是虚拟与现实相结合应用于展示的一种新突破。

3. 典型案例

门头沟区妙峰山镇涧沟村打造的红色主题体验活动"化蝶",以抗战时期四位隐蔽战线革命英雄的真实事迹为题材,让参与者通过沉浸式实景+VR虚拟空间的方式,实现与革命英雄进行跨越时空的"对话"。"化蝶"的设计构想非常好,但需要借助VR眼镜才能实现观众互动,具有一定局限性。互动时只有戴VR眼镜的人能参与,旁观者完全感受不到,使参与者的数量受到限制,不适合有较多参观者的情况。

有些数字技术已被应用在一些博物馆、纪念馆的展厅,但能使人印象深刻的数字技术与红色文化相结合的实例较少。所以,在使用数字技术展现北京红色文化方面仍有较大进步空间。

(三)利用新媒体扩大红色文化传播范围

新媒体不同于传统纸媒,有数字杂志、数字报纸、数字广播、手机短信、网络视频、移动电视、网络、桌面视窗、数字电视、数字电影、触摸媒体等多种传播方式。新媒体有传播与更新速度快、成本低、信息量大、内容丰富、检索便捷、多媒体传播、超文本、互动性强等优势。利用好新媒体传播方式,可有效扩大北京红色文化传播范围。

1. 短视频传播

第49次《中国互联网络发展状况统计报告》显示,截至2021年12

月,中国网络新闻用户规模达7.71亿,较2020年12月增长2835万,占网民整体的74.7%。新闻媒体通过入驻哔哩哔哩、百度、微博等社交娱乐类、信息资讯类平台,并持续引导平台用户参与对热点议题的讨论,进一步提升平台用户对相关议题的认知,达到了良好的传播效果。截至2021年12月,中国网络视频(含短视频)用户规模达9.75亿,较2020年12月增长4794万,占网民整体的94.5%。其中短视频用户规模为9.34亿,较2020年12月增长6080万,占网民整体的90.5%。[1]

2018年以来,短视频发展迅速,短视频平台正在不断地推动知识传播。利用好短视频这一信息传播的重要渠道,可以加强首都红色文化主流价值观的引导作用。

在短视频传播中,要想得到观众更多的关注,就要用观众喜闻乐见的讲述方式传递主流价值观,精心策划并创作各个年龄段观众喜爱的内容。首先,制作方要明确对自身的定位,制作短视频的目的是传播北京红色文化,那么短视频内容就应围绕这一主题。其次,制作方要明确对受众的定位。明确目标人群即明确短视频是给谁看的,才能确定以何种方式讲述内容,如针对成年人和对未成年人制作的短视频内容是不同的,针对年轻人与老年人群体的内容也应是有区别的。再次,制作方要明确对平台的定位。短视频的投放要选择合适的平台,才能获得相应的受众。比如体育类的平台如果投放生活类的短视频,观众不一定对这类内容感兴趣,也就不会得到太多的关注。最后,制作方要明确发布短视频的目的。打造短视频的目的是塑造形象、传递信息、扩大宣传、交流互动、间接导流还是提升关注,带有不同目的制作的短视频的内容侧重也不同。并且,由于短视频时长较短,不适宜研讨专业知识。专业知识需要系统而完整的阐述,三言两语说不明白专业知识,所以专业知识的研讨还是在能够有充裕研讨时间的环境比较好。

2. 网络直播

网络直播未尝不是一种新的尝试。截至2021年12月,中国网络直播用户规模达7.03亿,较2020年12月增长8652万,占网民整体的68.2%。[2] 虽然电商直播和体育直播是2021年网络直播行业发展最为突出

---

[1] 中国互联网络信息中心:第49次《中国互联网络发展状况统计报告》,2022年2月(http://www.cnnic.net.cn/n4/2022/0401/c88-1131.html)。

[2] 中国互联网络信息中心:第49次《中国互联网络发展状况统计报告》,2022年2月(http://www.cnnic.net.cn/n4/2022/0401/c88-1131.html)。

的两类业态，但是文化直播仍然值得一试，找到合适的直播形式仍然能促进北京红色文化的传播。

在北京的798艺术区有一家红色文化综合体——"红桥书店"，"红桥书店"有一个文化场景是红色直播间。"红桥书店"力求通过红色直播间向读者传递地区最新的红色资讯，让读者切实感受到红色的力量。这是非常好的尝试。

四　数字化传播的前景

数字化的传播手段可以不受时空限制讲述燃情岁月、北京红色故事。数字化的传播手段互动性强，易于被人接受，并能给人留下较深印象，在未来会越来越多地融入人们的生活。

（一）新技术的应用

随着信息技术的不断发展，云计算、大数据、物联网、区块链、人工智能、虚拟现实增强技术等正在社会服务中被逐步应用。此外，一些新兴技术逐渐显现，如利用科技手段使现实世界与虚拟世界链接进行映射与交互的元宇宙、利用物理建模与物联网技术相结合在虚拟空间实现映射从而反映相对应实体运行状态的数字孪生技术、在物理实体顶端产生更快网络服务响应的边缘计算技术等，还会有更多的新技术逐渐被人们发掘应用。在这些新技术出现的时候，如何利用好它是一个需要思考的问题。新技术会为红色文化的展现提供更多的可能性，但不能只注重追逐技术。数字化传播方式是展现北京红色文化主题的手段而不是技术展演，只有适合的数字化传播手段与好的主题结合，才能使人印象深刻，为人们带来好的体验，从而达到传播目的并引起启发与思考。

（二）数字文创

1. 动画

数字化传播手段不仅可以应用于展览、活动等，还可转化应用于文创产品的开发。在数字化传播过程中可以使用一些动漫形象，使用动漫形象可以拉近内容与观众间的距离，使观众易于接受，特别是易于被未成年人接受。选择受欢迎的动漫形象并结合优质的红色文化内容设计进行动画影片的制作发行，也能达到传播北京红色文化的效果。由此衍生出的IP可应用于文创产品的开发，同时也是一种传播方式。

中国制作过很多红色动画片。《翻开这一页》分26集讲述26个经典党史和伟人故事。《犟驴小红军》讲述了长征中过雪山草地的艰难险阻和剧中人物的勇敢、团结与友爱。《地道战之英雄出少年》是一部抗战动画片。《闪闪的红星》讲述潘冬子在党和前辈的教育、帮助下逐渐成熟起来的过程。《红豆呀》讲述小男孩"动画虫"和小女孩"白日梦"跨越时空来到七十年前的长征路上，与红军战士结下纯洁的友谊。《芦荡金箭》讲述抗日战争时期，在江苏常熟地区一批少年英雄的故事。《鸡毛信》讲述的是身在不同时代的两个少年因为一封鸡毛信不断成长的故事。《五子炮》又名《五子炮之渊子崖保卫战》，讲述中国人民英勇抗敌的壮烈故事。《飞虎队长》还原了飞虎队与中国人民共同抗战的真实历程，记录了彼此的真挚情谊。《回马亭》讲的是峙岭村少年小安多次协助新四军游击队，成为抗日好助手的故事。这些动画片中，以北京红色文化为主题的动画片很少，所以创作聚焦北京红色文化动画片的发展空间很大。

2. 游戏

基于红色人物、红色事件、红色故事的内容不仅可以制作成动画片，还可以制作成网络游戏。截至2021年12月，中国网络游戏用户规模达5.54亿，较2020年12月增加3561万，占网民整体的53.6%。2021年第三季度，中国网络游戏厂商开发的手机游戏在全球手游畅销榜中分别位列第二、第五和第七位。[1] 手游也是非常受人们欢迎的一种娱乐方式，并且我国这方面的技术力量不弱。游戏因优质的视觉效果和良好的互动性在年轻人中很受欢迎，游戏不仅仅是娱乐活动，也可以成为一种北京红色文化传播方式。

游戏和动漫在全球范围内都受到年轻人的欢迎，建立一个受欢迎的红色IP可以向外进行文化输出。当然，不管是动画片还是游戏，都需要内容支撑，怎样使人们在游戏中不知不觉地去了解探寻北京红色文化值得进一步探究与思考。

---

[1] 中国互联网络信息中心：第49次《中国互联网络发展状况统计报告》，2022年2月（http://www.cnnic.net.cn/n4/2022/0401/c88-1131.html）。

五　结语

不管是哪种传播方式，目的都是为了传播北京红色文化。采用线上、线下以及新媒体等多种数字化的传播手段可更好地弘扬革命文化、传承红色基因、展示北京丰富厚重的红色文化，加快推进全国文化中心建设。

基于地理信息系统与舆情数据大运河北京段文旅发展研究

崔若辰　边梦月　逯燕玲[*]

摘要：大运河北京段作为大运河最北端，地处文化中心北京，北京市积极建设大运河文化带，发展文旅融合便是其中的重要一环。本文基于大运河北京段文旅资源与微博舆情数据，采用空间分析与文本分析，提出整合资源、文化赋能、丰富宣传、推进数字化进程四方面文旅融合发展对策。

关键词：大运河；北京；文旅融合；地理信息系统（GIS）；网络舆情

大运河蕴含千百年来中华文化精神发展与融合，《大运河文化保护传承利用规划纲要》中提出，将推动文旅融合发展作为大运河文化带建设的六项重点任务之一。大运河北京段为大运河最北端，北京作为国家首都、四个中心，应积极响应大运河文旅融合发展工作。推进大运河北京段文旅融合发展，助力大运河文化带建设和北京文化中心建设，有助于中国在国际舞台讲好中国故事，让世界看到包容开放的中国文化，值得研究规划。

一　研究现状

大运河不仅是拥有运输功能的河，还是拥有丰富的物质文化遗产与

---

[*] 崔若辰、边梦月，北京联合大学地理学硕士研究生，研究方向为地理信息科学、大数据分析。通讯作者：逯燕玲，北京联合大学应用文理学院教授，研究方向为数据分析、算法分析、文化遗产感知与计算。

非物质文化遗产的文化容器。大运河物质文化遗产有河道、坝、闸、桥以及与运河有关沿岸分布的古建筑等,可以分为三大类:河道遗产、运河工建筑遗产和运河附属遗产。[1] 大运河非物质文化种类多样、内涵丰富,《非物质文化遗产公约》将非物质文化遗产分为五类,大运河非遗均有涉及。[2]

  大运河不是普通的文化遗产,是依旧可以起到作用的"活态遗产",对它的开发要建立在尊重保护其文化遗产的基础上进行。[3] 大运河沟通南北,如今虽不再作为航运通道,但通过建设文化带起到推动周边地区文化、经济发展的作用。[4] 国外关于运河的研究起步早、发展快,在研究理论、方法与应用等方面均取得了显著成果,运用最为广泛的是欧洲文化线路理论[5]与美国遗产廊道理论[6]。目前国内对于线性文化带的概念不清晰,对于大运河的保护与利用任重而道远。[7]

  旅游产业的兴起,为保护利用大运河提供了文旅融合这一新的研究思路。旅游以更直观方式唤醒游客对文化遗产的保护意识,相比于静态展览对文化遗产的保护更加有效。[8] 对大运河旅游的研究,国内外许多学者从运河开发影响[9]、运

---

[1] 徐欢:《申遗成功后中国大运河遗产保护管理趋势研究》,《北京规划建设》2016年第1期。

[2] 朱季康:《大运河文化带沿线城市非物质文化遗产保护与传承工作的现状、分析和提升策略》,《地域文化研究》2020年第4期。

[3] 单霁翔:《"活态遗产":大运河保护创新论》,《中国名城》2008年第2期。

[4] 孙久文等:《大运河文化带建设与中国区域空间格局重塑》,《南京社会科学》2019年第1期。

[5] 相关文献有:CIIC, 5th Draft of the ICOMOS Charter on Cultural Routes, 2005;贺俏毅等:《杭州京杭大运河遗产廊道保护规划探索》,《中国名城》2010年第8期;徐欢:《京杭大运河淮安段遗产廊道与绿道系统规划》,《北京规划建设》2020年第3期。

[6] Charles A Flink and Robert M Searns, Greenways, Washington: Island Press, 1993, p. 167;王晶:《隋唐大运河线性文化遗产特点及保护方式初探——以安徽段大运河为例》,《东南文化》2010年第1期;刘大群:《大运河线性文化遗产的旅游开发——以邢台运河旅游开发为例》,《中国名城》2009年第11期。

[7] 周国艳等:《大运河保护和传承利用的相关研究回顾与现实困境》,《中国名城》2020年第3期。

[8] 孙九霞:《旅游作为文化遗产保护的一种选择》,《旅游学刊》2010年第5期。

[9] Vu Thi Hong Hanh, "Canal-side Highway in Hochiminh City (HCMC)," Vietnam-Issues of Urban Cultural Conservation and Tourism Development, Vol. 66, No. 3, 2007, pp. 165 - 186; Casado M A, Overview of Panama & amp; apos; s Tourism in the Aftermath of the Turnover of the Canal Zone," Journal of Travel Research, Vol. 40, No. 1, 2001, pp. 88 - 93.

河旅游开发、① 运河旅游市场模式、② 运河旅游游客感知、③ 运河旅游空间④等方面进行了研究,这对大运河文旅融合发展提供了启示与参考。文旅融合是用文化提升旅游品质,用旅游促进文化传播,近年来,对于多方面大运河文旅融合发展已有所研究,⑤ 在新时代发展背景下,如何使大运河文旅融合更好地发展,需要更为详尽研究。

文旅融合是建设北京大运河文化带的重要一环,本文基于地理信息系统、文旅资源与微博舆情数据,探讨大运河北京段文旅发展现状并提出发展对策。

二 大运河北京段文化内涵

大运河北京段具有丰富的文化内涵。漕运文化、大运河的开凿是由统治阶级主导的行为,其目的是加强对国家的统治。元代前,主要是为军事中心的北方提供充足的粮食,维护北方安定。元代建都北京后,大运河漕运为都城提供粮食、赋财,保障都城正常生活以及维持朝廷统治。⑥ 明代,

---

① 相关文献有:Furgala-selezniow G and Turkowski K, Nowak A, et al., " The Ostroda-Elblag Canal in Poland: The Past and Future for Water Tourism," *Lake Tourism: An Integrated Approach to Lacustrine Tourism Systems*, No. 1, 2005, p. 131 – 148;吴元芳:《山东省运河区域民俗旅游开发研究》,《经济问题索》2008 年第 2 期。

② 相关文献有:Holly M Donohoe, Sustainable Heritage Tourism Marketing and Canada & amp; apos; s Rideau Canal World Heritage Site," *Journal of Sustainable Tourism*, Vol. 20, No. 1, 2012, pp. 121 – 142;王静:《城市营销理论视角下淮安运河文化品牌提升研究》,《求实》2014 年第 S1 期。

③ 相关文献有:Dai T. and Hein C. and Zhang T., "Understanding How Amsterdam City Tourism Marketing Addresses Cruise Tourists' Motivations Regarding Culture," *Tourism Management Perspectives*, Vol. 29, January 2019;成志芬等:《大运河(北京段)传统村落居民对运河文化的认知及认同研究——以通州三个传统村落为例》,《北京联合大学学报(人文社会科学版)》2018 年第 2 期。

④ 相关文献有:Guo Q., Wu J. and Xiao L., "Promoting Ecosystem Services Through Ecological Planning in the Xianghe Segment of China's Grand Canal," *International Journal of Sustainable Development & amp; World Ecology*, Vol. 23, No. 4, 2016, pp. 365 – 371;周尚意等:《基于非表征理论大运河空间营造的两种路径——以大运河(北京段)为例》,《北京联合大学学报(人文社会科学版)》2019 年第 4 期。

⑤ 相关文献有:姜师立《文旅融合背景下大运河旅游发展高质量对策研究》,《中国名城》2019 年第 6 期;冷南羲:《文旅融合视域下大运河文化带遗产资源开发研究》,《江南论坛》2021 年第 10 期。

⑥ 北京市政协文史和学习委员会编:《北京水史》,中国水利水电出版社 2013 年版,第 277 页。

朱棣迁都北京，大运河成为输送都城建材的重要通道，同时运送大量都城所需粮草。

京畿—京郊文化。辽代时通州逐渐成为运输、仓储的重要地点。"南通州北通州，南北通州通南北。东大仓西大仓，东西大仓装东西。"这首民谣诠释了通州在漕运中的重要地位，通州张家湾，在辽代、金代、明代都是重要的仓储地点。

商贸文化。南方商人通过大运河将南方丝绸、纸等商品运至北方售卖，北方商人则将牲畜等运至南方售卖。① 这促进了南北方商品交流，带动了南北方及运河沿线城市经济发展。元代积水潭（今什刹海）为漕运终点，加之钟鼓楼在其附近，且周围街道宽阔平坦，使得积水潭和钟鼓楼附近有许多集市、歌台酒馆等，成为都城最繁华的区域，明朝后期什刹海码头停用，但并未影响其繁荣。②

景观文化。昆明湖是元代大运河的水源地，也是现存最完整且美学水平最高的皇家园林颐和园的重要主体，同时是静明园、静宜园最重要的外部借景，是皇家园林的重要组成部分，也是园林景观的组成部分。③ 随着漕运带来的繁荣，玉河两岸建起了民居，东不压桥胡同便是当年运河畔人民生活的景观。

艺术文化与交流。元代的元杂剧得益于运河而广泛传播，京剧的诞生也得益于运河，"徽班进京"是京剧诞生的契机与条件，盛极一时的"东柳西梆"也是乘着大运河来到了京城。④ 如今有关大运河的文化作品依旧源源不断地诞生。

民俗文化。民俗体现了大运河北京段沿线人民的习俗、精神面貌，彰显了大运河北京段丰富的文化底蕴。除了为人民所熟知的通州运河船工号子、通州运河龙灯会等非物质文化遗产，还有踩曲与踩曲歌、里二泗小车会、团花剪纸、运河开漕节等许多民俗。

---

① 单霁翔：《大运河飘来紫禁城》，中国大百科全书出版社 2020 年版，第 140 页。
② 尹钧科：《什刹海与京杭大运河》，当代中国出版社 2014 年版，第 152 页。
③ 王越：《走读大运河》，工人出版社 2021 年版，第 214 页。
④ 单霁翔：《大运河飘来紫禁城》，中国大百科全书出版社 2020 年版，第 182—184 页。

三 研究方法

（一）数据来源

本文文化遗产数据来源于《大运河遗产保护规划（北京段）》，旅游资源数据来自北京市文化和旅游局策划的 12 条北京大运河休闲旅游精品线路。

本文舆情数据为使用 Python 从微博网页端爬取，设置关键词为"北京运河"，获取了大运河北京段 2021 年 1 月 1 日至 2021 年 12 月 31 日一年的相关文本数据 18330 条。通过关键词分析及相关旅游软件查询，选取大运河北京段沿线的知名度与关注较高的景区，通过 Python 爬取其微博舆情数据。

（二）研究方法

1. 数据预处理

筛选出 12 条北京大运河休闲旅游精品线路，除去其中的商城、宾馆，共有 49 处旅游景点。对原始舆情数据进行筛选、去重、去乱码等操作后，筛选出 4219 条有效数据，其中政府、官方媒体等的官方信息共 2022 条，网民信息 2191 条。

2. 空间分析

最近邻指数可以推测空间各要素的集聚和离散情况。根据计算所得的最邻近比率（R 值）对分布状况进行判断，若 R > 1，说明研究对象处于均匀分布状态；若 R < 1，说明研究对象处于集聚分布状态；若 R = 1，说明研究对象处于随机分布状态。公式如下所示：

$$R_e = \frac{1}{2\sqrt{\frac{n}{A}}}$$

$$R = \frac{R_1}{R_e}$$

式中：R 是最邻近指数，R_e 是理论最邻近距离，n 是研究区域内的点数，A 是研究区域的面积，R_1 是实际最邻近距离即最邻近点之间的平均距离。

核密度分析法用于计算要素在其周围邻域中的单位密度，可以有效反映出文化遗产、旅游资源要素在空间区域内的集聚特征。公式如下所示：

$$F(l) = \frac{1}{nh}\sum_{i=1}^{n} K\left[\frac{l - l_i}{h}\right]$$

式中：$F(l)$ 为空间位置 l 的核密度估计值，n 为总个数，h 为搜索半径，$K\left[\dfrac{l-l_i}{h}\right]$ 为核函数，$l-l_i$ 表示估值点 l 到位置点 l_i 距离。

3. 文本分析

采用网络文本分析法，设置自定义分词词表，自定义分词包含运河节点、文化遗产、沿线景观等。运用 Python 对收集到的微博文本进行分词与词频统计，删除无意义词并对同义词进行合并后，截取前 100 个高频词。

四 研究结果及分析

（一）文化遗产与文化资源分析

通过《大运河遗产保护规划（北京段）》可知，物质文化遗产共 40 项：河道 5 项，水源 4 项，闸 7 项，桥梁 8 项，码头 2 项，仓库 5 项，古遗址 6 项，古建筑 2 项，石刻 1 项。物质文化遗产始建朝代有：北周、辽、元、明，时间跨度大。非物质文化遗产共 11 项，地名 3 项，传说 6 项，风俗 1 项，音乐 1 项。其物质文化遗产点核密度分析如图 1 所示。

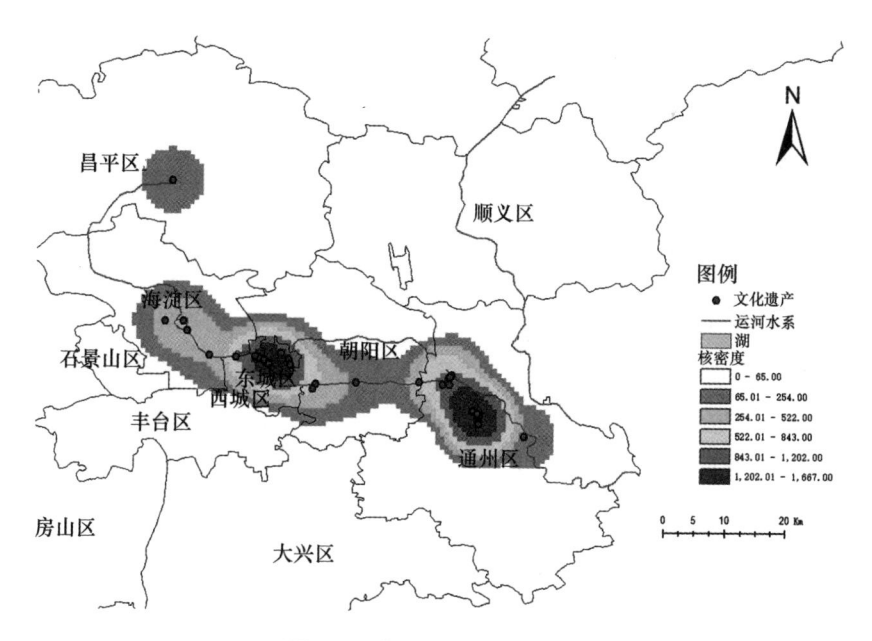

图 1　文化遗产点核密度分析

根据最邻近分析结果显示,大运河北京段文化遗产最邻近比率为 0.619728, z 得分为 -4.36492, 呈聚集分布状态。通过图 2 可以看出,物质遗产集聚分布,三个集聚区分别为西城区、东城区、通州区。这是因为通州区是运河北大门、仓储重地,自此进入至什刹海到达漕运终点,沿途有多个桥、闸、仓库等保证漕运顺利进行。通州区拥有一处大运河世界遗产,便是通惠河通州段,它西起永通桥(俗名八里桥),东至通惠河与北运河交汇处(卧虎桥),虽然全长仅 5 公里,但聚集了不少标志性的历史文物古迹,比如通州衙门遗址和贡院、三教庙等。对于此段《通州区大运河文化带保护建设规划》(以下简称"规划")《通州区大运河文化带保护建设三年行动计划(2020 年—2022 年)》提出了打造运河水城展示区、加快重点文旅项目建成、加快通州区运河航线全线通航等发展规划。

(二)旅游资源分析

大运河北京段旅游资源最邻近比率为 0.665049, z 得分为 -4.48549, 呈聚集分布状态。按照《旅游资源分类、调查与评价》文件将 49 处旅游资源分为两类,其中遗址遗迹 6 处,建筑与设施 43 处,其中大运河的物质文化遗产 11 处。其旅游资源分布核密度分析如图 2 所示。

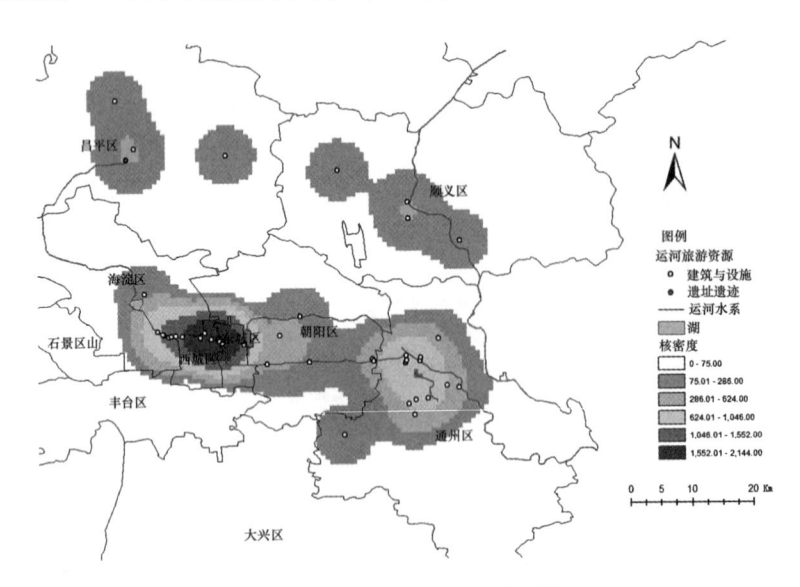

图 2　旅游资源分布核密度分析

大运河北京段旅游资源分布主要集中区域在西城区即什刹海附近，这是由于历史上积水潭（今什刹海）为漕运终点，又位于钟鼓楼附近，遂成为最繁华的区域，留下多处人文旅游景观。次要集中区域在通州区，这是由于在《北京（通州）大运河文化旅游景区创建国家 5A 级旅游景区项目建设工作方案》中提出，建设大运河森林公园、运河公园、"三庙一塔"景区为核心区，同时在通州区建设张家湾、台湖、宋庄三个特色小镇。

（三）舆情分析

1. 官方信息

通过高频关键词统计，可以初步了解微博中官方媒体对于"北京运河"相关话题的信息。对关键词进行可视化处理，制作词云图，如图 3 所示。

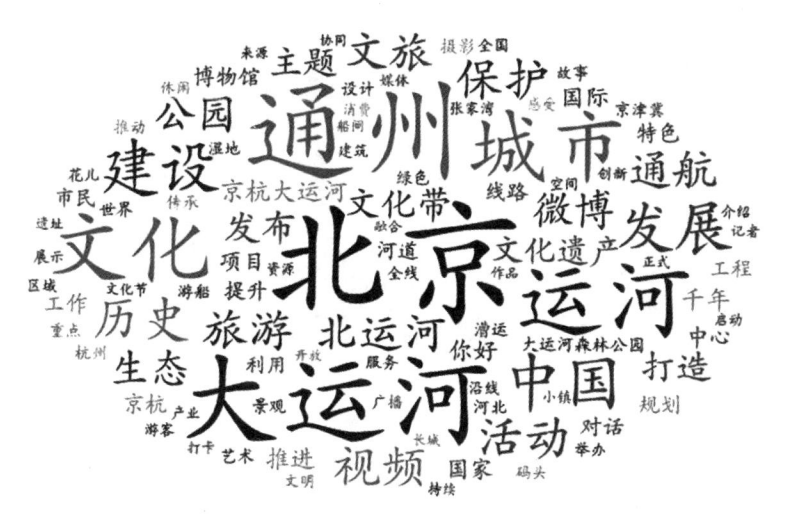

图 3　官方信息关键词词云图

通过对关键词进行可视化处理并结合原文进行分析，官方对于大运河北京段的讨论主要围绕"四个运河"的任务，即"魅力运河""美丽运河""多彩运河""协同运河"。"文化""历史""码头""建筑""船闸""文化遗产""遗址"等关键词表明官方关注大运河北京段的文化内涵，即建设魅力运河；"生态""河道""绿色""湿地"等关键词体现出发展的基础是保护生态环境，营造良好的生态景观，即建设美丽运河；"旅游"

"文旅""通航"等关键词表明发展旅游是大运河文化带建设的重要一环，即建设多彩运河；"京杭""对话""世界""河北""杭州""京津冀"等关键词，体现出北京市与大运河沿线城市积极进行国际交流和合作，即建设协同运河。"建设""发展""文化带""打造""推进""规划""推动"等关键词，体现出北京建设高质量大运河文化带的决心，并通过"视频""微博""广播"等方式宣传北京大运河。

2. 民众信息

对"北京运河"民众信息高频词进行统计，并进行可视化处理制作词云图，如图4所示。

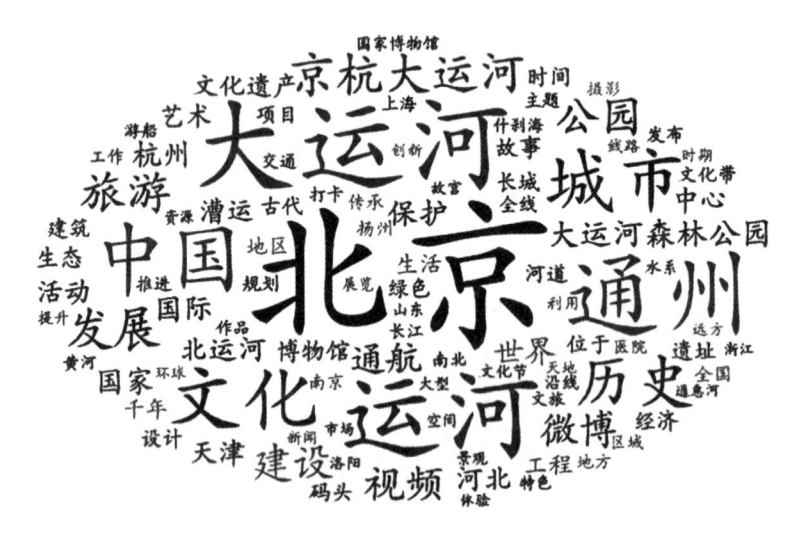

图4 民众信息关键词词云图

对比官方信息与民众信息可以发现二者具有高度相似性，民众信息高频词与官媒信息高频词重复率达67%，这是由于网民转载官媒信息所致，表明民众对于官媒宣传具有一定了解。与官方信息不同的是，民众信息存在部分科普、故事内容；从"旅行""体验""展览""打卡""故事""生活"等关键词不难看出民众还以日常生活的视角关注大运河；"国家博物馆""大运河森林公园""什刹海""环球"等关键词，表明民众对于大运河北京段旅游的关注重点在博物馆、公园、什刹海、环球影城等地。从大运河发展历史中不难看出通州区占有举足轻重的地位，对比官方信息与民众信息发现通州区及其有关地点、事物出现频率极高，是建设大运河文化带的关键区域。

3. 通州运河民众信息

为研究沿线地区在大运河北京段文旅融合发展中的作用，本文选取通州作为研究案例地。通州区是大运河进京的大门，且在大运河舆情数据中出现频率较高，是大运河北京段文旅融合发展的重要地区。分析其舆情数据，有助于发现文旅融合发展中的不足之处。通过 Python 爬取通州运河 2021 年 1 月 1 日至 2021 年 12 月 31 日的微博舆情数据共 5805 条，通过去重、清洗获得有效民众信息数据 954 条，词频排名前 100 的关键词可视化结果如图 5 所示。

图 5　通州运河民众信息关键词词云图

由图 5 可以发现"大运河森林公园""环球影城""文化公园""运河公园""运河文化广场""张家湾""绿心""北运河""博物馆"为游客感知较强的大运河通州段有关的景点与场所，这些地点大多为绿色休闲景区，其中运河文化广场、运河公园、张家通州博物馆对于运河文化均有展示，发挥出文旅融合作用；大部分景区位于北运河沿岸，发挥了北运河纽带作用，同时体现出了通州"十三五"规划的发展定位、发展布局。"马拉松""灯光秀""荷花""骑行""摄影"等关键词体现出游客在大运河通州段进行的活动，即马拉松、参观灯光秀、赏荷、骑行、摄影等多为运动、休闲活动，表现出打造白天繁荣、夜晚繁华的"经济动脉"的战略定位与通州"十四五"规划中"白天看景,晚上看灯"大运河生态文化景观廊道的构建。"天津""京津冀""河北""扬州""杭州"等关键词体现出通州运河引领京津冀,进一步发挥示范带动和战略支撑作用。"文旅""旅游"表明民众对于大运河通州段文旅融合有一定认识。

五 结论与建议

梳理大运北京段文化遗产与文化资源、旅游资源,发现大运河北京段拥有丰富文化内涵;借助软件工具,发现大运河北京段物质文化遗产具有集聚特征,以西城区、东城区、通州区为主,通州区拥有一处大运河世界文化遗产;大运河北京段旅游资源也具有集聚特征,西城区为主、通州区次之。

对北京大运河微博舆情数据分析,得出以下结论:官方媒体对大运河文化带对于建设"四个运河"的内容皆有报道;民众对于官媒的报道有所感知,两者前100关键词重复率为67%;民众信息内容主要是以科普故事、新闻报道为主,重点关注大运河可以游玩的几处地点;通州区及区内有关地点、事务,官方与民众关注度均较高,是发展大运河文旅发展的关键点。通过对通州运河微博舆情数据分析发现,民众感知能体现出通州区大运河有关规划;民众在通州段大运河以运动、休闲活动为主,通州区大运河的部分景区展示了运河文化,但民众难以感知到大运河北京段的有关文化内涵。

通过分析,发现大运河北京段文旅融合发展具有以下问题:文化遗产丰富,但遗产资源难以有效转化为旅游产品;大运河北京段旅游资源种类较少,且旅游资源分布较为集中;通过舆情分析发现大运河北京段有效信息较少,民众对于大运河北京段感知度较低;民众通过官媒、科普、故事等了解大运河北京段,缺少亲身感受,难以加入文旅之中;存在民众关注度热点景区,但民众在运河有关地区进行活动时难以感知大运河有关文化形象;文化遗产难以被关注,民众难以深入了解大运河文化内涵。针对目前大运河北京段文旅融合面对的问题,提出以下发展对策。

第一,整合资源,打造旅游新局面。梳理现有文化遗产与旅游资源,善用文化遗产,以保护为前提发展运河文化遗产旅游;以创新眼光打造特色文旅设施,丰富旅游资源数量、种类的同时创造新颖旅游体验,例如发展节事旅游、发展地方商品旅游资源;通过展板、讲解等方式,提升民众对于各景区大运河形象感知；完善旅游配套设施，建设高质量旅游景区。

针对文旅资源不丰富的地区，与其他旅游资源整合，规划设计出多条包含游览了解大运河的地区旅游路线，吸引游客前往；针对文旅资源丰富地区，则可考虑发展全域旅游策略，打造一体化发展版图。打造创新、丰富、合理的高质量文旅融合局面。

第二，文化赋能，深度融合。文旅融合的灵魂是文化，大运河北京段文化内涵丰富，如著名的"通州八景"，通过考古修复等方式复现历史文化景观，同时打造符合时代的现代文化景观，丰富大运河北京段文化内涵；通过文创产品、艺术表演等多种途径将文化融入旅游过程，打造独特大运河北京段文化 IP，避免景区同质化同时向民众输出大运河文化；北京当地亦富有多种文化，如：京味文化、红色文化、红学、流行文化等，以大运河为载体，连接多种文化，丰富大运河形象，吸引更多民众关注大运河。

第三，加大宣传力度，扩大影响力。对于大运河北京段的宣传，应通过多种方式，引导民众关注。新媒体行业的崛起，给信息传递带来了新的途径。对于大运河北京段的宣传要做到传统媒体与新媒体相结合，传统媒体采用科普、讲座、综艺、纪录片等方式来推广；新媒体方面，通过短视频、vlog、景区直播等形式，宣传科普运河文化，推广运河旅游，提升景区知名度及运河形象感知，吸引游客亲身体验运河美景与文化，扩大大运河北京段影响力。同时也要重视宣传大运河非物质文化遗产，吸引人民关注非遗文化、保护非遗文化、传承非遗技艺。

第四，推进数字化发展。当今时代 5G、大数据等信息技术高速发展，推动大运河北京段文旅数字化建设，助力高质量文旅融合发展。大运河北京段文旅数字化除了要满足景区景点查询导航、大运河历史文化视频讲解、语音导览等基础服务，还可以提供旅游线路推荐、景点打卡、大运河虚拟历史场景等特色功能。数字化为大运河北京段文旅注入新的活力，在文旅与民众之间建起了沟通的桥梁。

六 结语

文旅融合发展是大运河文化带建设的重要任务，也是必要选择。大运河北京段文旅融合发展要在保护文化遗产与生态环境的基础上，多部门协同合作、多学科联合研究、多地区交流合作；充分利用文旅资源，善用先进技术，以创新、融合的眼光推动大运河北京段文旅融合的发展。本文也有不足之处，过去 3 年，疫情对于旅游业造成巨大冲击导致有关数据量减少；对于大运河北京段旅游资源分析时，仅以推荐景区为主，未来将继续完善相关研究。

北京旅游休闲街区夜间地方营造策略研究*

朱玺 刘敏**

摘要： 旅游休闲街区是城市休闲旅游主客共享和夜间经济的重要场所。旅游休闲街区夜间旅游不仅增加了街区的景气度和独特氛围，而且加深了访客对城市地方性的认识和体验，提升了满意度和重游率。因此，旅游休闲街区的夜间地方营造具有突出的现实意义和理论研究价值。本文通过分析网络文本数据，从词频、社会语义网络、情感编码等角度提取北京南锣鼓巷夜间旅游中的地方感知情况，研究发现在访客的感知中，南锣鼓巷夜间旅游具有历史气息和商业气息，但南锣鼓巷夜间旅游的非物质层面和混合类层面感知较弱，同时存在同质化和商业化严重等问题。本文从物质、非物质和混合类三个层面提出地方营造策略，以期为旅游休闲街区夜间旅游的地方营造提供实证研究支持。

关键词： 夜间旅游；旅游休闲街区；地方营造；网络文本分析；南锣鼓巷

一 引言

随着休闲旅游的发展和游客个性化与差异化的特点，旅游休闲街区已经

---

* 基金项目：教育部人文社会科学研究规划基金项目"精准扶贫战略下景区周边社区的自我可持续发展能力提升研究"（18YJAZH057）；北京学高精尖学科学生创新项目（BJXJD-GJJKT 2022-YB06）。

** 朱玺，北京联合大学应用文理学院硕士研究生，研究方向为旅游地理；通信作者刘敏，北京联合大学旅游学院教授，研究方向为旅游地理与旅游休闲街区。

成为满足外地游客城市体验和本地居民休闲需要的重要区域。① 夜间旅游是旅游休闲街区产品的重要组成部分，其时间上的特殊性为旅游休闲街区增添独特的氛围感。② 2021 年印发的《北京培育建设国际消费中心城市实施方案（2021—2025 年）》提出要打造"时尚＋多元业态融合"夜间消费集聚区、"商圈＋生活圈＋夜经济"消费重地、"深夜食堂"特色餐饮街区，可见夜间旅游对国际消费中心建设的重要性。③ 地方理论是人文地理学中的重要概念和研究主题之一，它关注空间上的地方性以及人主观的地方感，注重对于地方营造的探索和尝试。④ 从"以人为本"思想的规划层面，地方理论对于旅游休闲街区夜间旅游的地方营造具有指导意义。因此，在地方理论的指导下，运用网络文本分析法，从物质、非物质以及混合类三个层面，探究南锣鼓巷夜间旅游的地方营造策略，以期为实现北京旅游休闲街区个性化发展提供实证借鉴，为丰富相关理论研究提供案例支持。

二 相关概念及理论

（一）夜间旅游

夜间旅游是指游客从开始晚餐到就寝的时段内所进行的各类旅游和休闲活动。⑤ 国外的夜间旅游（night tourism）概念从"夜经济（the night-time economy）"一词延伸而来，20 世纪的英国为解决中心城市在夜晚的空巢现象，提出发展"24 小时城市"。⑥ 国内的夜间旅游在古代的形式是夜市，正式的概念最早在 2005 年由宋雪茜等人提出。⑦ 目前，中国对于城市夜间旅游的研究主要集中在夜间旅游的开发和发展上，具体可分为两方面：第一，某地区夜间旅

---

① 莫彩云等：《旅游休闲街区：概念、内涵与形成机制》，《科技和产业》2022 年第 22 期。
② 顾至欣等：《基于行为注记法的休闲街区夜间旅游活动研究》，《地域研究与开发》2016 年第 3 期。
③ 《北京培育建设国际消费中心城市实施方案（2021—2025 年）》，《北京日报》2021 年 9 月 24 日第 5 版。
④ 张中华：《地方理论：迈向"人—地"居住环境科学体系建构研究的广义思考》，《发展研究》2012 年第 7 期。
⑤ 岳超等：《中国夜间旅游研究综述》，《旅游论坛》2013 年第 4 期。
⑥ Zmyslony P. et al., "Tourism and the Night-time Economy: The Perspective Article," *Tourism Review*, 2020, No. 1.
⑦ 宋雪茜等：《夜间旅游：城市休闲旅游发展之路》，《天府新论》2005 年第 S1 期。

游发展状况，按尺度分，包括城市①、景区②、街区③等；第二，某类夜间旅游产品开发，包括滨水④、古镇⑤、博物馆⑥、主题公园⑦等夜游产品。

基于夜间旅游的时间特殊性以及活动休闲性，旅游休闲街区成为夜间旅游的主要活动场所。合理的地方营造能够激发深度旅游体验，因此引入地方理论，探索有利于旅游休闲街区夜间旅游进一步发展的策略。

（二）地方与地方营造

Wright 认为地方是承载主观性的区域，强调人对环境的认知与感受。⑧ Relph 和 Tuan 分别从人类和文化的角度进行阐述。⑨ 国内基本认同国外关于地方的概念，并对地方性概念进行发展研究，如周尚意等从文化地理学角度对比分析了人文主义与结构主义有关地方性的定义，认为二者本质相同，均强调地方所具有的特殊性，⑩ 吴必虎指出地方性就是自身独有的特性，体现在自然环境、历史文化、民风民俗等方面。⑪ 目前国内的研究集中在地方理念与其他学科和领域的多元应用上。成志芬和张宝秀运用文本分析方法，提出研究需挖掘地方文本，关注不同主体的地方认同，不断更

---

① 参见于萍《基于 SWOT 分析的南京夜间旅游开发策略研究》，《江苏商论》2010 年第 5 期；罗文斌等：《文旅融合促进湖南城市夜间旅游创新发展研究》，《四川旅游学院学报》2020 年第 6 期。

② 葛益娟：《基于历史传承的景区夜间旅游开发策略：以南京夫子庙秦淮风光带为例》，《江苏商论》2015 年第 3 期。

③ 参见陈思颖等《基于 probit 模型对夜间旅游影响因素的研究：以重庆市洪崖洞为例》，《全国流通经济》2020 年第 13 期；宿奥宇等《基于 AHP–模拟综合评价法的景区夜间旅游体验度研究：以哈尔滨市中央大街为例》，《哈尔滨学院学报》2020 年第 7 期。

④ 徐东亚：《游客感知下的城市滨水区域夜间游览体验质量研究》，硕士学位论文，浙江工商大学，2010 年，第 9 页。

⑤ 邓勇勇：《基于游客需求的丽江大研古镇夜间旅游产品调查分析》，《生态经济（学术版）》2011 年第 2 期。

⑥ 谢宇萌：《博物馆夜间开放的实践与困境：以南京市博物总馆为例》，《文物鉴定与鉴赏》2022 年第 5 期。

⑦ 郭婧：《上海主题公园夜间旅游评价研究》，《上海商业》2020 年第 12 期。

⑧ Wright J. K., "Terrae Incognitae: The Place of the Imagination in Geography," *Annals of the Association of American Geographers*, 1947, No. 1.

⑨ Relph E. C., "Place and Placelessness," *Routledge Kegan & amp*, Paul, 1976; Tuan Y. F., "Space and Place," *Hodder & amp*, Stoughton Educational, 1977.

⑩ 周尚意等：《地方性形成机制的结构主义与人文主义分析：以 798 和 M50 两个艺术区在城市地方性塑造中的作用为例》，《地理研究》2011 年第 9 期。

⑪ 吴必虎：《旅游规划原理》，中国旅游出版社 2010 年版，第 105 页。

新对地方的评价。① 李红等以四川古镇为例说明了"纵横"研究方法对于地方性挖掘的可行性。② 刘宏芳等提出了"地方树"这一地方性的概念模型并对其进行旅游学的阐释。③ 郑威通过区域旅游个案研究为地方性提供了旅游人类学视角的解读。④

地方营造指空间在主体的创造下被赋予特殊意义的过程，这里的地方主要体现了与意义、价值观相关的情感内涵。⑤ Cilliers 认为地方营造是城市设计的重要部分，要从社会层面将意义、功能和空间等方面联系起来进行规划。⑥ Lew 则提出可以从物质层面（tangible）、非物质层面（intangible）、混合类（mixed）三个方面理解地方营造。⑦ 基于上述基础，构建本文的理论框架（见图1）。在特定时间（夜间）和特定区域（旅游休闲街区）组成的情境下，运用网络文本分析，提取空间的地方性和访客对于地方的感知，并从三个层面对照分析，最终得出地方营造策略，以期为南锣鼓巷夜间地方营造提供参考。

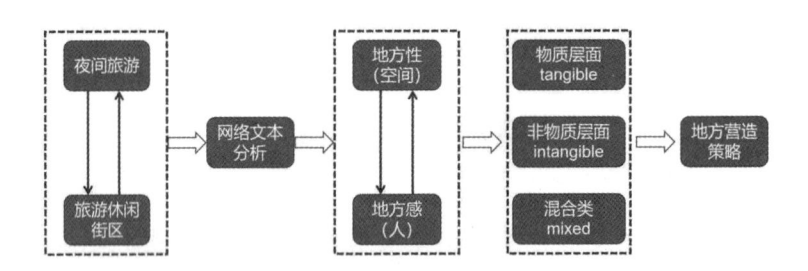

图 1　研究框架

---

① 成志芬、张宝秀：《地方学与地域文化研究的"地方"和"地方性"视角》，《论地方学建设与发展：中国地方学建设与发展研讨会文集》，内蒙古，2013 年 9 月。

② 李红等：《地方性挖掘："纵横"研究方法大有可为：以四川昭化古镇为例》，《城市发展研究》2019 年第 5 期。

③ 刘宏芳等：《地方树：地方性的概念模型及其旅游学阐释》，《旅游论坛》2021 年第 2 期。

④ 郑威：《地方性：一种旅游人类学视角：以广西贺州区域旅游研究为个案》，《改革与战略》2006 年第 4 期。

⑤ 孔翔等：《历史文化街区餐饮业态与地方营造策略的空间分异：以黄山市屯溪老街街区为例》，《经济地理》2020 年第 6 期。

⑥ Cilliers E. J. et al., "The Importance of Creative Participatory Planning in the Public Place-Making Process," *Environment and Planning B: Planning and Design*, 2014, No. 3.

⑦ Lew A. A., "Tourism Planning and Place Making: Place-making or Placemaking?" *Tourism Geographies*, 2017, No. 3.

（三）网络文本分析

网络文本分析是大数据时代获取信息的重要方式之一，利用网络文本作为研究数据可以较快获取针对某一关键词的较为全面的信息。在知网用"网络文本"作为关键词进行检索，得到中文文献3058篇，发文篇数呈现逐年上升的趋势，主题涉及多个领域，其中在旅游方面的应用主要在于旅游形象感知、景区空气、旅游目的地、游客满意度等方面，在地方营造方面应用较少。

已有学者利用网络文本进行案例地夜间旅游的研究，本文基于文献[①]整理得出表1。在此基础上，本文着重南锣鼓巷街区的夜间旅游研究，引入地方营造概念，展开分析与探讨，以求为现有研究补充和丰富视角。

表1　　　　　　　　　　相关网络文本文献

关键词	作者	研究案例	数据量和类别	数据来源	研究内容
夜间旅游	赵才/2021	上海思南公馆	975条评论	大众点评、去哪儿和携程	夜生活集聚区形象感知
	夏海力等/2021	苏州市	70篇游记和210份问卷	携程、马蜂窝、同程和新浪博客	夜间旅游商业模式创新发展路径
	万思思/2021	乌镇西栅	5236条评论	携程和去哪儿	旅游意象感知和营造
南锣鼓巷	张洪等/2019	南锣鼓巷	88篇游记和556条评论	携程和马蜂窝	特色街区旅游发展
	向岚麟等/2019	南锣鼓巷	469个字段和182份问卷	半结构访谈、跟录、留言本记录	不同主体视角的地方感差异
	胡彦学等/2020	北京前门、东四、南锣鼓巷街区	前门街区有效餐馆405家、东四街区291家、南锣鼓巷街区285家	大众点评	街区餐饮业分布的空间特征

---

① 参见赵才《基于网络文本的夜生活集聚区形象感知分析：以思南公馆为例》，《上海商业》2021年第9期；夏海力等《苏州市夜间旅游创新发展路径研究：基于网络文本和问卷调查的分析》，《苏州科技大学学报（社会科学版）》2021年第6期；万思思《古镇夜间旅游意象要素感知与营造》，硕士学位论文，江西财经大学，2021年，第16页；张洪等《基于网络文本分析的特色街区旅游发展研究：以北京南锣鼓巷为例》，《安徽农业大学学报（社会科学版）》2019年第1期；向岚麟等《基于主体视角的历史街区地方感差异研究：以北京南锣鼓巷为例》，《城市发展研究》2019年第7期；胡彦学等《基于大众点评数据对餐饮业分布的空间句法分析：以北京前门、东四、南锣鼓巷街区为例》，《南方建筑》2020年第2期。

三 研究设计

（一）案例地选取

南锣鼓巷位于北京中轴线东侧的交道口地区，北起鼓楼东大街，南至平安大街，宽 8 米，全长 787 米，于元大都同期建成，已有 740 多年的历史，是北京最古老的街区之一。它位列规划中的 25 片旧城保护区之中，是中国完整保存着元代胡同院落肌理、规模最大、品级最高、资源最丰富的棋盘式传统民居区。街区内建筑以四合院小平房为主，装修风格遵循四合院的氛围和格调。

乾隆十五年（1750 年），由"罗锅巷"改称为"南锣鼓巷"（据《京城全图》）；1990 年被列入北京市第一批历史文化保护区；2006 年街区启动保护；2014 年 2 月 25 日，习近平总书记来到南锣鼓巷雨儿胡同视察；2014 年 9 月，开始进行业态调整，并颁布《南锣鼓巷特色商业街业态指导目录》；2016 年 4 月 25 日零时起，因客流量超载，暂停接待旅游团队，主动取消了 3A 景区称号；2016 年 12 月 20 日，南锣鼓巷历史文化街区风貌保护导则正式发布并执行；2019 年 7 月 1 日，北京市首个历史文化街区停车规划《南锣鼓巷历史文化街区机动车停车规划》发布，胡同内不再允许停放车辆。

本文选取南锣鼓巷作为案例地的原因主要有三点：一是特色鲜明，南锣鼓巷历史悠久，是北京文化特色和生活气息并存的特有街区；二是政策影响巨大，南锣鼓巷具有主动摘牌和改造等独特经历；三是旅游处于重要性地位，作为旅游休闲街区，南锣鼓巷具有知名度较高、发展较完善等特点。

（二）研究方法

网络文本分析法，将大量的网络用户点评文本进行系统的、客观的、定量化的分析，是大数据时代一种重要的数据获取方式和研究途径。爬取大众点评网关于"南锣鼓巷"这一地点（从 2007 年 12 月 26 日到 2021 年 12 月 2 日）的 18169 条用户点评文本作为数据，通过数据筛选、清洗、脱敏等整理，利用 ROST CM6 软件对数据进行高词频分析、社会语义网络图分析、正负情感编码分析等，再结合实地调查和访谈情况，总结得出北京旅游休闲街区夜间旅游地方营造策略。

（三）数据预处理

根据研究主题和目的，本文将网络文本数据进行精细化处理：一是从18169条点评中，筛选出2318条对南锣鼓巷夜间旅游有细致描述或带有明显情感表达的评论（从2008年5月16日到2021年12月1日）；二是将获取的数据由Excel文档转为ROST CM6软件可识别的文本文件；三是剔除无意义的词语如"北京""南锣鼓巷""这里""晚上"等；四是合并同义词如"有趣"和"好玩"，"童年"和"小时候"，"好吃"和"美味"，"中戏"和"中央戏剧学院"等，用于进一步的词频分析。

四 数据处理与分析

（一）词频分析

将处理后的网络文本数据导入ROST CM6软件中进行分析和词频分析，最后整理出前60个的高频词表，并对其词性进行了标注（见表2）。名词数量最多，有35个，主要是街区常见的景物以及周边景点，其中"胡同"一词出现最多，在剔除掉"晚上"和"夜晚"等形容夜间旅游时间的词后，明显与夜间相关的词"夜景"出现过122次，排第33位；形容词有18个，如"特色""热闹""好吃"等，体现了南锣鼓巷在感知中的特点；动词仅有7个，表达了访客在旅游活动中的行为特征。同时研究发现，使用频率最高的前20个特征词反映了访客对游览南锣鼓巷的关注点和评价。本文整理了大众点评网关于南锣鼓巷夜间旅游的60个高频词，其能够体现出南锣鼓巷夜间旅游吸引访客或访客对其不满的地方。为了更好地提出南锣鼓巷夜间旅游地方营造策略，本文对这些高频词从物质层面、非物质层面、混合类层面以及其他层面上进行进一步的分析。

表2 大众点评网南锣鼓巷点评文本中前60个高频词汇

序号	高频词	词频	词性	序号	高频词	词频	词性
1	胡同	1399	名词	31	有意思	128	形容词
2	小吃	891	名词	32	第一次	126	形容词
3	特色	813	形容词	33	夜景	122	名词
4	小店	725	名词	34	疫情	122	名词

续表

序号	高频词	词频	词性	序号	高频词	词频	词性
5	酒吧	513	名词	35	文艺	122	形容词
6	巷子	491	名词	36	预约	122	动词
7	逛逛	376	动词	37	街区	119	名词
8	店铺	364	名词	38	小巷	116	名词
9	热闹	354	形容词	39	排队	116	动词
10	好吃	345	形容词	40	有名	114	形容词
11	朋友	303	名词	41	走走	109	动词
12	美食	298	名词	42	烟袋	108	名词
13	味道	289	名词	43	建筑	108	名词
14	奶酪	282	名词	44	人多	107	形容词
15	文字	207	名词	45	四合院	105	名词
16	文化	206	名词	46	风情	103	名词
17	感受	203	动词	47	商业街	101	名词
18	鼓楼	203	动词	48	开心	101	形容词
19	方便	189	形容词	49	好看	99	形容词
20	附近	179	形容词	50	值得	99	形容词
21	气息	168	名词	51	好玩	99	形容词
22	同里	159	名词	52	故居	97	名词
23	商业	153	名词	53	安静	92	形容词
24	什刹海	151	名词	54	年轻人	85	名词
25	交通	148	名词	55	上海	84	名词
26	历史	146	名词	56	榴莲	82	名词
27	商业化	146	形容词	57	东大街	81	名词
28	拍照	141	动词	58	传统	80	形容词
29	古老	141	形容词	59	体验	75	动词
30	街道	130	名词	60	故宫	75	名词

1. 物质层面分析

物质景观设计包括建筑、雕塑、小品、植被等，是地方性的物质载体，也是地方性的重要物质体现。"胡同""小吃""小店""酒吧""巷子""四合院""故居"等高频名词是访客们关注较多的物质载体，也是南锣鼓巷夜间旅游的主要物质构成。南锣鼓巷夜间旅游主要以胡同、故居、特色商品店、文艺酒吧、小吃等吸引访客，结合商业化特点，营造出具有历史文化的古老气息和较为热闹且可进入性强的氛围。由此可见，南锣鼓巷的地方营造策略倾向于传统与现代的结合，一方面是保留了具有本地特色的四合院建筑和一些名人故居，如僧格林沁王府、靳云鹏旧宅、齐白石故居，另一方面也植入了一些现代化的元素，比如酒吧、咖啡店和特色商品店。

在保留传统建筑风格、塑造现代化空间的景观方面，酒吧和咖啡店在夜晚灯光以暗黄色为主，结合传统的胡同和小院等建筑风格，营造静逸闲适的氛围。特色商品店有以怀旧为主题的"童年零食"，有以网红克莱因蓝为主题的服饰店，有以销售北京小工艺品（包括兔爷儿、纸扇、故宫盲盒、剪纸等）为主的工艺品店。在饮食方面，除了目前流行的连锁餐饮品牌以外，还有稻香村、文宇奶酪、北京烤鸭、炸酱面、爆肚等北京特色美食。在商业管理方面，南锣鼓巷在 2016 年进行过改造，清退劣质纪念品和同质的店铺，丰富街区业态，引进特色的具有"北京味儿"的店铺和场馆，为沿街店铺做复古设计，提倡"一照一店一门一牌匾"，打造集小资情调和京味儿为一体的胡同。传统建筑与现代化休闲因素的结合吸引了众多访客夜间旅游，这些词汇也在大众点评上高频出现。

2. 非物质层面分析

非物质层面是地方形象的建构，关注心理意象包括历史故事、营销和品牌、新闻时事等。这些心理意象相较于物质层面而言，是使访客记忆深刻的、怀念的组成部分。"热闹""好吃""方便""古老""有意思""开心""好看""值得""好玩"等高频形容词，在一定程度上反映了访客对南锣鼓巷的总体满意度较高，也体现出访客在心理层面上的感知与反应，间接地借助了大众点评平台宣传、传递南锣鼓巷的形象。

目前南锣鼓巷通过社交媒体平台以及与媒体合作去展现地方性，推进地方形象的建构。"魅力南锣"微信公众号提供了较为权威的信息咨询及生活服务。2015 年拍摄的电视剧、钟立风和浪荡绅士乐队创作的歌曲、2018 年的央视纪录片以及相关书籍《南锣鼓巷史话》和《走进南锣鼓巷》等作品介绍和记录南锣鼓巷的历史，展现南锣鼓巷现在和过往的片段记忆，塑造感知形象，使访客产生记忆和共鸣，对街区文化构建具有重要影响，但这些在点评文本中较少被提及。

3. 混合类分析

混合类关注人的行为和事件，包括节事活动、街区展演等。节事活动是民俗的特殊表现形式，也是地方感的重要体现，是地方营造需要重点把握的部分，但点评文本中并未明显提及，原因可能是：第一，访客对于南锣鼓巷的夜间活动的感知程度较低；第二，"热闹""有意思""开心"等形容词多是在夜间活动中所产生的情感体验。

南锣鼓巷现存常态化节事活动多为官方组织的白天的活动，有胡同文化节、戏剧展演季等，能够较好地体现地方性；非常态活动多为非官方组织的夜间活动，比如跨年夜互动、脱口秀活动等现代夜晚娱乐活动。二者均存在宣传和营销力度不足的问题。

4. 其他分析

首先，在功能类型上，"逛逛""感受""拍照""走走""体验"等动词，可以反映出访客在街区的主要行为活动。可以看出访客在街区的活动主要以游览、拍照以及品尝美食小吃为主，反映出南锣鼓巷夜间旅游的活动类型较为单一，体验性、互动性以及参与感不强。其次，在人群特征上，"朋友""附近""年轻人"体现了南锣鼓巷夜间旅游的人群特征，年轻人居多，与朋友同行，多为住在附近的居民或者连同附近景点如鼓楼、什刹海等一起游览的访客。最后，在现存问题上，"商业化""预约""排队""人多"等高频词可以看出南锣鼓巷夜间旅游目前存在的问题：一是商业气息较重，与其他商业步行街同质化；二是客流量较大，出现人多导致排队等现象，街区旅游承载力受到挑战。

（二）社会语义网络图分析

通过 ROST CM6 软件的社会网络和语义网络分析功能以及 NetDraw 图形工具，得出大众点评网南锣鼓巷网络文本数据的社会语义网络图（见图2），图中箭头和线段表示各高频词之间的关联程度和关系，将网络文本中的感知可视化。其中，词汇被牵连的线条数量越多，表明其出现频率越高；词汇之间距离越近，表明其关系越紧密。

由图2可知：第一，"胡同""小吃""特色"位于网络图中心位置，且关联线条较多，表明其受到的网络评价最多，是南锣鼓巷给人最直接或最深刻的印象；第二，通过几对较为明显的词汇关系，可以描绘出南锣鼓巷夜间旅游的特点，如作为一个古老的街区，可以感受到历史文化，有好吃的美食小吃（比如文宇奶酪）和方便的交通，具有商业气息；第三，较外围的词汇是访客的延伸性评价，可以看出南锣鼓巷夜间旅游与周边旅游吸引物的联动，如鼓楼、什刹海、东大街等。

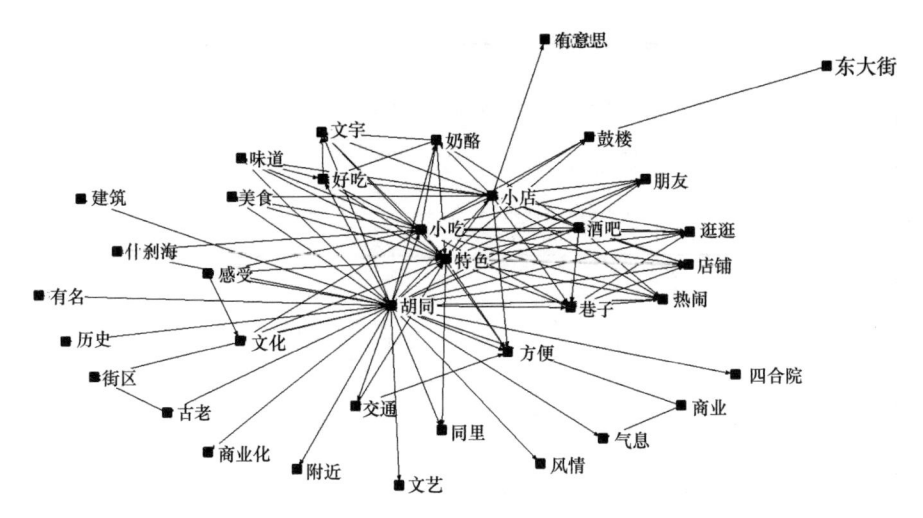

图 2 大众点评网南锣鼓巷网络文本社会语义网络图

（三）情感编码分析

通过 ROST CM6 软件的情感分析功能，得到大众点评网南锣鼓巷网络文本情感分析表（见表 3），其中积极情绪占比最大，为 84.60%，中性情绪最少，仅有 1.98%，消极态度占比 13.42%，但其中一般程度占比最大。可以看出访客对南锣鼓巷夜间旅游总体持积极态度。

结合消极情绪的点评文本，访客的不满主要集中在以下几点：第一，食物不可口或价格贵；第二，街区同质化和商业化严重；第三，商品缺乏吸引力或不能激起购买欲望。

表 3　　　　大众点评网南锣鼓巷网络文本情感分析表

情绪类型	频数（条）	占比
积极情绪	1961 条	84.60%
中性情绪	46 条	1.98%
消极情绪	311 条	13.42%
其中，积极情绪分段统计结果如下		
一般（0—10）	450 条	19.41%
中度（10—20）	468 条	20.19%
高度（20 以上）	1043 条	45.00%

续表

情绪类型	频数（条）	占比
其中，消极情绪分段统计结果如下		
一般（-10—0）	179 条	7.72%
中度（-20—-10）	74 条	3.19%
高度（-20 以下）	29 条	1.25%

五　北京旅游休闲街区夜间地方营造策略

本文采用 Lew 提出的三个具体方式进行地方营造策略的研究，即物质层面、非物质层面、混合类层面，以下是具体阐述。

（一）物质层面

南锣鼓巷夜间旅游以胡同和历史故居为主要旅游吸引物，形成独特的胡同文化和历史氛围。另外，特色小店铺和酒吧的入驻，为这里增添了现代商业氛围，二者共同构筑了地方感知的物质主体。但现在南锣鼓巷夜间旅游面临灯光较暗、商业气息较重、与其他商业步行街同质化等问题，遂提出以下三点地方营造策略。

第一，加强灯光营造。目前南锣鼓巷整体灯光较为昏暗，光源主要来自店铺灯光和路灯。一方面要保证胡同的照明亮度，另一方面要用灯光打造文化主题，营造夜间的独特氛围，比如利用灯光将南锣鼓巷的符号图案或特色标语投影在墙壁、路面上，再如结合建筑、水体、舞台等实物，打造灯光景观或灯光秀。第二，凸显景观建筑的特色。在历史故居和胡同文化方面，需要平衡历史文化古迹保护和胡同居住功能发挥之间的关系；在建筑景观设计方面可以利用传统材料"修旧如旧"，凸显南锣鼓巷韵味。第三，夜间独特地方标志性景观的打造。要挖掘和运用地方传统文化符号（老北京韵味、胡同文化等），如以糖葫芦、铜锅、黄包车等为主体形象设计景观小品，唤起访客对地方的记忆和情感。在商铺店面装饰上，可以"一店一面"，也可以多家店铺统一风格，整齐美观也不失惊喜。

（二）非物质层面

本文通过把握点评文本的"古老""文艺"等高频词，结合夜晚的时间特性，提出挖掘南锣鼓巷的历史故事、文化符号和地方性的营造策略。第一，挖掘历史故事与文化。南锣鼓巷距今有七百多年的历史，应注重历史文化、胡同文化的挖掘、保护和传承，如挖掘名人故居背后的故事、探索南锣鼓巷里坊制的历史等。第二，利用新媒体和新技术进行品牌营销和宣传，比如利用官方网站和微信公众号推介南锣鼓巷夜间旅游项目，讲述和记录街区发生的故事，塑造鲜活的形象，为访客构建心理意象提供素材；除了与央视网的合作拍纪录片，还可以邀请知名旅游博主体验南锣鼓巷夜间活动，写相关游记或拍摄短视频；邀请专业旅游人员进行旅游直播，介绍南锣鼓巷夜景、夜间活动等，达到流量变现。第三，突出北京特色非物质文化遗产，如兔爷儿、吹糖人、皮影戏、北京烤鸭等，设置专项展览和体验活动，讲述北京非遗故事。

（三）混合类层面

混合类的节事活动相较于静态的景观意象，以参与或互动的方式动态地连接了地方和人。基于历史文化和地方特色的活动和展演有利于帮助访客建立恋地情结，增强街区地方感。第一，努力完善现有活动。延长白天常态化活动（胡同文化节、戏剧展演季）的时间，开发南锣品牌活动，努力推广非官方组织活动，吸引更多访客。第二，开展新形式体验式活动，如"沉浸式夜游"活动，即在街区场地中借助光影、新媒体、3D投影、全息影像、实景演艺、场景设置等表现手段，规划夜间游览体验路线，融入互动打卡游戏，设计"南锣夜游""南锣夜话"等活动，或与周边景区联合开展更大规模的活动，增强互动性和体验感，使访客从"凝视"到"参与"中来。

六 结论与讨论

本文采用网络文本分析法，识别出大众点评网中南锣鼓巷夜间旅游的高频词，进行词频分析、社会语义网络图和情感分析，具体研究发现如下。第一，在物质层面，访客感知到的夜间的南锣鼓巷是"传统与现代的结合"，同时具有历史气息和商业气息，业态呈现与建筑遗产再利用保留了南锣鼓巷的历史与老北京生活方式。[①] 第二，访客对南锣鼓巷夜间旅游

---

① 刘敏等：《基于业态视角的城市建筑遗产再利用：以北京南锣鼓巷历史街区为例》，《旅游学刊》2015年第4期。

的非物质层面和混合类层面感知较弱。认知空间包括物质符号和非物质符号,是地方的核心吸引力,而不同群体在不同维度的感知上存在差异。第三,南锣鼓巷夜间旅游存在同质化和商业化严重等问题。多功能一体的旅游目的地对夜间旅游游客的吸引力较大,[1] 因此夜间旅游多元化发展需要升级产业形态,调整业态比例,适度引入创意及文化业态。[2]

主要贡献在于:第一,将网络文本分析方法用于地方营造领域,为地方营造策略提供新思路;第二,作为案例实证研究,丰富了网络文本分析法的应用和旅游休闲街区夜间旅游的研究成果;第三,将物质层面、非物质层面、混合类层面引入地方营造的尝试中,为夜间旅游地方营造策略提供框架参考。

夜间旅游具有特殊的时间性,对于旅游休闲街区的地方营造有独特意义。通过网络文本能直观地看出访客的感知情况和情感倾向,从物质、非物质和混合类三个层面进行全面的地方营造分析,能够充分发挥夜间旅游在经济、文化和情感层面的作用,有助于旅游休闲街区更全面和可持续的发展。未来的研究可在网络文本分析的三个层次探索基础上,进一步区分网络文本中不同主体的点评、精细化分析层次以及探究精细化的街区地方营造。

---

[1] 孙希瑞等:《基于网络数据的城市夜间旅游游客体验研究》,《资源开发与市场》2022 年第 2 期。

[2] 陈亚孟等:《城市更新下商业街改造提升研究:以北京南锣鼓巷历史街区为例》,《居舍》2021 年第 35 期。

北京长城文化带村落明式体验空间设计
——以慕田峪村为例

明皓程[*]

摘要：时下，人们的精神需求愈加丰富，能够体现区域性文化的空间，是未来发展焦点的空间表达。对文化遗产周边区域内的商业空间设计，除了注重空间的品质和感受外，也需要同区域内的传统内涵与地域特征保持一致。本文以慕田峪长城脚下的慕田峪村为选址，作为景区村落，当地村民的主要收入来源之一是旅游业。通过对村落内的景区商业体验空间设计进行分析，本文将对长城文化带内的商业空间设计进行初步探究，分析此类空间设计的空间特质与要求，同时借此推进明代文化的发展，提高景区内的空间服务质量以及当地传统村落与长城文化带的经济发展，结合当前文化遗产保护在区域商业发展上遇到的问题，探索传统文化资源在区域性商业设计中应用的有效途径。

关键词：关键词：文化带；慕田峪；商业空间；明式体验

一 文化遗产周边区域内的商业空间设计思考

对周边区域内的区域性文化的挖掘和继承是对该文化遗产的传承保护与更新发展的重要途径之一。

---

[*] 明皓程，北京联合大学艺术学院2021级设计学研究生，研究方向为环境设计。

（一）区域性文化与文化遗产传承发展的关系

中国的文化遗产区域众多，发展水平状况也不均衡，许多地区的文化遗产区域没有得到更好的发展与推广，无法形成自己的商业竞争力与文化印象。当前，文化遗产的保护与发展存在着一些不利因素，许多遗产区域内的空间设计存在着与其区域性文化脱节的现象。不同的区域有着不同的地域文化，发挥其有特色的地域文化尤为重要。

遗产周边区域内拥有着悠久的历史与传承，这些丰富多彩、历史悠久的区域文化需要在商业空间设计中有所体现。发展区域性文化，一方面可以带给消费者更多期待，带来更多的新鲜感和归属感，提高生活的品位与质量；另一方面，也可以赋活传统文化，让其走进人们的视野中，提高人们对于传统文化的审美与接受度，增加文化认同感。

从遗产周边区域内商业空间的设计角度来看，当前的现代的商业设计与文化遗产存在着一些矛盾，例如区域性商业设计、传统文化与现代商业设计三者达到结合与平衡存在着一定难度，从而误以为传统文化不适合现代商业设计，需要追求国际化的、西方的设计，破坏了当地的气质氛围与环境肌理。再如现代对于传统文化与区域文化的发掘发展愈发重视，很多企业在努力从区域传统文化中找到自己的价值和形象，提升竞争力，但当下许多文化遗产周边区域的空间设计存在着难以忽视的同质化的问题。作为地域文化发展和推广的重要途径和方式，区域性商业空间设计的品质以及对于传统文化的结合，对于提高空间质量、丰富文化形象、满足人们的精神文化需求具有重要意义。

文化遗产的传承本身与商业文化的发展就存在着相互作用，文化遗产资源可以作为商业发展的热点，具有相当的潜力。

文化遗产周边区域内的商业空间设计就是需要在区域性文化与文化遗产传承中找到平衡点。这就要求在设计周边区域内的商业空间时，除了要达到空间的基本功能与要求，还要进一步体现出文化遗产区域的地域文化与特征，赋能于空间中。思考文化遗产的保护与发展，使商业目的与传承目的进行结合，并在空间设计中实现二者的目的。注重地域文化的分析与研究，以体现出地域性、文化性，同时满足商业目的，从而有利于促进文化遗产周边区域的文化发展与经济发展。

（二）区域性空间设计促进长城文化带建设

在中国的一众文化遗产中，长城具有代表和标志性，且具有时间跨度长和空间涉及广的特征。

长城的修筑历史可追溯到西周时期，后经春秋战国、秦汉以及明代多次修建完善。其中，明代是最后一个大修长城的朝代，现存的长城多以明长城为主。慕田峪长城，位于北京市怀柔区境内，于公元1368年由朱元璋手下大将徐达在北齐长城遗址上督建而成，是明长城中的精华所在。

作为中国最大的历史文化遗产，长城历史悠久，经历了历朝历代的修缮，其周边形成了一定范围的长城文化带，同时长城文化带是北京文化遗产保护体系中的重要部分，保护和发展长城文化带区域内的区域文化是符合文化发展路线、符合时代要求、凝聚文化共识和加深文化印象的重要举措。而北京长城又是长城中的精华所在，故而北京的长城文化带是体现传统文化、传承文化价值的关键领域。

北京的长城以明代长城为主，长城文化带中的很多文化内涵也受到了明代文化的重要影响。同时，长城沿线的自然生态资源丰富，环境优美，长城文化带也是文化性遗产与自然资源的综合体现。构建和发展长城文化带，主要是保护长城周边区域内的资源可持续发展，在文化和经济上带动整个文化遗产周边区域的发展。

立足北京长城文化带，发展区域内的长城文化、明代文化，可以强化长城文化遗产区域内空间设计的文化印象，加深文化印记，结合区域性文化来进行空间设计。其中，商业空间的开放、聚焦的特性更适合与区域性文化进行有机结合，空间的体验与品质与区域文化一脉相承，也可以更好地通过游客、自媒体等途径传播明代长城文化，推动文化带的建设与发展。

二 慕田峪长城以及慕田峪村的概况分析

本文以北京慕田峪长城景区内的慕田峪村明式体验空间设计为基点，分析探究长城文化带区域的商业空间设计。通过对长城文化带的商业体验空间进行设计，促进长城景区知名度的提高与经济发展，促进区域性文化与文化遗产的有机结合。

（一）慕田峪长城

慕田峪长城历史悠久，全长 5400 米，是中国最长的长城，也是著名的北京十六景之一，国家 AAAAA 级旅游景区。此段长城东连古北口，西接居庸关，自古以来就是拱卫京畿的军事要处。长城墙体保持完整，较好地体现了长城古韵。慕田峪作为明长城的代表之一，发展长城周边的地域文化，有助于提高慕田峪长城的知名度和影响力，促进景区形象的塑造。

（二）慕田峪村

慕田峪村位于怀柔区慕田峪长城风景区内，村内生态资源丰富，环境优美，景观众多。慕田峪村位于古老的长城脚下，有着丰厚的旅游资源。目前慕田峪村有多家企业入驻，涵盖多种行业，吸引了许多国内国外的游客前来观光游览，村内第三产业迅速发展，带动了村内经济的发展与文保景区的推广。同时，随着慕田峪村发展建设的不断完善，该地也制定了新发展思路，强调淳朴、自然的乡村原生态，着力发展原生乡土地域文化，促进现代化以及改善生活体验的发展路线。

三 慕田峪村明式生活体验空间设计的特质与策略

本空间设计以体验明式生活为主题，是集体验、售卖、展示、休闲为一体的商业空间。以"遇"为空间主题，既是游客与空间的相遇，也是古典与现代的相遇。空间以明代家居体验及相关家具产品展示售卖为主要内容，同时满足游客闲暇时间的休闲功能。

（一）空间特质

1. 功能性

功能性与装饰性的关系与平衡，是在进行空间设计时不可逃避一个问题，自然也是商业体验空间设计的要求。要使装饰设计服务于功能，时刻保持功能为本的设计内核，才能为人们构建舒适宜居的空间环境。具体来说，室内空间中的装饰设计要以功能性为基础，让设计装饰成为功能性的辅助，要坚持功能性为主、装饰性为辅的设计原则，明确功能性与装饰性之间的主次关系，在满足功能性的基础上围绕明式这一主题的装饰性内容设计。

2. 区域性

作为慕田峪村的商业体验空间，其空间设计要体现出所在景区的区域性，即文化遗产区域内古典、幽静的定位。本案的设计选址在慕田峪名胜景区内，其空间的特性也应当与区域内的整体环境相符合，与街道建筑的肌理相近。慕田峪村的发展路线正是立足于其自然、原生态的发展与经营策略，不过于华丽、过于复杂，故本体验空间的设计整体需要保持质朴、朴素的空间感受，展现出景区村落的人文面貌与生活方式，还原区域性特征，并在质量上加以提升，以提高景区游客的游玩体验，促进景区相关产业的发展。作为明长城文化带域内的空间设计，对于长城文化进行挖掘，对长城形象进行解构，提炼文化符号，运用在建筑立面设计中，符合文化遗产的区域形象。在映射出当地区域性特征的基础上，与慕田峪村的"淳朴""原生态"的发展路线和区域商业性文化保持一致。

3. 文化性

慕田峪村坐落在慕田峪长城风景区内，而慕田峪长城作为规模最大、最完整的明代长城，以这样的定位进行的体验空间设计，不能脱离明长城文化的对应范畴，不能与其文化的印象特质剥离开来。此外，本空间以明式生活体验为主线索，以展示售卖明式家具为主，要通过空间陈设的布置、形式符号的点缀，来体现明式家具文化典雅、简练的文化审美与内涵。同时，要与景区内其他相关特色空间建立互动，以参观、体验、游玩、吃住为一体，优化景区氛围与游客体验，从空间设计上提高景区的服务质量，从多样的角度进行空间定调，协调处理好空间设计与文化内涵的关系。

（二）设计策略

1. 设计主题

无论是什么商业空间都是依附于区域性商业文化且存在于所在区域环境内的。因此，本体验空间的设计自然需要遵循整个文化遗产保护区域的主题与肌理。明式体验空间的设计，第一要义就是对于明式这个主题的表达，在设计时选择明式家具进行设计语言的抽象与提炼，使其运用到空间的设计中，组成空间体验中的一环，对于表达这一空间主题尤为关键。同时，文保区内的商业空间能否对文化起到传承与推广作用，关键在于空间设计中对于主题的理解和表达。表达该景区的区域主题，空间中的一切布置，无论结构、材料、陈设、色彩等，都要符合明代的这一景区主题进行服务。

2. 材质色彩

材料是一个空间的构成部分，不同的材质会给游客以不同的感受，材质的选择问题也是设计中的重要考量因素。从设计中的材料选择角度来看，整个明式生活体验空间的设计应当尽量选择相应的材质。同样，色彩与人的心理以及生理都有着密切的关系，不同的色彩可以激发出人们不同的色彩情感，既然要塑造和强化主题，就要在研究和把握好明式家具文化特性与气质之后，选择相应的色调与色彩。色彩对于氛围的表达起到至关重要的作用，色彩的选取、搭配以及搭配后各自所占配比，都影响着体验空间的空间气质。明式古典家具其典雅、大方的审美情趣，表现出了独有的"禅意"与"静谧"，整个空间以黑白二色为主，加以景观木色的装饰、构造，达成质朴自然、幽静素雅的氛围，以协调、闲逸让来者体验这份现代"框架"下的古典"意味"。

3. 氛围营造

室内设计中，陈设和装饰是不可忽视的一个环节，在整个体验空间的氛围营造上拥有着突出地位。室内空间中的陈设与装饰如果与环境空间的主题不符，会大大破坏置身于其中的体验感和沉浸感，体现不出所要表达的与慕田峪文化带相关联的文化内涵。在空间中的家具陈设、灯光布置、景观放置，以及对于明代家具文化进行的相关抽象提炼出的装饰符号等，都可以有效地烘托出作为明式生活体验空间的气氛，完善体验，提高空间的品质和沉浸感，营造传承并举、和谐统一的文化环境和空间氛围。

（三）设计成果

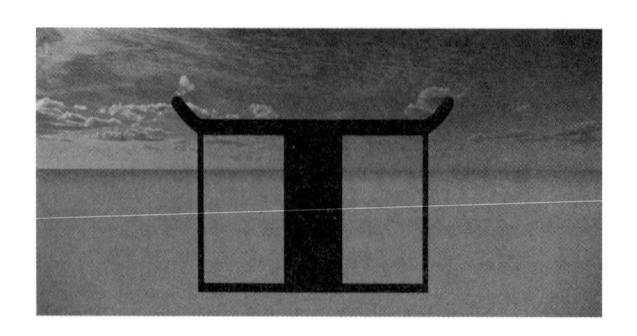

图1 明式座椅造型的元素提取1[①]

[①] 按：图2—11均为作者自制。

图 2　明式座椅造型的元素提取 2

1. 语言与符号

明式家具享有很高的美誉，以线条简约、结构严谨、装饰恰当、造型大方为特征，形成了自己特有的以简约、质朴为主的审美趣味。本空间的设计对于明式家具进行设计语言的元素提取（见图 1 - 2），以古典家具木椅的构成造型作为灵感来源进行空间设计，同时维持整体设计语言的统一性（见图 3 - 5）。

2. 氛围与感受

明式古典家具具有典雅、大方的特质，并以此闻名，作为中国古代家具的最高设计水准，在以考究、干练的外观和造型来满足功能性的同时，

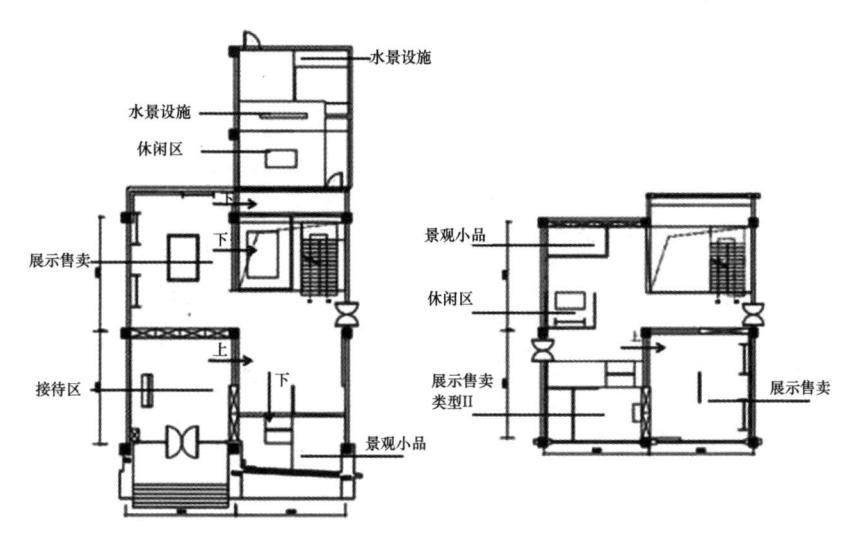

图 3　明式生活体验空间功能分区图

表现出了独有的"禅意"与"静谧",而绝无"华丽"与"露骨"之感,整个空间的氛围与色彩结合传统文化中的"素雅"与现代文化流行的"简约"(见图6-10),可以产生与都市不同的感受,却又不会过于远离,亦古也今。

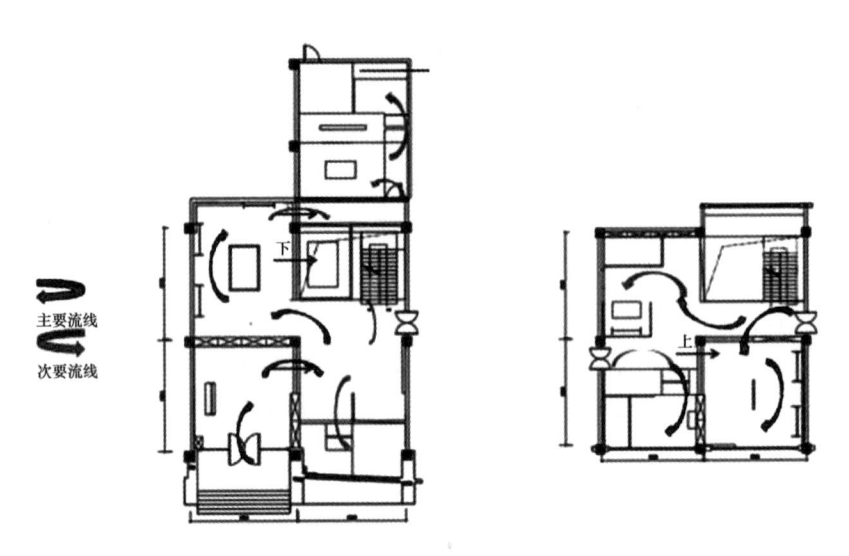

图4　明式生活体验空间人员流线分析图

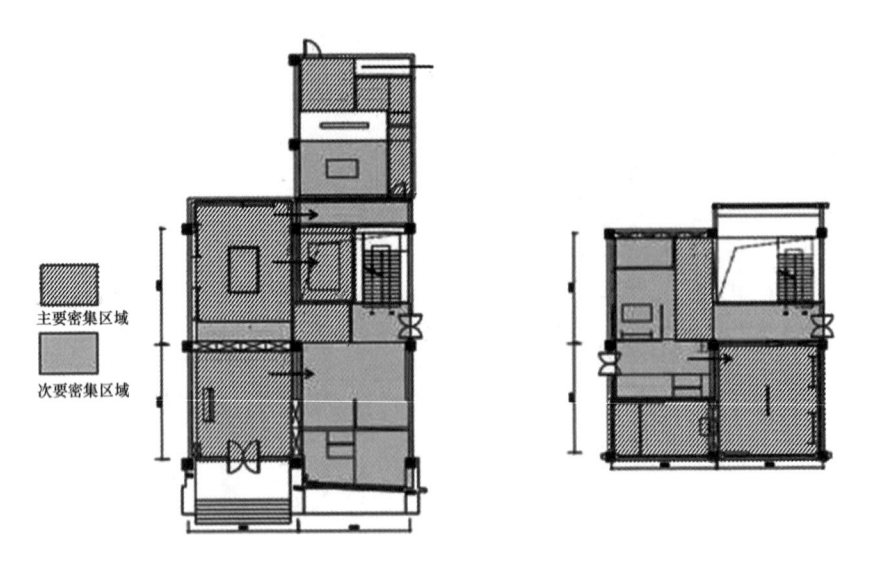

图5　明式生活体验空间疏密程度分析图

图 6 接待区空间效果图

图 7 过渡区空间效果图

图 8 家具展示区空间效果图

224 文化遗产

图 9 二层过渡区空间效果图

图 10 慕田峪明式体验空间外观效果图

四 研究总结

本文以慕田峪村的明式文化生活体验空间为基点进行设计并研究，对长城文化带区域内的商业空间设计进行了分析。可以总结出以下三点。

从主题上来讲，长城文化带区域内的商业空间设计需要遵循其区域性文化，遵循其区域内的区域特性与主题，并以此进行空间设计。

从目的上来讲，长城文化带区域内的商业空间设计需要发挥区域性文化对文化遗产的传承与保护的带动作用，通过空间设计体现出长城文化遗产的文化内涵，营造其氛围，带动其发展。

从特征上来讲，长城文化带区域内的商业空间设计是在满足基本的空间需求的基础上，对于文化的发掘和提炼，对于历史的塑造和表达，需要同时具备空间上的区域性与时间上的传承性。

  本空间的设计对于明式家具进行设计语言的元素提取，以古典家具木椅的构成造型与长城的语言语素作为进行空间设计的灵感来源，同时维持整体设计语言的统一性。明式生活体验空间的设计位于明长城脚下的北京慕田峪村，通过商业空间展示了区域文化，提升了景区空间品质，加深了游客的文化记忆，促进明代长城文化的传播，对于发展长城文化和明代文化、提高景区服务质量起到推动作用，同时促进文化遗产区域以及长城文化带的保护与可持续发展。

其他研究

北京市新型实体书店的空间分布与市民评价现状研究[*]

朱肖蕾　郑适如　李艾晨　许子豪　刘伟中　张　艳[**]

摘要：实体书店是城市文化的载体，是市民参与城市文化生活的重要公共空间。近年来，实体书店的发展对北京推进全国文化中心建设发挥重要作用。本文首先基于自2016年以来在北京全国文化中心建设目标下出台的北京市实体书店扶持政策的文本分析，探讨新型实体书店的内涵；其次，基于POI数据和微观企业大数据等借助地理信息系统分析北京实体书店的空间分布现状特征；最后，结合对北京市实体书店的实地观察、问卷调查和对书店经营者及使用者的访谈调查等一手调查数据，对北京市新型实体书店的区位特征、内部空间与功能、文化主题及市民评价等的现状特征及问题进行分析。研究发现：北京市新型实体书店存在较为明显的空间分布不均衡问题；在书店转型升级过程中，新型实体书店围绕首都文化内涵的文化主题定位不够突出，并且阅读空间供给相对不足等问题。对此，本文提出以下建议：第一，倡导实体书店区位均衡布局，打造15分钟社区生活圈新型实体书店；第二，围绕首都文化内涵进一步明确实体书店文化主题定位，凸显地域文化特色；第三，鼓励实体书店的功能多元化发展，满足不同群体阅读与文化消费需求。

---

[*] 本文为北京联合大学"启明星"大学生科技创新项目（市级）"北京新型实体书店空间特征与体验评价研究"（课题编号：20222005）的阶段性研究成果之一。

[**] 朱肖蕾、郑适如、李艾晨、许子豪，北京联合大学城市科学系人文地理与城乡规划专业本科生。刘伟中，北京联合大学地理学硕士研究生，研究方向为城市地理学。通讯作者：张艳，北京联合大学北京学研究所副教授，研究方向为城市社会地理、时空行为与规划研究。

关键词：新型实体书店；空间分布；内部功能空间；市民评价；北京全国文化中心建设

一 研究背景

实体书店不仅是图书销售的商业形态，更是城市文化的载体，为市民参与城市文化生活提供了必要的公共空间。因此，新型实体书店有着独特的地域文化色彩和浓厚的城市人文气息，对于城市文化氛围的营造有重要作用。李少琦等研究了近20年来中国新型实体书店的时空演变及影响因素，提出新型实体书店是一种立足于独特品牌文化的、兼具读书与娱乐的商业文化综合体。① 陈东华等聚焦于书店商业模式的创新，提出了以书为媒、贩卖与阅读相关的生活方式的第三空间的新生代概念书店。② 熊春艳提出新型实体书店之"新"体现在新的经营运作理念、新的媒介传播手段、新的消费引导方式等多个方面。③ 基于此，本文认为新型实体书店是在传统实体书店的图书展示、销售功能基础上，拓展提供阅读服务、交流学习、文化休闲、文创消费等相关服务功能，更强调其是作为市民文化活动空间而存在的新一代书店的实体空间。

在北京建设全国文化中心的目标下，新型实体书店的创新发展成为提升城市软实力、城市文化氛围的重要部分。新型实体书店是市民开展文化生活必不可少的公共空间，在为民众提供文化使用功能的同时还起到了文化传播的作用。如何在新型实体书店的转型升级与创新发展中突出古都文化、红色文化、京味文化和创新文化等首都文化内涵，彰显北京历史文化底蕴和地域文化特色，既是文化赋能城市发展的研究前沿，也是推进北京全国文化中心建设过程中亟待关注的现实问题。

---

① 李少琦、孙海燕、刘苏禾、秦伟山：《近20年中国新型实体书店的时空演变及其影响因素——基于西西弗、言几又和"猫空"数据的分析》，《经济地理》2020年第10期。
② 陈东华、叶阳、伍婵提：《价值创造视角下概念书店商业模式创新——基于猫的天空之城概念书店的案例研究》，《中国出版》2020年第7期。
③ 熊春艳：《新型实体书店的可持续发展之路探索》，《新经济》2022年第9期。

二 北京市促进实体书店发展的政策文本分析

自 2016 年以来，在北京全国文化中心建设的战略目标下，北京市政府对实体书店的发展不断给予政策支持。本文梳理了从 2016 年到 2022 年，北京市政府颁布实施的《实体书店扶持项目指南》《北京市实体书店扶持资金管理办法（试行）》等政策文件，围绕北京市对新型实体书店扶持的目标原则、评选要求、扶持方式等关键举措及其社会反响进行分析。

由表 1 可知，2016 年，北京市对实体书店的扶持方式主要以提供奖励为主、购买补贴为辅。2017 年，在北京全国文化中心建设的战略目标下，北京市进一步明确了对实体书店扶持的标准与原则，提出"装饰设计富有创意、环境布置舒适宜人、文化活动丰富多彩"等评选要求，同时设立"最美书店"评选标准；提出以"首都文化内涵——最古都、最红色、最京味、最创新"为标准开展"最北京书店"评选，并侧重扶优扶新。2018 年，北京市增加了对实体书店的补贴类项目，放宽了对实体书店经营年份的限制，扩大了对实体书店资金、区位的扶持范围。

2019 年起，北京市提出补贴与奖励并存的扶持政策。具体而言，实施"培优补差"策略，做到"破立并举"，即进一步引领现阶段发展具有优势地位和特色价值的实体书店的发展，推进其经营模式和理念价值朝高端化、智慧化、创意化方向转型，力求破解实体书店发展进程中"卡脖子"的难题；对当前部分发展存在短板的实体书店给予财政补贴，助力其在继续增强自身优势的同时尽快弥补不足，确立综合发展的格局，实现转型升级。2020 年以来，北京市对实体书店的扶持重点主要为对书店的房租补贴。与此同时，进一步落实《关于支持实体书店发展的实施意见》中提出的"实现一区一书城、建设 200 家标志性特色书店、打造 15 分钟公共阅读服务体系"三大目标。

2021 年，北京市对实体书店的扶持政策进一步明确，细化了对于实体书店区域分布的扶持政策。特别是东城区政府为应对疫情对实体书店行业的冲击，于 2021 年提出建设"四进书店"的策略，即提倡实体书店进商场、进社区、进园区、进楼宇，进一步引导实体书店区位分布更加便民、均衡。2022 年以来，北京市提出"三进书店"的理念，即书店进校园、商场、园区，目的是让书店更好走进民众生活，发挥文化宣传作用，并强调对"三进书店"进行重点扶持,以资金奖励的方式鼓励实体书店向校园、商场、园区发展建设。此外,2022年,"书香京城"建设入围北京"全国文化中心建设2021年度十件大事",反映出近年来北京市新型实体书店建设对推进全国文化中心建设的重要性。

综上所述,在政策的引领下北京市实体书店建设更加强调书店的功能转型升级以及书店分布的空间优化,尤其通过"最美书店""最北京书店""三进书店"等评选,不断引导实体书店围绕首都文化内涵进一步明确定位、发挥文化传播功能,并引导其成为方便市民文化消费的新型城市文化空间。

表1　　　　　政策导向下的北京实体书店发展状况

年份	政策文件	扶持方式和目标	社会反响与成效	政策解读
2016	中宣部等11部门联合发布《关于支持实体书店发展的指导意见》、北京市新闻出版广电局印发《北京市实体书店扶持资金管理办法(试行)》	以奖励为主,必要时可采用购买服务、项目差额补贴方式……扶持书店70余家,扶持资金总额为1800万元。①	"2016年扶持入围项目60个预先配置总指标数,分解配置为综合类书店3个、专精特新类书店15个、区域类书店22个、农村郊区类书店20个等分类指标。"②	奖励与补贴并济,侧重提升文化底蕴
2017	北京市新闻出版广电局印发《实体书店扶持项目指南(2017年)》	"本年扶持实体书店分为综合性书店、专精特新书店、区域书店、农村郊区书店……扶持书店70余家,扶持资金总额为1800万元。③	"10家实体书店喜获最北京新名片,该类书店体现源远流长的古都文化、丰富厚重的红色文化、特色鲜明的京味文化和蓬勃兴起的创新文化。"④	扶持类型进一步细分,将阅读与城市气质、北京文化相互结合

---

① 北京市新闻出版广电局:《北京市实体书店扶持资金管理办法(试行)》,[京新广发(2016) 112号],2016-08-03,http://www.beijing.gov.cn/zhengce/zhengcefagui/201905/t20190522_59484.html。

② 北京市新闻出版广电局:《北京市实体书店扶持项目相关政策问答》,2016-08-17,http://www.beijing.gov.cn/zhengce/zcjd/201905/t20190523_77605.html。

③ 《北京市新闻出版广电局关于开展2017年北京市实体书店扶持项目征集工作的通知》,2017-05-26,http://gdj.beijing.gov.cn/zwxx/tzgg2/201912/t20191226_1510855.html。综合性书店为经营全品种图书的规模较大的书店;专精特新书店指育有经营特色、形成专业定位、具备品牌影响力的书店;区域书店指布局在社区、学区、商区、交通枢纽等区域的书店;农村郊区书店指除东城、西城以外的书店。

④ 北京日报:《十大"最北京"实体书店揭晓》,2017-12-06,http://www.beijing.gov.cn/renwen/sy/whkb/201712/t20171206_1862921.html。

续表

年份	政策文件	扶持方式和目标	社会反响与成效	政策解读
2018	北京市新闻出版广电局印发《北京市2018年度实体书店扶持资金申报指南》、北京市人民政府办公厅印发的《关于支持实体书店发展的实施意见》	"补贴定位清晰、内容独特、服务新颖、风格与众不同的特色书店……其次补贴营业地点位于居民社区内部或周边街道的社区书店……最后奖励装饰设计富有创意、环境布置舒适宜人、文化活动丰富多彩、受读者认可度和美誉度较高的最美书店。"[1]	"本市2018年加大了实体书店扶持力度,扶持资金上升为5000万,数量上升为151家。"[2]	扩大扶持力度,提高扶持的精准性,更加重视书店定位有特色、便民与切实提高市民获得感等社会效益。
2019	北京市新闻出版广电局印发《2019年度北京市实体书店扶持项目申报指南》	"对符合功能定位和区域布局的实体书店本年度已发生的房屋租金给予补贴……同时对符合创新经营模式、实现多业态融合发展的实体书店予以奖励,重点支持实体书店在装修改造、设备购置、信息化建设、员工培训、购买专业化服务等方面的投入。"[3]	"扶持资金近1亿元、扶持书店239家。北京市重点扶持特色书店、最美书店、最具影响力书店,对24小时书店给予专项补贴……同时增加政府购买服务项目的扶持方式,对书店开展全民阅读、组织文化活动的成本进行补贴。"[4]	更注重实体书店的创新与转型升级,在强化实体书店提升文化服务的同时,坚持经济效益和社会效益的统一,实现可持续发展。

---

[1] 《北京市新闻出版广电局关于开展2018年北京市实体书店扶持项目征集工作的通知》,2018-07-11,http://gdj.beijing.gov.cn/zwxx/tzgg2/201912/t20191226_1511696.html。

[2] 北京日报:《本市151家实体书店获五千万元资金扶持》,2018-10-29,http://www.beijing.gov.cn/fuwu/lqfw/gggs/201810/t20181029_1856421.html。

[3] 北京市新闻出版局:《北京市新闻出版局关于开展2019年度北京市实体书店扶持项目征集工作的通知》,2019-06-19,http://banshi.beijing.gov.cn/tzgg/201906/t20190619_424927.html。

[4] 人民网-人民日报:《239家北京实体书店获得2019年度实体书店项目扶持》,2019-11-25,http://www.beijing.gov.cn/renwen/sy/whkb/201911/t20191125_1867462.html。

续表

年份	政策文件	扶持方式和目标	社会反响与成效	政策解读
2020	北京市委宣传部发布《做好北京市实体书店扶持》工作的紧急通知	"强化资金支持，帮助实体书店解决当前资金压力……推动协作配合，营造实体书店良好发展环境……引导转型升级，提升实体书店核心竞争力……加强服务保障，做好实体书店复工复产工作。"①	"共有161家书店获得项目资金扶持，包括年度最美书店，年度特色书店受到奖励……实体书店扶持资金总金额达到1亿元，全资金超过2.4亿元……同时北京实体书店实现三大目标"，"一区一书城"成为各区标配、全市特色书店达到200家以及实现万人0.8个书店建设任务。"②	受疫情影响，扶持力度达到历年最高，极大缓解了实体书店的经营困难，有力推动了书店转型升级。
2021		"北京首个引导支持实体书店四进政策，提倡实体书店进商场、进社区、进园区、进楼宇。"③	"本年共有272家实体书店获得项目资金扶持，包括房租补贴、示范书店奖励、转型升级奖励，鼓励书店进高校、进商场、进园区，对书店组织开展阅读及相关文化活动给予补贴。"④	引导实体书店区位分布更加便民、均衡；推动行业发展方式由规模速度型向质量效益型转变，促进书店内涵式发展。

---

① 中共北京市委宣传部：《中共北京市委宣传部关于应对新冠肺炎疫情影响做好北京市实体书店扶持工作的紧急通知》，2020-02-28，http://www.beijing.gov.cn/zhengce/zhengcefagui/202002/t20200228_1670353.html。

② 北京日报：《2020年市级扶持资金总金额达1亿元 本市实体书店转型升级成主流》，2021-03-10，http://www.beijing.gov.cn/fuwu/lqfw/gggs/202103/t20210310_2303374.html。

③ 北京东城：《媒体关注 北京首个引导支持实体书店"四进"政策发布》，2021-08-19，http://www.bjdch.gov.cn/n1683657/n6572719/n6572729/c10946438/content.html。

④ 北京日报：《2021年共有272家书店、2151场阅读文化活动获扶持 北京鼓励实体书店内涵式发展》，2022-01-14，http://www.beijing.gov.cn/fuwu/lqfw/gggs/202201/t20220114_2590930.html。

续表

年份	政策文件	扶持方式和目标	社会反响与成效	政策解读
2022	北京市各区发布实体书店扶持相关文件①	"扶持书店类型为房租补贴、奖励类补贴，特别提出对三进书店（进校园、商场、园区）进行奖励补贴。"补贴或奖励特色书店、中轴线书店、二十四小时书店等类型书店，推动北京实体书店高质量发展。②		实体书店扶持进一步助力北京全国文化中心建设，持续促进书店便民、彰显首都文化主题。

① 具体为《2022年度西城区实体书店、阅读空间扶持项目申报指南》《关于开展2022年度海淀区实体书店扶持资金项目征集工作的通知》《北京市新闻出版局关于开展2022年度北京市实体书店扶持项目申报工作的通知》《2022年度朝阳区实体书店资金扶持项目申报指南》《2022年度丰台区实体书店扶持项目申报指南》、北京市石景山区人民政府办公室关于印发《石景山区继续加大中小微企业帮扶力度加快困难企业恢复发展若干措施》的通知、《2022年度顺义区支持实体书店高质量发展扶持项目申报指南》《密云区关于促进文化产业恢复发展实施实体书店补贴政策的工作方案（试行）》《北京市昌平区支持实体书店发展扶持资金管理暂行办法（试行）》《北京城市副中心关于征集2022年实体书店扶持项目的通知》。

② 中共北京市密云区委宣传部［京密宣发（2022）13号］，2022-05-26，http://www.beijing.gov.cn/zhengce/zhengcefagui/202206/t20220606_2730419.html。朝阳区新闻出版局：《关于开展2022年度朝阳区实体书店资金扶持项目征集工作的通知》，2022-08-16，http://www.bjchy.gov.cn/dynamic/notice/4028805a82a015780182a60257700560.html。昌平区委宣传部：《北京市昌平区支持实体书店发展扶持资金管理暂行办法（试行）》，2022-06-21，http://www.bjchp.gov.cn/cpqzf/xxgk2671/zfwj/bmwj/cp5602353/index.html。通州区委宣传部：《北京城市副中心关于征集2022年实体书店扶持项目的通知》，2022-06-22，http://www.bjtzh.gov.cn/bjtz/home/202206/1597876.shtml。大兴区委宣传部：《北京市新闻出版局关于开展2022年度北京市实体书店扶持项目申报工作的通知》，2022-08-30，https://www.bjdx.gov.cn/bjsdxqrmzf/zwfw/tzgg/1976334/index.html。丰台区新闻出版局：《2022年度丰台区实体书店扶持项目申报指南》，2022-09-07，http://www.bjft.gov.cn/ftq/zfgg/202209/9dfabf44baad44c4833963b6fecbd6f0.shtml。中共北京市海淀区委宣传部：《关于开展2022年度海淀区实体书店扶持资金项目征集工作的通知》，2022-09-27，https://zyk.bjhd.gov.cn/zwdt/xxgk/tzgg/202209/t20220926_4556641.shtml。北京市西城区人民政府：《关于开展2022年度西城区实体书店、阅读空间扶持项目征集工作的通知》，2022-09-30，https://www.bjxch.gov.cn/xxgk/xxxq/pnidpv922456.html。顺义区委宣传部：《关于开展2022年度顺义区支持实体书店高质量发展扶持项目征集工作的通知》，2022-12-12，http://www.bjshy.gov.cn/web/gggs/tzgg/1291314/index.html。

三　北京新型实体书店的空间分布特征

本文认为新型实体书店是在传统实体书店的图书展示、销售的功能基础上，拓展提供阅读、交流学习、文化休闲、文创消费等相关服务功能，更强调其是作为市民文化活动空间而存在的新一代书店的实体空间。本研究以 2021 年高德地图 POI 数据中文化类企业和设施数据为基础、结合大众点评、企查查等网站查询校准，以新型实体书店的定义为标准选取北京共 254 个新型实体书店为研究对象，结合高德地图 POI 数据中购物服务点位数据对其空间分布及使用状况进行整体评价。[①]

整体来看，北京市新型实体书店存在区域发展不均衡的问题（图 1）。城六区新型实体书店分布于该区域的中部，呈现由中部向外围密度衰减的特征（图 2）。从行政区上看，新型实体书店主要分布在东城、西城、海淀、朝阳四区，其中东城区书店密度最大，每平方千米大约分布 0.71 个新型实体书店，呈中心向外围衰减的特征。东、西城区是北京老城文化核心区，该区域内有众多文化遗产与历史文化街区，新型实体书店在此集中分布有利于高效发挥其对古都文化、京味文化、红色文化、创新文化等特色文化的宣传作用，进一步推动北京全国文化中心建设。

此外，北京市新型实体书店多分布于商业区。东城区书店多分布在前门商圈、王府井商圈、东直门商圈；西城区书店多分布于西直门商圈、阜成门周边办公楼宇；海淀区书店集中分布在五道口商圈、各大学周边区域；朝阳区书店集中分布在朝阳大悦城商圈、三里屯商圈、七棵树创意园区及周边办公楼宇等，可见其市场导向特征显著（图 2）。在对书店的实地调查过程中，笔者也发现大多数功能丰富的实体书店往往分布在商业区，而社区周边的新型实体书店在数量与规模上均处于劣势地位。经与书店经营工作人员访谈了解到，主要原因是商业区人流量大，利于实体书店的经营与销售。

[①] 基于高德地图提供的 POI 数据，首先从大类中筛选出购物服务、公司企业、购物消费、科教文化、生活服务等可能含有书店的所有分类；其次，进一步从中类中筛选出公司、新闻出版、公共事业、其他等可能含有书店的种类；最后经过对关键字筛选，结合网络爬虫从高德地图、百度地图、大众点评等网站搜集出的书店，进行整合形成初步筛选数据。通过查询企业经营范围是否包括新型实体书店经营范围，同时浏览大众点评、企查查等网站书店评价、经营范围、现场图片等数据进行核对。最终筛选出北京新型实体书店名单。基于高德地图提供的 POI 点位数据从分类中筛选出购物服务种类，并基于此计算图 2 所示的北京商业服务设施核密度。

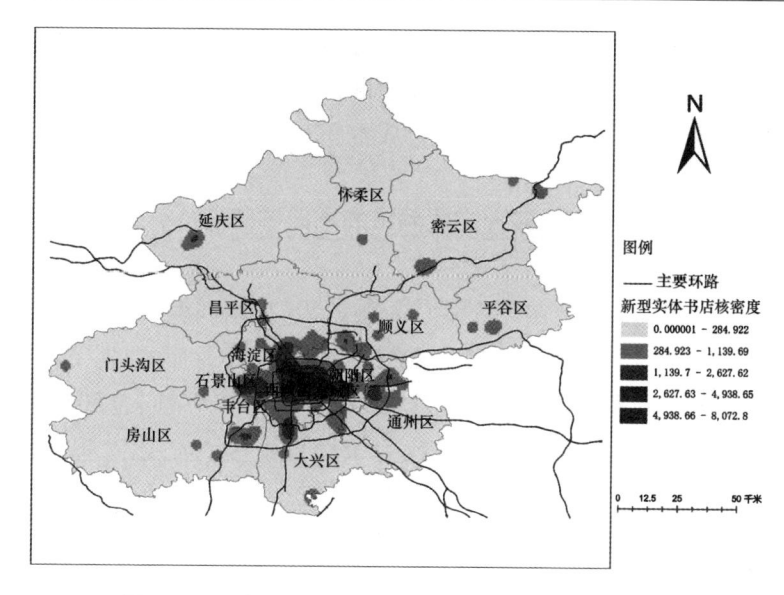

图1 2022年北京市新型实体书店空间分布核密度图

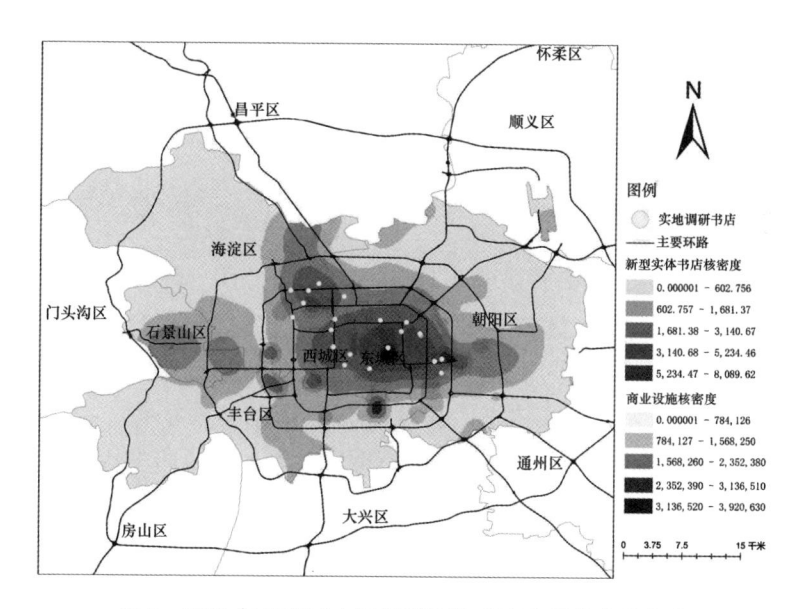

图2 2022年北京城六区新型实体书店空间分布核密度
及实地调查书店分布图

总体上，北京市新型实体书店空间分布表现出中心大于外围的空间不均衡性，新型实体书店过于集中在商业区，不利于居民日常生活中利用书店空间进行文化活动，增加交通出行成本和交通拥堵风险。

四 北京市新型实体书店的市民使用评价分析

新型实体书店市民使用评价数据来源于一手网络问卷调查和对北京城区19个实体书店的实地调查。笔者于2022年8月至12月面向北京市常住居民开展问卷星网络问卷调查，共收回问卷601份，其中有效问卷505份。在调查的北京常住居民样本中，男性占比为38.54%，女性占比为61.46%；从年龄分布看，网络问卷调查样本整体偏年轻化，40岁及以下样本接近80%，其中0—20岁占29.50%，21—30岁占24.36%，31—40岁占25.15%，41—50岁占14.26%，51—60岁占5.54%。61岁及以上占1.19%。近一年，去过新型实体书店的人数占54.54%，没去过的占45.46%（表1）。

此外，笔者选取北京中心城区不同年份、不同区位、不同规模、不同功能的19个实体书店进行实地调查（图2、表2）。在建成年代上，实地调查书店多于2010年至2020年建成。经过实地调研与访谈，建成初期大部分书店以单一化的图书销售经营理念为主；在2017年后，逐步开始转型升级。在互联网的冲击下，实体书店既售卖实体书籍，也结合市民需求增加文化服务功能。

根据已有研究，500平方米至3000平方米的为中型实体书店，499平方米及以下为小型或微型实体书店。[①] 从调查书店的规模分布上看，调查书店主要为中小型实体书店，其中中型实体书店占43.37%，小型书店占56.63%。并且，调查的实体书店往往分布在商圈与写字楼，社区分布较少。其中，中型实体书店主要有PAGEONE书店、西西弗书店、钟书阁书店等，书店内部功能包括阅读服务、文化休闲、文化活动，小型实体书店主要有库布里克、纸上声音书店（东四店），书店内部功能仅有阅读服务和咖啡休闲。相比于小型实体书店，中型实体书店具有更宽阔且相对独立的阅读空间，文化活动举办类型更加丰富，餐饮供应方面也更具多样化。

---

① 李桂君、王楚：《北京市实体书店的分布现状与存在的问题》，《出版发行研究》2011年第8期。

总体上,餐饮与文化活动是新型实体书店功能的新颖之处,主要体现在咖啡餐饮种类的多样化发展和书籍展览、分享活动的陆续开展中。新型实体书店结合其地理位置以及书籍类型,开设具有首都文化内涵的文化主题阅读活动专区。PAGEONE（北京坊店）坐落于中轴线附近,通过举办多种多样中轴线文化活动,彰显独具特色的中轴线文化特色。三联韬奋书店（美术馆店）,在隆福寺古都文化的影响下,独具北京人文特色。

表2　　　　　　　　　调查样本社会经济属性

变量名称		样本数（百分比）
性别	男	195（38.54%）
	女	311（61.46%）
年龄	0—20	149（29.50%）
	21—30	123（24.36%）
	31—40	127（25.15%）
	41—50	72（14.26%）
	51—60	28（5.54%）
	>60	6（1.19%）
就业情况	工作（包括全职与兼职）	493（97.62%）
	无工作	12（2.38%）
月收入	无收入	156（30.83%）
	1—2500元	54（10.67%）
	2501—7000元	70（13.83%）
	7001—25000元	155（30.63%）
	25001—80000元	67（13.24%）
	80001元及以上	4（0.80%）
受教育水平	低（高中及以下）	37（7.31%）
	中（大专及本科）	297（58.70%）
	高（研究生及以上）	172（33.99%）
户口状态	北京城镇	296（58.50%）
	北京农村	81（16.01%）
	外地城镇	90（17.79%）
	外地农村	39（7.70%）

表 3　　　　　　　　　　　实地调查实体书店一览

编号	名称	成立年份	区位	面积（平方米）	主要功能
1	PAGEONE（北京坊店）	2017	前门地区	3000	主打艺术、儿童、外文类书籍，有休闲阅读、文创、餐饮、文化活动区
2	PAGEONE（三里屯店）	2013	东三环三里屯地区	300	主打艺术、儿童、外文书籍，有休闲阅读、文创、餐饮、文化活动区
3	PAGEONE（五道口店）	2021	北四环五道口地区	1060	主要服务周边高校学生，主打外文和艺术书籍，有休闲阅读、文创、餐饮、文化活动区
4	彼岸书店（牡丹园店）	2009	北四环花园路地区	200	古籍、茶室、古玩
5	樊登书店（当代商城店）	2018	西三环中关村地区	90	免费休闲阅读、公众号线上活动、线下讲座
6	国图书店（中粮置地店）	2020	北二环安定门地区	100	开放式书店与周边设施相结合、免费借阅服务
7	库布里克	2009	东二环东直门地区	400	为周边居民和办公人士服务，以电影艺术类为主，有消费阅读、餐饮、文创区
8	模范书局·诗空间	2019	西二环佟麟阁地区	1000	教堂腾退改造、绝版旧版书籍、拍照打卡
9	三联韬奋（三里屯店）	2018	东三环三里屯地区	700	藏书量大，有餐饮和阅读区
10	十月时光书店	1997	西三环中关村地区	200	为周边办公人士服务、餐饮
11	外研书店（北外店）	1993	西三环北外地区	1000	主打外文书籍和儿童阅读、文创、餐饮
12	西西弗（来福士店）	2017	东二环东直门地区	520	书籍覆盖类型全面，有消费休闲、文创、咖啡和儿童区
13	西西弗书店（西直门凯德mall店）	2018	西二环西直门地区	750	书籍覆盖类型全面、休闲面积大，有文创、咖啡和儿童区
14	纸上声音书店（东四店）	2021	东城区东四南大街	60 ㎡	打折书籍，适合淘书，二楼有外包咖啡和阅读区
15	中国书店（中关村店）	2007	西三环中关村地区	1500	二手书籍和绝版珍藏书籍画册等
16	中信书店（枫蓝国际店）	2017	北二环西直门地区	200	综合型书店，有休闲阅读、咖啡、区
17	中信书店（合生汇店）	2017	东四环大望路地区	500	集文创、数码科技、茶歇与文化沙龙于一体的书店
18	钟书阁（老佛爷百货门店）	2020	西二环西单地区	1100	有文创区、阅读区、咖啡区和童书区，内部设计奇特适合拍照打卡
19	钟书阁（融科店）	2019	西三环中关村地区	660	休闲阅读、进口文创、餐饮、拍照打卡

（一）市民对新型实体书店区位选择的倾向

基于一手问卷调查数据，本文发现近一年去过新型实体书店的居民样本主要前往位于商业区的新型实体书店，这一比例高达49.1%，其次是去往社区附近的实体书店。与之不同的是，近一年没有去过新型实体书店的市民样本更倾向于前往位于社区的新型实体书店，这一比例高达65.7%。由此说明，近一年去过新型实体书店的居民实际上更多地去商业区中的书店，而近一年没有去过新型实体书店的居民理想化地更加倾向于去社区中的书店。其原因可能是目前使用率比较高的新型实体书店主要位于中心城区的商业区，由于交通可达性高，便于实现多目的出行，书店阅读与文化消费、文化活动等更容易与上班、接送孩子、购物休闲等其他活动相结合；而近一年没有去过书店的居民，他们理想的意向是去社区的新型实体书店，可能更多考虑出行便利性。二者的错位，间接反映出现阶段北京新型实体书店空间分布的不均衡很可能无法满足市民希望在居住地就近参与文化生活的强烈需求。

表4 　　　调查北京市民对新型实体书店的区位选择倾向比较

	社区	办公楼宇	商业区	总计
近一年去过书店的居民	118 (42.9%)	22 (8.0%)	135 (49.1%)	275 (100%)
近一年没有去过书店的居民	151 (65.7%)	24 (10.4%)	55 (23.9%)	230 (100%)

（二）市民对新型实体书店的文化主题选择偏好

通过表5可看出，在北京市民心中倾向的、感兴趣的实体书店文化主题中古都文化最有吸引力，其次是创新文化、京味文化，最后是红色文化。首先，无论是近一年内去过新型实体书店的样本或是近一年内未去过新型实体书店的样本，都最偏好古都文化，二者比例分别为34.9%和41.7%；其次是创新文化，二者比例分别为29.8%和34.8%；京味文化排名第三，二者比例分别为20.4%和20%；最后是红色文化，二者比例分别只有14.9%和3.5%。未来，如何将红色文化主题与新型实体书店的功能融合进行宣传和策划，以及如何将创新文化与古都文化、京味文化和红色文化进行融合创新，可能是发展重点。

表 5　一年内到访新型实体书店居民对文化主题选择倾向

	古都文化	京味文化	红色文化	创新文化	总计
近一年去过书店的居民	96 (34.9%)	56 (20.4%)	41 (14.9%)	82 (29.8%)	275 (100.%)
近一年没有去过书店的居民	96 (41.7%)	46 (20.0%)	8 (3.5%)	80 (34.8%)	230 (100%)

（三）不同年龄市民对新型实体书店功能选择偏好

根据年龄，将样本分为青少年（0—20岁）、青年（21—40岁）、中老年（41岁及以上）三个年龄群体，结合样本对于新型实体书店功能选择倾向进行分析，通过表6可知，不同年龄段市民对于新型实体书店的文化功能需求有所差异，其中保持相对一致的是阅读空间以及书籍购买功能的选择，具有差异的是青少年选择文创产品功能（17.7%），青年则降低了对文创产品功能的需求（12.9%），更倾向于选择文化活动（17.3%）。

表 6　居民年龄层级对新型实体书店内功能选择倾向

	餐饮休闲	亲子活动空间	书籍购买	书籍检索	文创产品	文化活动	阅读空间	总计
青少年	51 (11.9%)	11 (2.6%)	75 (17.4%)	59 (13.7%)	76 (17.7%)	66 (15.3%)	92 (21.4%)	430 (100%)
青年	68 (9.6%)	55 (7.7%)	147 (20.7%)	49 (6.9%)	92 (12.9%)	123 (17.3%)	177 (24.9%)	711 (100%)
中老年	36 (12.0%)	29 (9.7%)	62 (20.7%)	28 (9.4%)	27 (9.0%)	41 (13.7%)	76 (25.5%)	299 (100%)

为进一步清理市民对新型实体书店的主观评价和使用感受，本文基于19个实地调查的新型实体书店的消费者访谈文本，采用Python技术对访谈文本中情感导向和居民对新型实体书店的评价性文本进行语义分析并绘制词云图（图3）。由图3可知，居民对当下新型实体书店建设总体上较为满意，认为可以满足其阅读、消遣娱乐、文化消费符号化（网红打卡）等多样的需求；但是新型实体书店环境嘈杂、距离居民居住地较远、图书种类较少、图书分类杂乱以及阅读空间不足等问题，也成为新型实体书店亟待提高的方向（图3）。

图3 PAGEONE（北京坊）店消费者体验评价词云图

五 北京新型实体书店的功能结构与居民评价典型个案分析

本文选取 PAGEONE（北京坊店）为典型案例地，该书店位于北京南中轴线上，天安门广场旁正阳门西南角，突出体现了古都文化。自2018年起，该书店多次入选政府补贴优秀特色书店、补贴优秀社区书店、奖励最美书店、补贴类项目、奖励类项目等多个扶持项目，且在2020年被评选为"年度最美书店"。该书店符合新型实体书店具有的拓展阅读服务、文化创意等相关服务功能的标准。经过实地调查，笔者绘制了 PAGEONE（北京坊店）内部功能分区平面图，该书店内部功能分为图书售卖区、文化活动区、咖啡休憩区、文创售卖区、休闲阅读区。一层主要为主题书籍活动展示、文创产品售卖区域；二层主要为儿童青少年书籍与休闲阅读区域；三层为人文社科书籍、小说、活动区域与咖啡厅。每层各功能分布较为均匀，单层内组合四种功能（图4）。书店主题文化功能上，实体售卖与多功能服务相结合，中轴线主题内涵与文化创新相结合，建立中轴线文化宣传区，投放中轴线相关书籍与文创产品；建筑设计上书店内部设置中轴线历史传统建筑（箭楼）观赏区，对其内部装饰进行视域调整，通过安装全景落地窗等物理手段，扩展顾客到店时的视域可达范围，使其在书店内可以直接体验首都文化魅力，丰富其阅读体验。书店内活动多样，曾开展作者签售会、故事分享会等活动（表7）。

244　其他研究

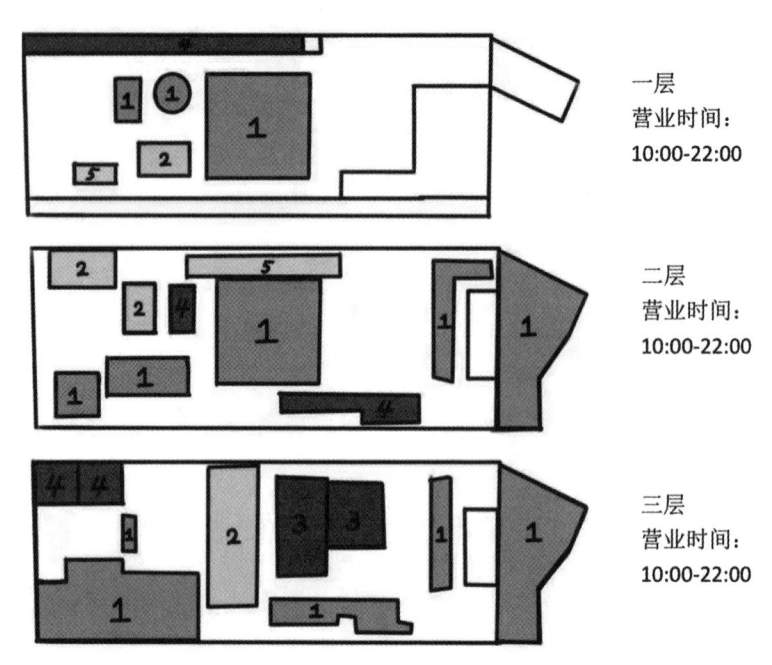

图例：1-图书售卖区　2-文化活动区
　　　3-咖啡休憩区　4-文创售卖区　　5-休闲阅读区

图 4　PAGEONE（北京坊店）内部功能分区平面图 *

表 7　　　　　　　　　PAGEONE 近年文化活动一览

序号	活动内容	活动类型
1	2022 年 3 月 19 日在书店三楼开展傅真新作《斑马》新书分享会	图书分享
2	2022 年 4 月 16 日和 4 月 24 日在书店二楼开展《绿尾巴田鼠》绘本故事会	图书分享
3	2022 年 4 月 8 日至 5 月 31 日在书店一层开展川端康成逝世 50 周年纪念春日限定展	文化展览
4	2022 年 1 月 11 日至 1 月 25 日在书店楼梯间与咖啡厅开展敦煌主题轻解谜游戏展	游戏展览
5	2021 年 7 月 24 日在书店二楼开展 "动物的那些事儿" 系列图书亲子科普沙龙	读书沙龙
6	自 2022 年 1 月 27 日起在书店一楼文创区开展 UHOU 知 "食" 分子——藏在书店里的水果摊活动	IP 文创联动
7	2021 年 4 月 10 日在书店三楼开展的诸相非相——鬼神志系列作品展	文化展览

* 笔者通过实地调研自绘。

结合现场访谈可知，PAGEONE（北京坊店）提供的阅读空间与消费者需求有所出入。消费者指出该书店没有特定阅读区域、阅读区域面积小、整体阅读环境较嘈杂等问题，许多消费者在书店内席地而坐，书店内最大的集中阅读区域是需要付费消费的咖啡厅（图4）。这种消费场景冲突造成的阅读空间压缩、阅读环境嘈杂使其无法为读者提供良好服务。

总之，PAGEONE（北京坊店）也存在阅读空间不足、阅读环境嘈杂等目前新型实体书店普遍存在的问题。更为重要的是，它虽然位于北京中轴线上，也举办了多样化的文化创意活动，但在建设中轴线文化空间过程中，更多的是对相关书籍的展示与陈列，而中轴线文化内涵与文化活动、文创产品的进一步结合仍有待深化。

六 结论与对策建议

本文通过对北京市实体书店的实地观察、问卷调查和对书店经营者及使用者的访谈调查等一手调查数据的调查研究，发现北京实体书店发展存在以下问题。

第一，实体书店数量增长迅速，但空间分布不均衡。北京市实体书店在数量上和类型功能上取得快速发展。然而随着新型实体书店的快速发展，空间分布不均衡的问题逐渐凸显，存在中心城区以及商圈周边分布较多而郊区以及社区周边分布较少的问题，很可能无法满足市民希望在居住地就近参与文化生活的强烈需求。

第二，北京实体书店文化主题定位不鲜明，首都文化内涵不突出。调查发现居民对书店文化主题选择的偏好主要倾向于古都文化与创新文化，而红色文化的吸引力相对偏低。当前新型实体书店的文化主题定位模糊，并未开设较为专一、明确的文化主题专栏，虽对首都文化相关内容有所涉及，但对于其中四大内涵文化的深入宣传存在缺失。未来如何更好地围绕首都文化内涵进行书店文化主题定位是北京新型实体书店面临的难点。

第三，书店内功能相对趋同、阅读空间相对不足。新型实体书店在图书展示、销售的功能基础上，拓展多种服务功能，吸引居民关注和前往，明显提高了居民文化参与的积极性。然而，目前新型实体书店普遍存在阅读空间较少、功能分区不合理等情况，主要体现在阅读空间多零散分布于书架旁，并未开设独立的适合安静阅读的空间。此外，调查表明不同年龄的群体对书店功能的偏好也不同，青少年更倾向于文创、书籍购买等功能，青年更倾向于参加互动性较强的活动。阅读空间的供给和品质提升将成为未来吸引多样化消费者的重要因素。

综上，为充分利用新型实体书店多功能服务的优势，发挥书店的文化传播宣传作用，让新型实体书店走进市民生活，提升城市文化氛围，助力建设书香北京，推进北京全国文化中心建设，本文围绕北京市新型实体书店发展提出以下建议。

第一，倡导实体书店区位均衡布局，打造15分钟社区生活圈新型实体书店。2022年北京市在东城区提出"四进"的基础上，提出了"三进"政策，"三进"政策指的是书店"进校园、进商场、进园区"，强调了对于实体书店区域分布的要求，促进了新型实体书店的均衡发展。而实际上，社区新型实体书店的发展相对滞后。社区是城市社会治理和服务的最基础地域单元，它是市民生产生活的基础，社区文化氛围的营造也是促进北京市文化发展的重要一环。考虑到新型实体书店具备一定的商业性质，需积极尝试将新型实体书店的建设与社区15分钟生活圈相结合，建设与社区经济发展相匹配的商业型新型实体书店，辅之以一定的政府购买服务，从而达到在促进社区商业发展的同时，满足市民近距离使用文化功能的需求，不断发展社区独特的公共文化空间。

第二，围绕首都文化内涵明确实体书店文化主题定位，凸显地域文化特色。以古都文化、红色文化、京味文化以及创新文化为内涵的首都文化是北京市建设全国文化中心无法脱离的重要内容，新型实体书店是文化的载体，北京市拥有众多文化内涵丰富的旅游场所，结合旅游地建设对应文化主题的新型实体书店也是加强新型实体书店文化主题发展的有力举措，目前市民对于古都文化以及创新文化有较大倾向，新型实体书店可以开设对应主题阅读板块，在传扬发展首都文化的同时满足市民对于相应文化内涵的需求。

第三，鼓励实体书店功能多元化发展，满足不同群体阅读与文化消费需求。不同于传统的实体书店，新型实体书店具有功能多样、服务多元等特点。新型实体书店多元化功能的建设是促进书店增强文化传播功能的重要一环，新型实体书店应当在政府转型升级引导下，结合市民消费者的实际功能需求，面向不同年龄段阅读群体，实现功能服务与群体需求的精准匹配，提供能满足亲子阅读、文化交流等多样化阅读和文化活动的空间，改善阅读环境品质。

"双碳"目标下北京社会组织参与环境治理保障机制研究[*]

吴 梅[**]

摘要：在实现"双碳"目标这场跨度40年的社会系统性变革中，社会组织作为参与现代化环境治理多元共治的重要主体，有着不可替代的作用。构筑绿色低碳全民共同行动格局是北京碳达峰方案对城市发展全面绿色转型的基本要求，其中社会组织的参与不可缺位。为保证社会组织在环境保护责任体系和监督体系中的价值实现，北京应适时确立社会组织参与环境治理的保障机制，基于北京社会组织的特点，整合信息、参与、监督、救济与宣传等参与维度，综合参与时间、参与周期、参与形式、参与范围等方面的要求，建立程序化、逻辑化、系统化的制度体系。

关键词：碳达峰；碳中和；社会组织；环境治理

碳达峰碳中和是一场跨度40年的"广泛而深刻的经济社会系统性变革"，关乎全体公众的生态环境权利与义务。北京市将"绿色低碳全民共同行动"作为碳减排碳中和的重要举措，其目的就是最大化释放全社会各方力量深入参与的潜力，从消费端倒逼生产端减排，最终实现消费端、生产端双向协同发力，把绿色发展理念转化为全社会的自觉行动。[①] 充分而深入的公众参与，不仅是支撑碳中和行动的地基，更是实现"双碳"目标

---

[*] 本文系北京学研究基地开放课题研究成果（北京社会组织参与生态环境保护困境与法治保障研究，SK140202101）。
[**] 吴梅，北京联合大学应用文理学院副教授，北京联合大学城乡基层社会治理研究院研究员。
[①] 2022年10月《北京市碳达峰行动方案》（京政发〔2022〕31号）明确为深化落实城市功能定位，推动经济社会发展全面绿色转型，要"构筑绿色低碳全民共同行动格局"。

的助推器。党的十九大以来，国家以高质量发展为核心，以生态文明法治社会建设为目标，逐渐确立了政府、企业、公众共同推进环境治理多元共治的新格局。现有制度中参与环境治理的社会组织区别于其他公众的主体优势要想得到有效的发挥，需明晰其法律地位，构建符合其多维度参与模式的保障机制，这也是北京落实碳达峰方案、实现2035年远景目标以及城乡现代化环境治理体系建设中的重要问题。

"双碳"目标下北京社会组织参与权保障机制构建研究，首先将基于参与权理论基础和参与程序法律流脉，从公众与社会组织参与案例的综合分析入手，归纳现有参与制度在生态环境保护相关立法、行政执法和司法实践中存在的问题，解析北京社会组织参与环境治理的法律适用困境，提出公众参与环境共治的分级保障，并综合参与时间、参与周期、参与形式、参与范围等方面的要求，以五个维度架构程序化、逻辑化、系统化的保障机制。

一 社会组织参与现代化环境治理的价值及理论底基

自1972年斯德哥尔摩人类环境会议以来，公众参与理论经历了从环境权到诉权理论，从环境信息获取及公开制度到公众参与程序制度的发展。[1] 国际环保社会组织一直是环境治理的主要参与者，其在环境公共事务中的参与权在理论与实践的双重推动下持续扩大。在美国，随着公民诉讼的兴起，环保组织的活动目标转向司法程序，相关理论在20世纪90年代得以长足发展，但社会组织基于环境利益代理人身份的诉权仍是受限的。[2] 奥胡斯公约订立后，随着程序化保障环境权及公民权的深入实践，国际上对于社会组织参与环境治理的研究逐渐侧重于公民权实现的程序性规则。[3] 不同于中国的环境公益诉讼，欧洲法中并不强调其"公益"性，如德国将维护环境相关利益视为环保社会组织的主要职能，诉讼权利更多

---

[1] 吴梅：《全民环保之路：环境公共决策中"非组织公众"参与权保重机制研究》，法律出版社2019年版，第2—3页。

[2] Sarah Langberg, "A 'Full and Fair' Discussion of Environmental Impacts in NEPA EISs", *The Yale Law Journal*, Vol. 124, 2014, pp. 718–756.

[3] Stec, et al., *The Aarhus Convention: An Implementation Guide*, New York and Geneva, United Nations, 2000, p. v.

是在其环境权利司法救济层面进行讨论。[1]

在中国，公众参与自1992年被确立为环境保护的基本对策以来，历经30年的发展，从原则性宣誓，逐渐向规则程序化过渡。[2] 萌芽阶段的研究，以"政府失灵"为切入点，基于社会组织对生态经济的重要作用，聚焦民间环保组织参与环境治理的必要性和合法性。[3] 到了21世纪，通过立法规范参与环境治理的社会组织的建立与活动成为研究的主流。[4] 2014年堪称史上最严的《环境保护法》修订前后，学者们吸收国际环境法学的相关研究成果，伴随着公众参与制度的逐步确立，在实证研究方面不断推进，并为富有中国特色的社会组织参与环境公益诉讼制度奠定了理论基础。[5] 2015年后，随着新修订的环保法及其配套制度的实施，针对社会组织在现行法中发挥效能的研究，一方面主要表现在公益诉讼实践领域进一步深化，[6] 另一方面逐渐转向社会组织参与生态文明建设的法治体系构建，结合碳中和愿景，从协同治理及超越还原主义环境治理的角度研究其作为多元共治主体参与社会治理的制度要求。[7] 总结30年来理论和实证研究的发展，社会组织作为多元主体之一参与现代化环境治理在中国既有制度基础又有理论共识。

二 "双碳"目标下北京社会组织参与环境治理的法律溯源

作为生态环境保护的基本法，《环境保护法》是北京社会组织参与环境保护的重要制度基础。虽然早在1979年《环境保护法（试行）》时期法

---

[1] Vgl. Kopp und Ramsauer, Verwaltungsverfahrensgesetz: VwVfG Kommentar, C. H. Beck Verlag, 2011, §72, Rn. 6ff.

[2]《党中央国务院批准环境与发展十大对策——指导方针是经济建设城乡建设环境建设同步规划同步实施同步发展》，《人民日报》1992年9月17日第8版。

[3] 参见王曦、毛庆国：《中国环境管理中的公众参与》，《中国环境管理》1994年第2期。

[4] 参见蔡守秋《环境公平与环境民主》，《河海大学学报（哲学社会科学版）》2005年第3期。

[5] 参见吕忠梅《论生态文明建设的综合决策法律机制》，《中国法学》2014年第3期；吴宇《建设项目环境影响评价公众参与有效性的法律保障》，《法商研究》2018年第2期；朱芒《公众参与的法律定位——以城市环境制度事例为考察的对象》，《行政法学研究》2019年第1期。

[6] 参见秦天宝《论环境民事公益诉讼中的支持起诉》，《行政法学研究》2020年第6期。

[7] 参见王灿发、邱卫佳、张祖增《刍议碳中和愿景下的多元主体治理进路》，《太原理工大学学报（社会科学版）》2022年第12期。

律就规定了公民有对污染环境的单位和个人进行检举控告的权利，然而公众参与环境保护的具体内容，直到 2002 年《环境影响评价法》出台才首次被明确规定在法律中。① 2015 年新《环境保护法》实施，为社会组织依法参与环境治理带来了体系化的突破。一方面包括环保组织在内的公众的具体参与权得到了系统化的界定，即获取环境信息、参与和监督环境保护的权利。② 相应的环保主管部门及其他环保监管职责部门负有依法公开环境信息、完善公众参与程序、为公众参与监督环境保护提供便利的义务。这为环保社会组织以及其他公众参与环境治理提供了一个总的行动纲领。具体表现包括：在应当编制环境影响报告书的建设项目中，社会组织有权获取除涉及国家和商业秘密以外的全部报告内容，并对此发表意见和看法；如果其被认为可能受到该项目建设的环境影响，建设单位应当在编制时向其说明情况、征求意见。③ 另一方面，环境公益诉讼制度的确立，为社会组织保护环境不受污染、生态不受破坏提供了司法保障。依此在北京市及各区县民政局部门登记过、专门从事环保公益活动满五年且不存在违法记录的环保社会组织，对损害或者严重危及环境污染、生态破坏的行为均可以依法提起环境公益诉讼。④ 由于原告资格并未限定在行政区内，这个制度事实上为北京环保社会组织参与包括但不限于北京市的生态环境治理，提供了一条司法救济途径，这也是环保社会组织不同于其他公众所特有的参与路径。

此后《环境影响评价法》《循环经济促进法》《大气污染防治法》等环境法基本制度也进行了相关修订。具体的部门规章如 2015 年通过的《环境保护公众参与办法》和 2019 年通过的《环境影响评价公众参与办法》等对社会组织参与环境保护治理及环境影响评价规定的实施细则，则更具法律指引效力。在环境影响评价程序中，社会组织参与环境治理的参与对象包括可能造成不良环境影响并直接涉及公众环境权益的工业、农业、林业、能源、交通、城市建设、旅游、自然资源开发等专项规划，也包括对环境可能造成重大影响并应当编制环境影响报告书的建设项目；参与时间包括在规划草案报批前和建设项目环境影响报告书报批前、报批

---

① 参见《环境保护法（试行）》（1979）第八条；《环境影响评价》（2002）第二十一条。
② 《环境保护法》（2015）第五十三条规定了公民、法人、其他组织参与环境保护的权利。
③ 《环境保护法》（2015）第五十六条规定了公众参与环境影响评价的权利。
④ 《环境保护法》（2015）第五十八条规定了社会组织参与环境公益诉讼的资格。

时，以及生态环境主管部门受理环境影响报告书后和作出审批决定前；参与形式为座谈会、听证会、专家论证会或其他形式的会议。① 在更广泛意义上的环境保护公共事务中，社会组织可以通过征求意见、问卷调查，组织召开座谈会、专家论证会、听证会等方式参与环境治理；对发现的污染环境和破坏生态行为，可以通过信函、传真、电子邮件、12369 环保举报热线等途径举报；在环境公益诉讼中，符合条件的环保社会组织还可以获得环保部门提供法律咨询、提交书面意见、协助调查取证等方式的支持。②

三 "双碳"目标下北京社会组织参与环境治理的制度困境及其博弈

实现碳达峰碳中和在国家层面强调的是全国统筹、根据各地实际分类施策、凝聚全社会共识，加快形成全民参与的良好格局。③北京市"十四五"的发展目标与任务要求是碳排放稳中有降，碳中和迈出坚实步伐，为应对气候变化做出北京示范，以引导全民共同参与为导向，推动减污降碳协同增效，加快构建形成法制化、市场化、精细化和多元化的现代化低碳治理体系。④

在碳中和行动实践中，北京市对公众参与模式的探索在制度上的规范化，往往能够凸显政府的行政管制及教化功能。例如在碳市场方面，2019年在试点碳市场框架下创设发展了"碳普惠"项目，引导公众树立绿色增长共建共享的理念，公众参与绿色低碳行为，取得对应的减排量，转化为经济价值；⑤在固废治理方面，2020 年《北京市生活垃圾管理条例》修订实施以来，部分社区尝试积分兑换、"红黑榜"、教罚并举等措施，以落实新规坚持公众参与的基本原则；在环境举报投诉方面，2021 年北京市更名

---

① 参见《环境影响评价公众参与办法》(2019) 第二条，第十九至二十三条。
② 参见《环境保护公众参与办法》(2015) 第四条，第十一至十六条。
③ 参见《中共中央 国务院关于完整准确全面贯彻新发展理念做好碳达峰碳中和工作的意见》，2021 年 9 月 22 日。
④ 参见《北京市"十四五"时期生态环境保护规划》(京政发〔2021〕35 号)，2021—11—28。
⑤ 北京低碳领跑者计划对通过碳普惠平台登记的个人绿色出行、家庭节约用水用电、利用新能源、参与植树造林等绿色减碳行为，可以折算为碳减排量，形成碳减排积分，兑换成地铁票优惠券、电影票兑换券、节能商品购物券等。参见《北京市国民经济和社会发展第十四个五年规划和二〇三五年远景目标纲要》，2021 年 1 月 27 日北京市第十五届人民代表大会第四次会议批准。

修订实施《生态环境违法行为举报奖励规定》，进一步明确针对公众举报违反七类生态环境违法行为奖励机制。作为环境利益的主要关切者，环保社会组织拥有生态环境保护的最大动机，是降碳减排的重要参与力量。而考察"碳普惠"制、"绿色低碳全民行动""个人碳收支信用体系""碳足迹""碳交易""碳市场"模式中公众的参与权与表达权，碳排放、碳交易等程序中的公众的知情权与监督权，参与权救济措施的实例，在实践中针对环保社会组织的参与程序仍不具体，保障机制亟待建立。

在环境治理的参与实践中，北京社会组织往往与环境法的其他主体，特别是生态环境监督管理部门、检察机关、公众等存在直接的互动，以合作博弈的分析方式考察其相互间的利益均衡性、公正性、可接受性，有利于建立科学公正的机制架构。从组织结构上看，北京地区在册的300多个"从事环境保护事业的社会组织"中，由政府部门发起成立的占36%，民间环保组织占比接近30%。① 从参与效能上看，其中仅有7个环保组织提起过环境公益诉讼，真正具有环境公益诉讼能力的社会组织占2.1%，其中2家政府发起设立的全国性环保组织参与了北京及全国超过51%的环境公益诉讼，民间环保社会组织明显受到成本和人才掣肘。② 从参与模式上看，从事科研与环境教育的约占80%，参与积极环境治理约占10.5%，后者的局限性，一定程度上源于制度细则的缺失。

基于以上实践调查，本文从主体、范围、性质等角度分析，社会组织参与环境治理的制度性困境主要体现在以下几个方面：环保组织参与权利能力的取得条件尚不明确，形式丰富的非营利非政府社会组织合法参与环境社会治理的基本资格及其参与能力的评估程序尚未确立。社会组织参与环境治理的范围，仍受限于环境影响评价和附条件的环境民事公益诉讼程序，缺乏多维度的参与机制。社会组织参与环境治理的程序规则和救济制度，在不同模式下的参与时间、参与周期、参与权限的规定过于笼统，难以保障社会组织通过行政和司法程序实现权利的救济。

---

① 数据来源为中华环保联合会 NGO 黄页，http：//www.acef.com.cn/a/ngohy/，2022 年 12 月 31 日。

② 分别为中华环保联合会和中国生物多样性保护与绿色发展基金会；数据来源为中国裁判文书网，2022 年 12 月 31 日。

四 "双碳"目标下北京社会组织参与环境治理的保障机制架构

"双碳"目标实现的路径中,北京社会组织参与环境治理的作用主要被认为集中在提高全民低碳生活理念,向公众宣传在衣、食、住、行等日常生活中参与节能降碳等活动的重要性。[①] 如果将视角扩大到提高生态文明建设中必要领域,如碳排放、碳管理、碳金融等专业水平,环保社会组织宣传教育的范围也相应更加广泛。[②] 但若要真正发挥其环境主体功能,聚沙成塔,北京应全面升级碳达峰碳中和行动中社会组织参与机制,超越植树种草、清理垃圾、节水节电、低碳消费阶段,往更深层次发展。北京应在绿色交通、节能增效、消费升级、废弃物处理、循环经济、碳金融、智慧建筑、智慧城市八个重点版块系统化规定参与程序;整合企业环境信息披露、生态环境违法行为举报奖励等现有制度,从环境教育、信息公开、环保举报与监督企业降碳减排、参与政府生态环境决策以及司法救济五个维度参与模式的具体程序及相互之间互为前提和保障的关系和逻辑连结点,构建社会组织参与环境治理保障机制。[③]

首先,在主体层面,应建立公众参与分级机制。以环境保护为目标的社会组织是环境公共利益的维护者,是一切环境事宜的利益相关公众,保障其与普通公众的环境健康权益、政府所代理的国家环境权益之间的平衡是现代环境治理的必然要求。环境相关公众存在利益相关和兴趣相关的差异。混淆环保组织及其他公众的参与权限,将直接导致各主体参与权受限。分级建立环保组织、环境相关公众及普通公众的参与机制,有利于解决现行法对环境相关公众界定模糊的问题,发挥各类公众在生态环境多元共治中广泛的参与效能。

[①] 参见潘晓滨、都博洋《"双碳"目标下我国碳普惠公众参与之法律问题分析》,《环境保护》2021年Z2期。
[②] 参见王灿、张九天《碳达峰碳中和:迈向新发展路径》,中共中央党校出版社2021年版,第269—306页;汪军《碳中和时代:未来40年财务大转移》,电子工业出版社2021年版,第227—229页。
[③] 参见韩立新、逯达《实现碳达峰、碳中和多维法治研究》,《广西社会科学》2021年第9期;秦天宝《整体系统观下实现碳达峰碳中和目标的法治保障》,《法律科学(西北政法大学学报)》2022年第2期;余蕊均《中国工程院院士王金南:建立自愿性个人碳收支信用体系 让公众参与"碳中和"》,《每日经济新闻》2021年9月8日第3版。

其次，在结构层面，构建社会组织多维度参与权保障机制。突破环境信息知情权、环境影响评价、参与公益诉讼的限制，引入环境违法监督、环境守法教育等维度。以多维度参与模式为基础，可以为政府实施和完善公众参与制度提出具有借鉴与参考价值的数据与资料。现有实践中普遍存在的参与范围随机性强、参与效应可持续性弱的问题，从实证研究的角度看，这是社会组织参与环境治理动力不足、权利受限的主要原因，建议应回归制度逻辑，正视环境法的动态化发展，构建北京社会组织多维度参与生态环境治理的机制。

最后，在关系层面，协调社会组织与其他主体参与环境治理制度关系。从保障社会组织参与生态环境治理的各项具体制度以及其他主体参与环境治理制度之间相互作用和影响的角度，来理解中国现有程序规则的适用性问题，结合国际法中公众参与程序化的发展趋势以及绿色低碳发展中多方利益相关者的协作机制，确立政府为主导、企业为主体、社会组织和公众共同参与的多维协同环境治理体系。由此，为公众参与权的有效实施提供司法等程序救济的解决方案，服务政府充分利用社会法治资源从而降低低碳转型风险。

结　语

综上，以 2015 年新《环境保护法》的实施为标志，公众参与制度确立至今已经历了 8 年，而社会对公众和社会组织共同参与环境治理的良好预期，可谓高开低走。在全球应对气候变化的过程中，履行中国承诺的"双碳"目标下，社会组织作为重要的生态环境多元共治主体，其参与地位和参与作用有着价值和目的层面不可替代的意义。制度设计中只有突破原有制度构造，针对动态化、多维度的生态环境治理特点，研究参与制度有效实施的分级保障机制，才能从理论和实际层面服务环境治理体系现代化。在"双碳"目标下，随着 2022 年 10 月《北京市碳达峰实施方案》正式发布，构筑绿色低碳、全民共同行动格局的序幕逐渐拉开，为发挥社会组织维护生态环境、协调多元主体、推动国际合作等功能，北京更应适时完善其参与环境治理的保障机制，为实现首都经济社会高质量发展和生态环境高水平保护奠定基础，为践行国家自主贡献承诺、积极参与全球气候治理做出贡献。

北京学人

学识渊博 文理兼修

——北京学研究所李颖伯教授访谈录

朱永杰 李 莹[*]

人物简介：李颖伯，教授，字上元，出生于1941年，北京市人，曾担任北京联合大学科研处处长、高教研究室主任。先后任职于中国科学院声学研究所、北京联合大学，曾获多项科研奖，主持完成两项国家自然科学基金项目。1998年创建北京学研究所并任常务副所长，出版专著《格致之路》，为北京文化史的科技卷。为北京联合大学国际交流学院留学生讲授"汉字与中国文化""北京文化""中国文化史""书法"和"中国画"等课程。

2001年开始研究甲骨文及甲骨文书法，作品多次参加全国和国际甲骨文书法展览。曾参与由贾书晟教授主编的《殷墟甲骨文书法探赜》一书的编撰工作。曾担任京师大学堂殷商甲骨文研究院院长、中国国际科技促进会常务理事兼京师甲骨书艺专业委员会主任。

1998年1月北京学研究所正式成立，2023年是北京学研究所成立的25周年。经过多年的努力北京学研究所取得巨大的发展与进步，这些成果得益于一众学者的支持。李颖伯教授是北京学研究所的创始人之一，如今老先生依旧出席重要讲座和学术活动。他为北京学研究所作出了杰出的贡献，退休后仍然没有放弃对北京学的研究，于是我们采访了李老师，谈谈他对北京学研究所的相关看法。

---

[*] 朱永杰，北京联合大学北京学研究所教授，研究方向为北京学、历史地理学；李莹，北京联合大学应用文理学院地理学专业硕士研究生，研究方向为人文地理学。

问：李老师，可否请您谈谈您的求学和工作经历？

李：我 1959 年考入中国科学技术大学，本科学制 5 年，1964 年大学毕业。当时学科划分细致，我的专业是无线电电子学系声学。我在学习马老师讲授的"近代生活"课程中得到了很多启发，例如受老师一通百用的启发，认为文理相通，这也在之后的学习和工作生涯中得到应用。还有不管研究哪一方面，观察是第一位的，只有观察才能发现问题。毕业以后我留到了中国科学院声学研究所工作，做国防专案任务。根据日内瓦专家会议，有三种可以探测核爆炸的手段，第一种是次声波探测器，第二种是地震波探测器，第三种是放射性尘埃的收集。我主要研究次声波探测器的接收器，这个项目曾获得国防科工委科技进步奖。我年轻时被派去新疆喀什研究重要实验，去过香妃墓、敦煌、月牙泉等地。

后来因为工作调动，我进入北京联合大学工作。我的工作调动主要原因有以下几点。第一离家近，当时我居住在东城区，可我工作的研究所在香山，就想在家附近的学校工作。当时有两个工作选择，一个是北京师范大学，另一个是北京联合大学。第二是文科的科学方法论较为落后，自然科学有一套成熟的科学方法论，我想在文科领域进行尝试。因为研究方法非常关键，我的研究报告提出研究的项目应是各种学科的综合，例如计算机目前是二进制，因为与十进制相比最节省器件，也有人认为三进制最好，三进制的电子设备要有三种稳定的状态，因此计算机学科涉及逻辑学、电子电路学、算法学、经济学等，属于综合学科。因此研究北京也应该进行综合性研究。第三为了丰富自己的生活去基层工作，我就来到北京联合大学机电学院。当时系主任让我教授计算机课程，负责成立计算机教研室和计算机机房的工作。我开设的有关计算机硬件与软件的课程一共有十几门，主要有计算机原理、数据结构、算法、电子技术、计算机辅助的电机设计、计算机辅助的电子电路设计等。从此我就开启了在北京联合大学的职业生涯。

问：在北京联合大学工作期间，您作为科研处处长，主要管理哪些工作？当时面临的重要问题是什么？

李：我进入北京联合大学工作几年后，原科研处处长退休，我就继任处长一职，还承担着讲课的工作。当时教委有一个规定，北京联合大学的纵向科研经费不能超过 10 万，数量不多，后来科研管理改革，各学校自报项目申请，我对科研管理改革非常支持，结果当年的申请经费达到 100

多万，得到了很大提升。后来成立北京学研究所时，我在北京联合大学已经工作了8年。

问：李老师，什么机缘让您和其他老师有了成立北京学研究所的想法呢？

李：有一年韩国首尔市立大学访问北京联合大学，我当时承担接见工作。韩国首尔市立大学校长提出想与北京市领导会面，最终韩国大使馆出面与领导取得联系。这位韩国校长担任了两届汉城学研究所所长，我们受"汉城学研究所"的启发，萌生了建立"北京学研究所"的想法。在1998年1月，北京学研究所在北京联合大学正式成立，姜成坛任所长，张妙弟任副所长，陶西平为名誉所长。

后来几位老领导组织专家座谈和撰写申请报告，报告获得北京市教委批准，为北京学研究所增加了一位处级编制。当时提出要尽快开展相应的课程，我在退休那年开设了"北京概论"课程。当时有人认为我们北京学研究所的成立不会成功，我自信地说研究北京学的学者非常多，可以定期在北京联合大学开展学术会议，为社会各界人士提供学术平台，这样会为北京学研究所奠定坚实的基础。第一届学术年会在北京市科学技术协会举行，当时为了节省经费条件十分艰苦，最终困难都克服了。

问：提出北京学和建立北京学研究所，您认为意义何在？

李：主要意义是"立足北京、研究北京、服务北京"，这是北京学的办所宗旨，曾请侯仁之先生题词。北京学研究所以北京地域为研究对象，从城市、历史、考古、旅游、民俗等方面进行综合研究。坚持研究北京、挖掘文化、传承文脉、服务发展，重点开展北京城市及周边区域文化遗产挖掘、保护、传承与利用的综合性研究。首都北京总的奋斗目标是："通过不懈的努力，将北京建成经济繁荣、社会安定，文化教育和科学技术发达，民主法制和道德建设完善，基础设施、生态环境、人口素质和生活质量达到世界一流水平的现代化国际城市。"北京学研究所将不遗余力地为实现这一总目标服务，为首都经济建设、社会发展和战略决策服务。

问：在北京学研究所建立之初，有幸得到上级领导和许多知名专家学者等关注与支持，有哪些令您印象深刻的事情呢？

李：给我印象最深的是王燕美老师，她与我是搭档。我除了担任科研处处长一职外还有讲课任务，平时我们的工作非常繁忙，见面机会并不多，但我们的工作配合非常默契。我和王燕美协作开展北京学研究所工作，第一届开年会的文件是我们负责打印，最后分装档案袋，用办所经费购买速印机行制版、装订、设计所徽等。当时我对各种任务提出修改意见，王燕美依据我的修改意见进行调整。在后来的很多工作中我们都参与其中，为北京学研究所的发展贡献了自己的力量。

问：北京学研究所能够在北京联合大学成立、发展，您认为有什么必然性吗？

李：北京联合大学具有成立优势，起初有很多人对我们的工作并不认可，幸运的是当时的教委给予我们很大的支持。北京联合大学是一所综合性大学，拥有学科专业门类较多，可以为北京学研究所的成立提供支撑。北京联合大学具有一定的凝聚力和辐射力，为北京学研究所设立了固定的工作岗位，安排了专门的研究人员，还号召各学院和优势学科参与北京学研究工作，吸引了社会各界研究北京的专家学者，最大限度整合了较强的研究力量。而且我们与其他地方学保持着密切的联系，一直推动着全国地方学研究的交流与合作，具有较大的影响力。

问：北京学在当时是一个新生事物，如何开展研究，您和专家学者一定为此做了很多思考，有没有达成哪些重要的共识呢？

李：北京学研究所成立后需要做相关课题，在职人员有姜成坛、张妙弟、马万昌、王燕美。我当时是组长，组织开会时明确了北京学的基本理论。北京学应该包括什么？首先有一点需要强调，北京学既不是简单的城市学也不是首都学，只要在某一个领域找到北京的特点然后研究为什么会有这些特点，这就是北京学。经过讨论我们决定在两个方向进行探索，最终我认为我的方向是正确的，并且发表了论文《北京学的源起》，我的观点也得到了很多人的支持。做研究时先从各个方面进行比较，找出研究对象的特点，然后追寻产生这些特点的原因，这个方法在其他学科是通用的。

问：作为北京学研究所的创始人之一，您对北京学研究所今后的发展有哪些希望和要求呢？

李：我希望做好最基层的社会调查，获得最真实的社会数据，这样在学术上才拥有发言权。我们应该踏踏实实干实事。虽然做问卷调查很辛苦，需要与市民密切接触，系统设计问题，还需要及时了解有效信息，但是收获巨大。我在讲"北京概论"课程时，有一个学生的互动很有意思，这个学生目前还与我保持联系。学生当时问了我几个问题，他建议我可以带领学生进行实地教学，去了解、认知、体验、欣赏、感悟北京的历史文化，这样才能获得更直观的感受和有效的信息。

问： 李老师，请您简单介绍一下您的退休生活吧。

李： 我在退休后开通小红书、喜马拉雅、公众号等社交账号，在网络平台上主要分享诗词、甲骨文、北京学、字画等内容。解读辛弃疾、李清照、欧阳修、秦观等人的诗词，介绍曲亚丽、李德英、高杨等人的书法作品，讲述北京学的故事，如燕国的长城、蓟州、幽州、黄金台等。退休第一年和爱人对紫砂壶产生兴趣，就去文玩市场上淘紫砂壶，紫砂壶和景德镇的陶器名气差不多。宜兴的紫砂壶透气性较好，就在书房写了对联"宜兴壶令学者工匠同心协力，北京学将自然人文易容共荣，横批退休前后"。我在64岁时还学会了开车，又作对联"白发老妪看路，花甲少年飙车，横批谁家翁老"。

我最初研究甲骨文是培养兴趣，后来担任甲骨文研究院院长就开始深入研究。一方面我的父亲是位书法家，爷爷擅长雕刻，在家庭的熏陶下我六岁开始拿毛笔，在书法和中国画方面得到很好的训练。另一方面是因为科技大学的图书馆里缺少甲骨文的研究，所以退休以后开始了对甲骨文的学习，并担任京师大学堂甲骨文研究院院长一职。甲骨文是汉字的祖先，首先表现在语言方面，其次表现在汉字方面。我在做《我和我的祖国》系列活动"汉字、书法与文化自信"主题讲座中首先讲授甲骨文，从汉字的特征、汉字的起源与演变、汉字危机进行讲解。中国汉字曾经面临两次危机，第一次是新文化运动将文字拉丁化，第二次是电脑的冲击，汉字库和汉字编码的问题都得以解决。在甲骨文发现120周年，举办全国书法展，我鼓励学生去参加，最终作品成功展出。我退休后不仅培养自己的兴趣爱好，很多学校还邀请我去讲课，我积累了多年的授课经验。我为北京联合大学国际交流学院的留学生讲授"汉字与中国文化""北京文化""中国文化史""书法"和"中国画"等课程。我从汉字讲起，找出汉字与其他文字的不同之处，解释汉字的演变过程。